Margit Scholl (Hrsg.)

Neue Wege für mehr Informationssicherheit in KMU:

Projektdokumentation Awareness Labor KMU (ALARM) Informationssicherheit

Bibliographische Informationen der Deutschen Nationalbibliothek

Die Deutsche Nationalbibliothek verzeichnet diese Publikation in der Deutschen Nationalbibliografie; detaillierte bibliographische Daten sind im Internet über http://dnb.d-nb.de abrufbar.

Zitierung

Scholl, M., Schuktomow, R., von Tippelskirch, H., Prott, F., Koppatz, P., Pokoyski, D., Küchler, U. & Vogt, M. (2024). Neue Wege für mehr Informationssicherheit in KMU: Projektdokumentation Awareness Labor KMU (ALARM) Informationssicherheit. Frankfurt/M.: Buchwelten Verlag.

Imprint

Neue Wege für mehr Informationssicherheit in KMU: Projektdokumentation Awareness Labor KMU (ALARM) Informationssicherheit
https://alarm.wildau.biz/

1. Auflage 2024

Printed in Germany.

Published by
Bubans Buchwelten Verlag Hugo-Sinzheimer-Straße 15 Frankfurt am Main
http://www.buchwelten-verlag.de

ISBN Druckversion: 978-3-945740-75-0

Neue Wege für mehr Informationssicherheit in KMU:

Projektdokumentation Awareness Labor KMU (ALARM) Informationssicherheit

Projektlaufzeit 1.10.2020–30.09.2023/
kostenneutrale Verlängerung bis 31.03.2024

Margit Scholl
Regina Schuktomow
Hubertus von Tippelskirch
Frauke Prott

Layout und Design: Olesja Mujkic
Lektorat: Bernhard Zientek
Laborunterstützung: Peter Ehrlich

Forschungsgruppe „Informationssicherheit & Awareness (2023)“ an der Technischen Hochschule (TH) Wildau
https://wildau.biz/

Peter Koppatz (sudile GbR, Potsdam)
Dietmar Pokoyski (known_sense, Köln)
Ulrike Küchler (Gamebook Studio HQ GmbH, Berlin)
Martina Vogt (Thinking Objects GmbH, Korntal-Münchingen)

Unterauftragnehmer im Projekt „ALARM Informationssicherheit“
https://alarm.wildau.biz/

Das diesem Buch zugrundeliegende Vorhaben wird mit Mitteln des Bundesministeriums für Wirtschaft und Klimaschutz unter dem Förderkennzeichen 01MS19002A gefördert.

Das Mittelstand-Digital Netzwerk bietet mit den *Mittelstand-Digital Zentren*, der Initiative *IT-Sicherheit in der Wirtschaft* und *Digital Jetzt* umfassende Unterstützung bei der Digitalisierung. Kleine und mittlere Unternehmen profitieren von konkreten Praxisbeispielen und passgenauen, anbieterneutralen Angeboten zur Qualifikation und IT-Sicherheit. Das Bundesministerium für Wirtschaft und Klimaschutz (BMWK) ermöglicht die kostenfreie Nutzung und stellt finanzielle Zuschüsse bereit. Weitere Informationen finden Sie unter www.it-sicherheit-in-der-wirtschaft.de.

FSC
www.fsc.org
MIX
Papier aus verantwortungsvollen Quellen
Paper from responsible sources
FSC® C105338

Inhalt

Vorwort: Menschen werden gehackt – was tun?

Margit Scholl

Es braucht einen langen Atem, um eine komplexe Projektidee, wie es das praxisorientierte Forschungsprojekt „Awareness Labor KMU (ALARM) Informationssicherheit" darstellt, zu verwirklichen. Geboren wurde die Idee einer ganzheitlich und innovativ ausgerichteten Hilfestellung zu mehr Informationssicherheitsbewusstsein in kleinen und mittleren Unternehmen (KMU) in einem Brainstorming zwischen dem Geschäftsführer von Thinking Objects, Markus Klingspor, und mir als forschungsaktive Professorin an der Technischen Hochschule (TH) Wildau bei einer Veranstaltung zur Cyber-Bedrohungslage in Deutschland im Jahr 2016. Konkretisiert wurde die Idee danach unter Einbeziehung des Geschäftsführers von known_sense, Dietmar Poykoski, einem bereits langjährigen Begleiter in meinen Sicherheitsprojekten zu innovativen Lern- und Lehrmethoden an der TH Wildau.

Nach etlichen Überarbeitungen wurde die letztendlich unter Einbeziehung weiterer Unterauftragnehmer und assoziierten Partnern entwickelte Projektskizze im Februar 2019 eingereicht. Mit positiver Rückmeldung konnte daraus der eigentliche Projektantrag im Oktober 2019 bei der Förderrichtlinie „IT Sicherheit in der Wirtschaft H2" über den Projektträger Deutsches Zentrum für Luft- und Raumfahrt e.V. (DLR) beim heutigen Ministerium Bundesministerium für Wirtschaft und Klimaschutz (BMWK) eingereicht werden. Der ausführliche Antragstitel lautete: „Awareness Labor KMU (ALARM): Interaktiv-erlebbare Personalentwicklung für mehr Informationssicherheit und organisationsweite Sicherheitsanalysen in KMU". Nach Klärung weiterer Nachfragen war es dann im Jahr 2020 soweit: Im Juni 2020 erhielt die TH Wildau den Zuwendungsbescheid für das Projekt mit einer Laufzeit vom 1. Oktober 2020 bis 30. September 2023.

Die Komplexität des praxisorientierten Projekts „ALARM Informationssicherheit" war von Beginn an klar, sollte es doch innerhalb von nur drei Jahren ein Gesamtszenario zur Sensibilisierung und Unterstützung der KMU für Informationssicherheit bis hin zu deren Selbsthilfe aufbauen. Das zugrunde liegende Forschungsdesign enthielt innerhalb einer zentralen Projektmanagementsteuerung vor allem neue Entwicklungen, die iterativ in drei Phasen, agil und partizipatorisch, ein innovatives Prozess-Szenario für Informationssicherheit mit analogen und digitalen erlebnisorientierten Szenarien sowie „Vor-Ort-Angriffen" und weiteren Überprüfungen, wie z. B. Awareness-Messungen, Quiz und Tests beinhalteten. Der Anspruch des Gesamtszenarios war es, dass damit die dringend notwendige betriebliche Sensibilisierung von Führungskräften und Mitarbeitenden und die entsprechend gezielte Personalentwicklung in KMU gefördert wird, was bislang in dieser breitenwirksamen Form noch nicht vorhanden war. Dazu sollte IT-Sicherheit im Zusammenhang mit den zunehmend digitalen Arbeitsprozessen konkret (be-)greifbar gemacht und die Menschen gleichzeitig emotional berührt, aktiv und motivierend in die Entwicklung von Sensibilisierungsmaßnahmen einbezogen werden. Eine nachhaltige und unternehmensweite Informationssicherheitskultur sollte damit gestärkt und das Sicherheitsniveau in deutschen KMU erhöht werden.

Waren dies allein schon bemerkenswerte Herausforderungen in der Zielsetzung des Projekts „ALARM Informationssicherheit“ so hatten wir nicht geahnt, mit welchen neuen bislang nicht gekannten Schwierigkeiten wir zu tun bekommen würden: Die COVID-19-Pandemie erreichte auch Deutschland mit fast täglich sich veränderten Auflagen, die alle bisherigen Absprachen und Abläufe obsolet erscheinen ließen. Auch im Rückblick ist festzustellen, dass dies ein erheblicher Mehraufwand aller Projektbeteiligten bedeutete, der ohne mein äußerst engagiertes Forschungsteam nicht zu bewältigen gewesen wäre, letztlich aber auch an persönliche Grenzen führte. Auf jeden Fall möchte ich meinem Team, das ebenfalls etliche Veränderungen durchlief, sehr herzlich für das unermüdliche Engagement, die große Geduld, die vielen Inspirationen, die immer vorhandene Lösungsorientiertheit und die beständige Beharrlichkeit danken.

Im Forschungsteam dieses Projekts gab es viele bislang nicht erfahrene Personalveränderungen, sei es durch Krankheit, persönliche Weiterentwicklungswünsche, Familiengründungen, Geburten, Mutterschutz und Elternzeiten. Leider mussten wir auch den Tod eines Projektpartners beklagen. Diese Veränderungen gepaart mit der schwierigen allgemeinen Gesamtsituation führten zu kontinuierlich neu zu bewältigenden Herausforderungen, die sich auch in notwendigen finanziellen Umwidmungsanträgen widerspiegelten. Um so mehr ist zu betonen, dass das Projekt „ALARM Informationssicherheit“ tatsächlich erfolgreich abgeschlossen wird. Dies wird mit dieser Projektdokumentation verdeutlicht. Ich danke allen Beteiligten für die geleistete tolle Arbeit in hoher Qualität.

Wie vorgesehen, stehen seit September 2023 alle wichtigen Materialien in erprobter digitaler und analoger Form zur Sensibilisierung von KMU-Mitarbeitenden auf der Projektwebseite https://alarm.wildau.biz/ kostenfrei für die interne, nichtkommerzielle Nutzung zur Verfügung. Durch eine wirtschaftliche Projektführung konnte eine kostenneutrale Verlängerung des Projekts mit einigen wenigen Personalstunden bis zum 31. März 2024 erreicht werden, so dass alle Ergebnisse weiterhin und breitenwirksam bekannt gemacht werden können.

In der Hoffnung, dass Sie beim Lesen dieser Projektdokumentation auch Anregungen für eine eigene betriebliche Umsetzung erhalten und vor allem Spaß beim Ausprobieren der analogen und digitalen Sensibilisierungsmaterialien haben sowie die Erkenntnisse weitertragen, wünsche ich uns allen ein aktives „Talk about Security“!

Prof. Dr. rer. nat. Margit C. Scholl

September 2023

Kurzdarstellung

Margit Scholl

Die Unkenntnis über oder die Nichtbeachtung von Informationssicherheit und entsprechende betriebliche Richtlinien stellen erhebliche Gefahren für alle Unternehmen dar. Der Begriff Informationssicherheit bezieht sich dabei auf den Schutz von Informationen jeglicher Art und Herkunft (Scholl & Ehrlich 2020:9) und geht über die oft – trotz ihrer Verschiedenheit – synonym genutzten Begriffe IT-Sicherheit, Cyber-Sicherheit und Datenschutz hinaus. Gefährdungen existieren durch menschliche Fehlhandlungen, organisatorische Mängel, vorsätzliche Handlungen, technisches Versagen oder höhere Gewalt. Führungskräfte und Mitarbeitende der Unternehmen sollten daher gegenüber technischen und organisatorischen Maßnahmen (TOM), mit denen den Gefährdungen angemessen begegnet werden kann, aufmerksam sein. Dies setzt in den Unternehmen eine aktive Personalentwicklung zur Informationssicherheit und ein umfangreiches Risikomanagement hinsichtlich der betrieblichen Prozesse voraus.

Aufgrund der zeitlichen Verzögerung zwischen zum Beispiel einem Cyberangriff und seinen betrieblichen Auswirkungen können zudem langfristige Konsequenzen für ein Unternehmen resultieren, so dass eine langfristige Denkweise eine entscheidende Rolle bei der Reduzierung von Sicherheitsrisiken spielt. Gemäß Li et al. (2018) umfasst diese langfristige Ausrichtung drei Dimensionen, die in Unternehmen im Bereich Informationssicherheit etabliert werden müssen: Kontinuität, Zukunftsfähigkeit und Ausdauer. Dieser Ansatz wurde auch im Rahmen des hier dargestellten Projekts „Awareness Labor KMU (ALARM) Informationssicherheit“ mit dem Fokus auf „Hilfe zur Selbsthilfe“ für kleine und mittlere Unternehmen (KMU) verfolgt. Dieses praxisorientierte Forschungsprojekt liefert mit seinen Ergebnissen einen fundierten Beitrag für eine aktive Personalentwicklung und nachhaltige Sensibilisierung. Das Projekt und seine Ergebnisse sind von besonderer Bedeutung für die Erhöhung des Sicherheitsniveaus in deutschen KMU, da Untersuchungen der Situation immer wieder zeigen, dass trotz der fortschreitenden Digitalisierung das Bewusstsein für IT-Sicherheit in Deutschland noch mangelhaft ist (vgl. z.B. Hensler-Unger & Hillebrand 2018). Selbst wenn die Risikowahrnehmung gewachsen ist, fehlt es an einer umfassenden Umsetzung verschiedener Informationssicherheitsmaßnahmen, die nicht nur technischer Natur sein dürfen. Die aktuelle Studie der Deutschen Industrie und Handelskammer (DIHK 2022) hebt hervor, dass in den KMU inzwischen zwar technische Vorkehrungen zur Risikoreduzierung getroffen werden, allerdings kein nennenswerter Anstieg in organisatorischen Maßnahmen für Informationssicherheit – inklusive Sensibilisierung und Schulung von Personal – zu verzeichnen ist und zudem nur ein Drittel der befragten Unternehmen über einen Notfallplan verfügt.

Immer mehr rückt der Mensch ins Zentrum des Geschehens zur Erhöhung der Informationssicherheit. Das Projekt „ALARM Informationssicherheit“ basiert auf dem Grundsatz: „Digitalisierung nur mit Informationssicherheit. Informationssicherheit nur mit Awareness.“

„Security Awareness“ bezieht sich übersetzt auf das Informationssicherheitsbewusstsein und bedeutet in diesem Zusammenhang die Sensibilisierung für mehr aktive Achtsamkeit. Die Projektergebnisse liefern dafür hochwertige Materialien. Darüber hinaus wurde von Beginn an eine Vernetzung des Projekts mit anderen Initiativen für den Mittelstand angestrebt, damit bereits entwickelte und ergänzende Materialien aus allen Initiativen für die IT-Sicherheit in Unternehmen gemeinsam berücksichtigt werden konnten.

Die Arbeiten der Forschungsgruppe „Informationssicherheit & Awareness“ an der Technischen Hochschule Wildau haben in verschiedenen Projekten und Studien von Projektpartnern gezeigt, dass bei Sensibilisierungsmaßnahmen für Informationssicherheit und Datenschutz insbesondere die psychologischen Hintergründe des Sicherheitsverhaltens berücksichtigt werden müssen. Das bedeutet, dass eine lebendige und praktische Vermittlung von Gefährdungen und entsprechenden Sicherheitsmaßnahmen erforderlich ist, um die Teilnehmenden emotional zu involvieren, eine aktive Sensibilisierung zur Motivationsförderung zu erreichen und ein dauerhafteres Informationssicherheitsbewusstsein zu schaffen (Scholl 2023). Die Forschungsgruppe hat in den letzten Jahren zahlreiche wissenschaftliche Publikationen auf Deutsch und auf Englisch zu diesem Thema veröffentlicht.

Für einen innovativen Ansatz zur Sensibilisierung im Bereich Informationssicherheit und Datenschutz ist die Integration kreativer Methoden und Materialien zur Veranschaulichung der Tätigkeiten von Menschen von großer Bedeutung. Darüber hinaus hat sich ein Lernformat bewährt, das in kurzer Zeit (15 bis 20 Minuten) abgeschlossen werden kann.

Das Projekt „ALARM Informationssicherheit“ wird vom Bundesministerium für Wirtschaft und Klimaschutz (BMWK) bis zum 31.03.2024 gefördert. Diese Projektdokumentation bezieht sich auf die im Zeitraum vom 01.10.2020 bis zum ursprünglichen Projektende am 30.09.2023 erzielten Ergebnisse. Durch die kostenneutrale Verlängerung (KNV) des Projekts bis zum 31.03.2024 sollen die als Methoden-Mix erzielten hochwertigen Materialien in weiteren KMU-Veranstaltungen breitenwirksam bekannter gemacht werden. Darüber hinaus ermöglicht die KNV die Veröffentlichung der Projektdokumentation in Buchform.

Entsprechend des Projektantrags (Scholl, 20219) und der erzielten Ergebnisse beschreibt und visualisiert diese Projektdokumentation den Aufbau eines umfassenden Szenarios zur Sensibilisierung und Unterstützung von KMU. Das Projekt entwickelte seine Teilziele eines innovativen Prozess-Szenarios zur erlebnisorientierten Sensibilisierung jeweils agil iterativ in drei Phasen in Zusammenarbeit mit einem zentralen klassischen Projektmanagement. Die auf Deutsch entwickelten Materialien bieten den KMU ganz konkrete Unterstützung zur Selbsthilfe, um das Bewusstsein ihres Personals und damit ihr Sicherheitsniveau zu erhöhen. Hierbei wird Informationssicherheit im Kontext der digitalen Arbeitsprozesse konkret erfahrbar gemacht und gleichzeitig werden die Menschen aktiv in den

Austauschprozess eingebunden. Mithilfe von vier Unterauftragnehmenden, weiteren Pilot-KMU und drei assoziierten IHK-Partnern des Landes Brandenburg wurden die Ist-Situation erfasst und Defizitbereiche wichtiger Geschäftsprozesse identifiziert.

Außerdem wurden von dem Forschungsteam der TH Wildau Sicherheits- sowie Kompetenzprofile für KMU erstellt, von den Unterauftragnehmenden gamifizierte Sensibilisierungsmaßnahmen (Lernszenarien/Serious Games, „Vor-Ort-Angriffe"/Simulationen) entwickelt und gemeinsam Erfolgsmessungen durchgeführt sowie niederschwellige Sicherheitskonzepte, konkrete Handlungsempfehlungen und Hilfestellungen zusammengestellt. Das Projekt „Awareness Labor KMU (ALARM) Informationssicherheit" dient zudem, wie sein Name bereits suggeriert, als „Übungslabor" für praktisches Ausprobieren ohne negative Konsequenzen fürchten zu müssen. Das gesamte, kostenfrei bereitgestellte Material kann darüber hinaus durchaus auch als mobiler „Raum" für interne Sensibilisierungsübungen genutzt werden. Dies passt zu den oft genannten „Digitalisierungslaboren", die bereits großen Anklang in verschiedenen Bereichen finden (vgl. z. B. IT-Planungsrat 2018). Mit dem ursprünglichen Projektende wurden im September 2023 alle für deutsche KMU entwickelten Szenarien und finalen Materialien als Methoden-Mix für die nicht-kommerzielle Nutzung über die Projekt-Webseite https://alarm.wildau.biz/ zur Verfügung gestellt.

Literatur

DIHK—Deutscher Industrie- und Handelskammertag e.V. (Ed.) (2022). Zeit für den digitalen
DIHK—Deutscher Industrie- und Handelskammertag e. V. (Ed.) (2022). Zeit für den digitalen Aufbruch: Die IHK-Umfrage zur Digitalisierung. https://www.ihk.de/blueprint/servlet/resource/blob/5488158/8d01cc3ef58c3a251d6520f2ac4653b2/ergebnisse-der-ihk-digitalisierungsumfrage-data.pdf Letzter Zugriff: 02.11.2023.

Henseler-Unger, I. & Hillebrand, A. (2018). Datenschutz Datensicherheit. doi: 10.1007/s11623-018- 1025-y. Letzter Zugriff: 30.01.2019.

IT-Planungsrat (2018). https://www.it-planungsrat.de/DE/ITPlanungsrat/OZG-Umsetzung/Digitalisierungsprogramm/05_DigPro_DigLabore/14_DigPro_DigLabore_Fachkongress_20190313/DigPro_DigLabore_Fachkongress_20190313.html. Letzter Zugriff: 09.09.2023.

Li, Y., Zhang, N. & Siponen, M. (2018). Keeping secure to the end: a long-term perspective to understand employees' consequence-delayed information security violation, Behaviour & Information Technology, doi: 10.1080/0144929X.2018.1539519.

Scholl, M. (2019). Projektantrag „Awareness Labor KMU (ALARM) interaktiv-erlebbare analoge und digitale Personalentwicklung für mehr Informationssicherheit und organisationsweite Sicherheitsanalysen in KMU/KKU inklusive Überprüfungen (Messungen, Test, „Angriffe")", eingereicht am 13.10.2019.

Scholl, M. & Ehrlich, E.-P. (2020). Informationssicherheitsbeauftragte: Aufgaben, notwendige Qualifizierung und Sensibilisierung praxisnah erklärt. Frankfurt am Main: Buchwelten-Verlag.

Scholl, M. (2023). Sustainable Information Security Sensitization in SMEs: Designing Measures with Long-Term Effect. (University of Hawai'i at Manoa), Proceedings of the 56th Hawaii International Conference on System Sciences | 2023. Honolulu, HI: University of Hawai'i at Manoa, Hamilton Library, 6058- 6067. https://hdl.handle.net/10125/103369, (CC BY-NC-ND 4.0).

„ALARM Informationssicherheit"
als Übungslabor eines Methoden-Mixes aus gamifizierten Lernszenarien und Simulationen sowie weiteren Materialien mit konkreten Handlungsempfehlungen und Hilfestellungen.

Weiter zum Kapitel 1

Ausgangssituation und Zielsetzung

1 Ausgangssituation und Zielsetzung

Regina Schuktomow und Margit Scholl

Klein- und mittelständische Unternehmen (KMU) verarbeiten zunehmend eine Vielzahl sensibler Daten mithilfe digitaler IT-Lösungen. Oft unterschätzen sie jedoch die damit verbundenen Risiken und Bedrohungen für das Unternehmen und die ständig weiterentwickelten Cyber-Angriffe durch hochqualifizierte und professionell agierende Hacker. In vielen Fällen werden grundlegende Sicherheitsmaßnahmen in KMU vernachlässigt: Aspekte wie Festplattenverschlüsselung, schriftliche IT-Sicherheitsrichtlinien und vor allem Notfallpläne sind selten vorhanden. Obwohl inzwischen in technische Schutzmaßnahmen investiert wird (DIHK 2022) und einige technische Schutzmechanismen wie beispielsweise Virenschutz, Spamschutz und Firewalls eingesetzt werden, geschieht dies oft isoliert und ohne eine umfassende Sicherheitsstrategie. Die Sicherheitsstrategie muss auch die bislang laut DIHK (2022) deutlich weniger beachteten organisatorischen Sicherheitsmaßnahmen beinhalten. Außerdem ist eine solche Sicherheitsstrategie als Teil der Unternehmensstrategie zu begreifen.

Im Laufe der vergangenen Jahre sei die Wahrnehmung der Risiken in KMU gestiegen, aber die Bereitschaft, umfassende IT-Sicherheitsanalysen durchzuführen und geeignete technisch-organisatorische Maßnahmen (TOM) zu ergreifen, bleibt gering. Vielleicht jedoch entspricht die Wahrnehmung vieler Geschäftsführerinnen und Geschäftsführer in deutschen KMU nicht dem tatsächlichen Angriffspotenzial auf Deutschland, denn in einer aktuellen Umfrage zur IT-Sicherheit im Mittelstand von Statista Research Department (2022) gaben 70 Prozent der Befragten im August 2022 an, dass sie gegen IT-Gefahren wie Phishing-Mails oder Hacker-Angriffen gut gewappnet sind. Lediglich 6 Prozent der Befragten standen ihrer IT-Sicherheit gegen Cyber-Angriffe skeptisch gegenüber. Informationssicherheit wird vermutlich zu oft als ein reiner Kostenfaktor im Betrieb verstanden. Zu wenig werden monetäre, zeitliche und personelle Investitionen in eine angemessene betriebliche Informationssicherheit als notwendige Absicherung der Unternehmensexistenz und Arbeitsplätze begriffen.

Bekanntlich verfügen KMU im Vergleich zu größeren Unternehmen über deutlich begrenztere finanzielle und personelle Ressourcen, und auch die Zeit ist ein begrenztes Gut im Wettbewerb, um am Markt bestehen zu können. Die aktuelle IT-Trends-Studie von Capgemini (2023), in der KMU allerdings nur geringfügig repräsentiert sind, verdeutlicht, dass knapp 25 Prozent der befragten Unternehmens-CIOs über hohen Fachkräftemangel klagen. In der öffentlichen Verwaltung mit ihren IT-Dienstleistern liegt der Anteil bei 50 Prozent. In kleinsten und kleinen Unternehmen (KKU) sowie im Handwerk dürfte es noch häufiger an professionellen IT-Sicherheitsanalysen, niederschwelligen IT-Sicherheitskonzepten und Mitarbeitenden mit IT-Sicherheitskompetenzen mangeln. Leider ist die Datenlage dazu defizitär, so dass aktuell keine vergleichenden Aussagen gemacht werden können.

Zu vermuten ist allerdings, dass es oft an einer durchdachten IT-Sicherheitsstrategie und an klaren Handlungsanweisungen zur Förderung einer unternehmensweiten Informationssicherheitskultur in KMU/KKU fehlt.

Eine entscheidende Rolle für die Informationssicherheitskultur in KMU spielen das Bewusstsein der Unternehmensleitung, die Gesamtverantwortung auch für die IT-Sicherheit zu tragen, und der Führungskräfte, die ebenso ihre Vorbildfunktion im Bereich der IT-Sicherheit aktiv umsetzen müssen.

Der Aufgabenbereich von „ALARM Informationssicherheit" in den Projektjahren 2020–2023 (Scholl, 2019; DLR 2020) umfasste die Konzeption, Entwicklung, Testung und Verbesserung von 7 analogen und 7 digitalen Lernszenarien zur Sensibilisierung für Informationssicherheit als Serious Games mit verschiedenen Lernpfaden sowie 7 „Vor-Ort-Angriffe" (Simulationen bzw. Überprüfungen) in den beteiligten Pilot-KMU. Im Projekt wurden darüber hinaus noch weitere kleinere Ergänzungen situationsbedingt vorgenommen. Geplant kamen Tests in Quiz- Form, vielfältige Awareness-Trainings mit Feedback und das Ausloten von Awareness-Messungen hinzu. Die entstandenen Instrumente/Materialien wurden in drei Phasen gemeinsam mit den Unterauftragnehmenden und Pilot-KMU des Projekts erprobt, verbessert und weiterentwickelt. In Erfüllung des Projektantrags (Scholl, 2019) und des Zuwendungsbescheids (DLR 2020) konnte das Forschungsteam Ende September 2023 die anspruchsvollen, komplexen und unter einem ganzheitlichen Blickwinkel finalisierten Endversionen der integrativ verzahnten Awareness-Instrumente für höheres Informationssicherheitsbewusstsein in KMU bereitstellen.

Die ganzheitliche Herangehensweise des Projekts „ALARM Informationssicherheit" ist darauf ausgerichtet, die Sensibilisierung für Informationssicherheit in KMU zu fördern und dabei die spezifischen Anforderungen und Bedürfnisse dieser Unternehmen zu berücksichtigen. Folgende Aspekte waren von zentraler Bedeutung:

1. **Konzept-Entwicklung:** Zu Beginn des Projekts erfolgte die Entwicklung eines umfassenden Konzepts für die integrativ verzahnte Sensibilisierung im Bereich Informationssicherheit. Durch die Erfassung der Ist-Situation mittels tiefenpsychologischen Interviews und Online-Umfragen berücksichtigt dieses Konzept die spezifischen Anforderungen und Bedürfnisse von KMU.

2. **Praxistests:** Die einzelnen entwickelten Sensibilisierungsmethoden und Schulungsmaßnahmen wurden jeweils intensiv in der Praxis getestet. Hierbei wurden reale Alltagsszenarien in den Unternehmen simuliert, um die Wirksamkeit der Sensibilisierungsinhalte zu überprüfen.

3. **Awareness-Messungen und Reifegrad-Aussagen:** Auf Grundlage der Praxistests sollten Awareness-Messungen und Reifegrad-Aussagen für zukünftige Zwecke ausgelotet werden. Solche komplexen Instrumente sollen Aufschluss darüber geben, inwieweit die Sensibilisierungsmethoden und Sicherheitsmaßnahmen einsatzbereit und wirkungsvoll sind.

4. **Handlungshinweise:** Es wurden konkrete umfangreiche Handlungshinweise entwickelt, die den KMU helfen, die Sensibilisierungsmaßnahmen erfolgreich umzusetzen und in ihren betrieblichen Alltag zu integrieren.

5. **Mögliche Zertifizierungen für Awareness-Moderatoren:** Im Rahmen des Projekts wurde eine erste Moderatorenschulung für die analogen Serious Games entwickelt und getestet. Eine zukünftige Zertifizierung von Einzelpersonen zur Moderatorin bzw. zum Moderator von innovativen Awareness-Lernmethoden könnte die Sensibilisierungsmaßnahmen innerhalb der KMU fördern und langfristig deren Einsatz stabilisieren. Darüber hinaus könnte eine „Awareness-Zertifizierung" von ausgewählten Mitarbeitenden dem KMU als Qualitätskriterium und Nachweis für die Umsetzung der Anforderung von Sensibilisierungsmaßnahmen nach ISO/IEC 27001 und dem BSI-Standard 200-2 (s. BSI 2021) dienen.

6. **Sicherheitsstrategie:** Innerhalb der dreijährigen Projektlaufzeit erfolgte die Erarbeitung einer ganzheitlichen Strategie für Informationssicherheitssensibilisierung in KMU, die in die unternehmerische Gesamtstrategie integriert werden kann. Dabei wurden die Sensibilisierungsinhalte als wichtiger Bestandteil der betrieblichen Informationssicherheitsstrategie berücksichtigt.

7. **Nachhaltigkeitsaspekte:** Aspekte für mehr Nachhaltigkeit wurden in den Entwicklungsprozess der Lernszenarien/Serious Games und aller Materialien einbezogen, um sicherzustellen, dass die Sensibilisierungsmaßnahmen für eine entsprechende Personalentwicklung langfristig wirksam sind und kontinuierlich verbessert werden können.

8. **Aufbau einer unternehmensweiten Informationssicherheitskultur:** Alle Projektergebnisse, insbesondere durch ihre integrative Verzahnung und aufgrund der umfangreichen praxisorientierten Hilfestellungen, dienen der Erhöhung des Bewusstseins für Informationssicherheit in allen Bereichen des KMU und der praktischen Integration von Sicherheitspraktiken in dem betrieblichen Alltag. Dadurch werden der Aufbau der betrieblichen Informationssicherheitskultur gefördert und das KMU-Sicherheitsniveau erhöht.

Der Abbildung 1 ist auf der linken Seite zu entnehmen, das aus der Ist-Analyse der konkreten Tätigkeiten der betrieblichen Alltagssituationen in KMU zum einen Kompetenzprofile für mehr Informationssicherheit und zum anderen die analogen und digitalen Lernszenarien sowie „Vor-Ort-Angriffe" abgeleitet werden sollen. Um eine betriebliche Security Awareness mit entsprechenden Kompetenzen der Mitarbeitenden zu erzielen sind die relevanten Sicherheitsthemen zu identifizieren, daraus die Lernszenarien und Simulationen, Vorfälle und Demonstrationen, Fragen und Lösungsansätze zu konzipieren, als Prototyp zu entwickeln und mit KMU-Mitarbeitenden zu erproben. In der Abbildung 1 sind dafür am unteren Rand jeweils drei Iterationen (Durchläufe) mit anschließenden Verbesserungen skizziert. Dabei unterschieden wir im Projekt zwischen Sensibilisierung und

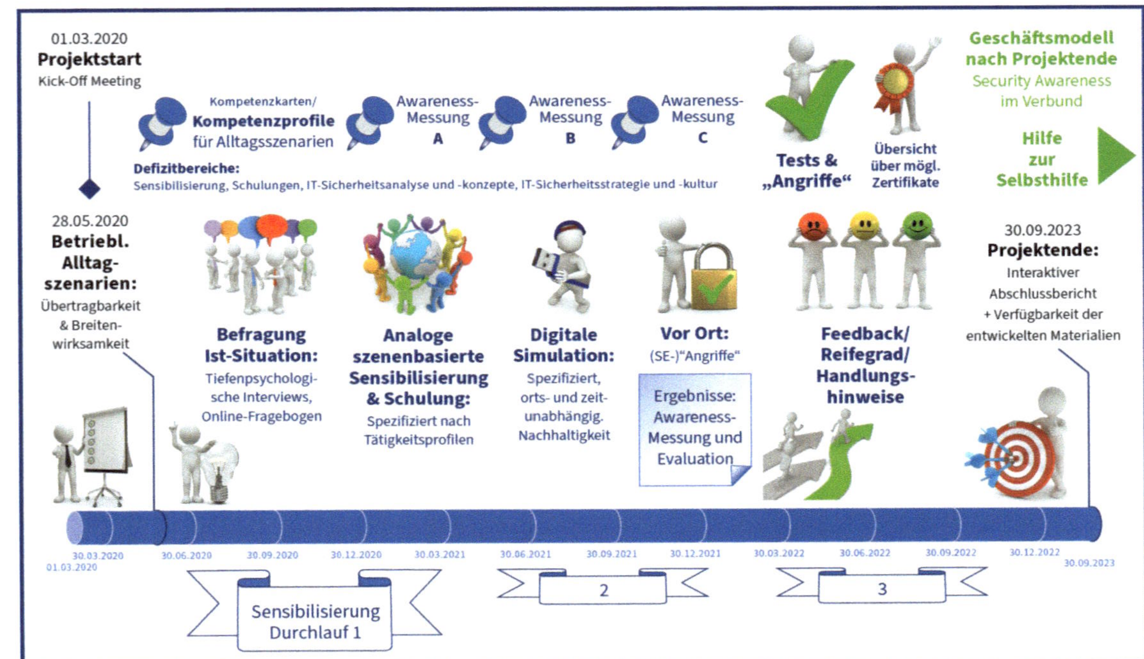

Abbildung 1: *Das generelle Ablaufszenario des Forschungsprojekts „ALARM Informationssicherheit“ zur Entwicklung integrativ verzahnter Sensibilisierungsmethoden und Schulungsmaßnahmen, die an den in KMU benötigten Kompetenzprofilen für betriebliche Alltagsszenarien orientiert sind (Quelle: Scholl 2019).*

Schulung: Sensibilisierung zielt darauf ab, Menschen kurzweilig und in kürzester Zeit emotional für das jeweilige Thema zu erreichen und ihre Aufmerksamkeit für Informationssicherheitsbelange zu erhöhen.

Schulungen hingegen behandeln die Themen eingehender und bieten ein umfassendes Training für Lösungsansätze. Beide Aspekte sollten in Unternehmen als fortlaufender Prozess betrachtet werden. Sensibilisierung stellt zwar „nur“ den „ersten Schritt“ dar (Sasse et al. 2022), ist jedoch entscheidend, um Menschen langfristig zu motivieren und ihre Verhaltensweisen im Bereich IT-Sicherheit zu verbessern. Beide Aspekte bedürfen aktivierende erlebnisorientierte und erinnerungsfähige Übungen, um nachhaltig zu wirken.

Das Projekt „ALARM Informationssicherheit“ verstand sich somit ähnlich zu einem Übungsraum mit Prototypen und Materialien für die praktische Sensibilisierung zur Informationssicherheit in KMU. Es war nicht auf die Digitalisierung und digitale Lernszenarien beschränkt, sondern bezog explizit analoge und haptische Ansätze in die Sensibilisierung von Menschen ein. Alle Szenarien, ob sie die analogen/digitalen Lernszenarien (Serious Games) oder die „Vor-Ort-Angriffe“ betrafen, und auch Awareness-Messungen einschlossen, konnten selbst getestet werden. Dabei wurde die methodische Bedeutung der Nutzerperspektive für die Identifikation von Verbesserungen betont, ebenso wie das Potenzial von Partizipation und Agilität sowie die Notwendigkeit interdisziplinärer Herangehensweisen. Dies ermöglichte es, in den Pilot-KMU sowohl forschungsfundierte als auch praxisorientierte Maßnahmen für Informationssicherheit einzuführen bzw. zu vertiefen, falls diese bereits vorhanden waren, vor allem neue (i.d.R. junge) Mitarbeitende sollten dabei nicht vergessen, sondern aktiv einbezogen werden.

Ein Train-the-Trainer-Konzept unterstützte diese betrieblichen Implementierungsprozesse, wobei auch der modernisierte IT-Grundschutz des BSI mit herangezogen wurde. Durch den Einsatz dieser realitätsbezogenen Alltagsszenarien für Sensibilisierungs- und Schulungsmaßnahmen zur Informationssicherheit und zum Datenschutz sollte Einfluss auf das individuelle Bewusstsein der Mitarbeitenden in KMU genommen werden. Unsere Erprobungen in unterschiedlichen KMU ergaben, dass – auch durch die gezielte Interaktivität und den initiierten Austausch untereinander – tatsächlich das Bewusstsein für Informationssicherheit im gesamten Unternehmen gefördert wird und das Sicherheitsniveau in KMU erhöht werden kann.

Das ganzheitliche Vorgehen von „ALARM Informationssicherheit“, das sowohl die tatsächlichen Arbeitsprozesse als auch die Nachhaltigkeit von Sicherheitsprozessen und die Breitenwirksamkeit der Ergebnisse im Blick hatte, war bislang sowohl national als auch international in dieser Form für KMU nicht vorhanden.

Awareness-Messungen sind als Herausforderung und blinder Fleck der Forschung zur Informationssicherheit anzusehen. Im Projekt wurden dazu etliche Experimente durchgeführt. Sie wurden ebenfalls in Pilotunternehmen und mit VIBB-Studierenden der TH Wildau erprobt. Anschließend wurden interaktive und erlebnisorientierte Serious Games in digitaler Form als „nachbesprechende" Sensibilisierung mit vertiefenden Schulungsinhalten für eine Testgruppe (B) angeboten; eine Kontrollgruppe (A) erhielt kein solches Angebot. Erneut wurden Awareness-Messungen durchgeführt, um die Wirkungsweise dieser Lernmethode zu bewerten.

Abschließend wurden zudem die „Vor-Ort-Angriffe" mit Awareness-Messungen (C) durchgeführt und evaluiert. Durch den Vergleich zur Ausgangssituation und unter Berücksichtigung von Normen und Standards der Informationssicherheit wurden Awareness-Messungen und Reifegrad-Modell ausgelotet. Daran anschließend wurden die praxisorientierten Hinweise zur KMU-Sicherheitsstrategie und die niederschwelligen Sicherheitskonzepte erarbeitet. Moderationsanleitungen wurden den Lernszenarien zugefügt und ein verschriftlichtes Train-the-Trainer-Konzept ermöglichen nun die eigenständige, wissenschaftlich fundierte, interne Nutzung aller Materialien in KMU. Die Instrumente und Materialien stehen mit September 2023 kostenfrei für nicht-kommerzielle Nutzung über die Projektwebseite https://alarm.wildau.biz/ zur Verfügung: analoge Lernszenarien und weitere Materialien sind mit den Anleitungen per Download nutzbar. Die digitalen Serious Games und Ergänzungen können direkt auf der Projektwebseite gespielt werden. Weitere Informationen sind vorhanden, seien es Presseartikel, Veranstaltungshinweise, Flyer und Broschüren, Vernetzungspartner oder die drei Studien und Reports des „ALARM Informationssicherheit" sowie weitere wissenschaftliche Veröffentlichungen über unsere Erfahrungen und Erkenntnisse.

Die anfangs abgeleiteten Alltagsszenarien wurden während der Projektlaufzeit mit verschiedenen Unternehmen getestet und kontinuierlich auf ihre Übertragbarkeit und Breitenwirksamkeit hin überprüft. Durch die praxisorientierten Erprobungen sowie das kontinuierlich erhaltene Feedback und die Ergebnisreflexionen in den drei großen Durchläufen/Iterationen konnten alle Materialien angepasst und verbessert werden. Mögliche relevante Themen wurden sukzessive gemeinsam mit den Pilot-KMU festgelegt und umfassten Bereiche wie Risiko-Management, Bildnutzung und Bildrechte, mobile Endgeräte, mobiler Arbeitsplatz, aufgeräumter Arbeitsplatz, Internet-Services/Apps, Incident Management/Meldewesen, offene WLANs, Datensicherungskonzept, Software-Management, Anti-Schadsoftware-Konzept, Mobile Computing, Festplattenverschlüsselung, E-Mail-Verschlüsselung, Dateien-Verschlüsselung, Sicherheit von Web-Browsern, Sicherheit von Web-Servern, Netzarchitekturprinzipien, Pharming, rechtliche Grundlagen der Informationssicherheit, Security by Design, Security by Default, der Aufbau eines Informationssicherheitsmanagementsystems (ISMS), Zutritts-, Zugangs-, Zugriffsschutz, Notfallvorsorge etc.

Weitere interessierte Unternehmen, die beispielsweise über die Transferstellen gewonnen wurden, konnten in jeder Phase des Vorhabens auch die bis dahin entwickelten Serious Games testen und bewerten. Die aktive Öffentlichkeitsarbeit während des gesamten Projekts mit dem kontinuierlichen Erfahrungsaustausch aller Transferpartner war zwar sehr zeitintensiv, jedoch wurden dadurch KMU immer wieder auf vielfältige Art und Weise dazu ermutigt, unsere Materialien rege zu nutzen. Da die zugrunde liegende BMWK-Initiative ausschließlich nichtwirtschaftliche Tätigkeiten förderte, wurde auf die Entwicklung und Durchführung von expliziten Personenzertifizierungen innerhalb des Projekts verzichtet und muss weitergehenden Aktivitäten vorbehalten bleiben.

Dennoch erprobte „ALARM Informationssicherheit" einige erste Schulungsmöglichkeiten für Moderatorinnen und Moderatoren zu den Serious Games für KMU, um die Resonanz und Möglichkeiten einschätzen zu lernen. Eine Moderation hat dabei die aktive, zielgruppengerechte Entwicklung von innovativen, erlebnisorientierten Sensibilisierungsmaßnahmen zu beachten. Die Nutzung der analogen/haptischen Serious Games, die beispielsweise Brettspiele, Karten mit Text/Bildern/Symbolen oder Würfel, die auf einem Spielfeld aus Papier/Folie zuzuordnen sind oder Situationen erzählen (Storytelling) umfassen, müssen von Moderierenden verstanden werden. Die Art, die Materialien und das Design sollten möglichst abhängig von dem konkreten Sicherheitsthema und der Zielgruppe angepasst werden. Die Moderation muss den Entwicklungsprozess verstehen, um ggf. ad hoc, während der Moderation, Anpassungen und Verbesserungen vornehmen zu können. Das stellt durchaus eine Herausforderung an die moderierenden Personen dar.

Durch die iterative Entwicklung mit jeweiligen Feedbacks und einer vielfältigen Erprobung innerhalb der vergangenen drei Jahren Projektlaufzeit kann unsere Methodenzusammenstellung an integrativ verzahnten Materialien mit guten Gewissen als „Best Practices" bezeichnet werden. Je nach Unternehmenskontext kann diese Zusammenstellung modular eingesetzt werden, was bedeutete, dass sie je nach Anwendungsfall reduziert oder erweitert werden kann. Dies führte innerhalb der Ergebnisevaluationen zu größerer Akzeptanz der entwickelten gamifizierten Methoden innerhalb der erprobenden KMU. Diese (kostenfreie) Zusammenstellung unterschiedlicher Methoden als Gesamtszenario für eine nachhaltige Sensibilisierung zur Erhöhung des Informationssicherheitsbewusstseins der Mitarbeitenden in KMU gab es bislang nicht, weder national noch international – nun ist sie durch das Projekt „ALARM Informationssicherheit" beeindruckende Wirklichkeit geworden.

Literatur

Bundesministerium für Wirtschaft und Energie (BMWi) (2016). Monitoring-Report Wirtschaft DIGITAL 2016. https://www.bmwi.de/Redaktion/DE/Publikationen/Digitale-Welt/monitoring-report-wirtschaft-digital-2016.html. Letzter Zugriff: 01.02.2019.

BSI (Hrsg.) (2021). IT-Grundschutz Arbeitshandbuch: DIN ISO/IEC 27001 und DIN ISO/IEC 27002, BSI-Standards 200-1/2/3, 3. aktualisierte Auflage. Reguvis Fachmedien GmbH. ISBN 978-3-8462-1208-0.

Capgemini (Hrsg.) (2023). Studie IT-Trends 2023. https://prod.ucwe.capgemini.com/de-de/wp-content/uploads/sites/8/2022/03/Studie-IT-Trends-2023.pdf Letzter Zugriff: 02.11.2023.

DIHK — Deutscher Industrie- und Handelskammertag e.V. (Ed.) (2022). Zeit für den digitalen Aufbruch: Die IHK-Umfrage zur Digitalisierung. https://www.ihk.de/blueprint/servlet/resource/blob/5488158/8d01cc3ef58c3a251d6520f2ac4653b2/ergebnisse-der-ihk-digitalisierungsumfrage-data.pdf Letzter Zugriff: 02.11.2023.

DLR (-Projektträger) (2020). Zuwendungsbescheid für das Projekt „Awareness Labor KMU (ALARM)“, Förderkennzeichen 01MS19002A, vom 30.06.2020.

Sasse, M. A., Hielscher, J., Friedauer, J. & Buckmann, A. (2022, September). Rebooting IT Security Awareness–How Organisations Can Encourage and Sustain Secure Behaviours. In: European Symposium on Research in Computer Security, 248-265. Cham: Springer International Publishing.

Scholl, M. (2019). Projektantrag „Awareness Labor KMU (ALARM) interaktiv-erlebbare analoge und digitale Personalentwicklung für mehr Informationssicherheit und organisationsweite Sicherheitsanalysen in KMU/KKU inklusive Überprüfungen (Messungen, Test, „Angriffe“)“, eingereicht am 13.10.2019.

Statista Research Department (2022). Umfrage zur IT-Sicherheit im Mittelstand in Deutschland 2022. Veröffentlicht am 15.08.2022, https://de.statista.com/statistik/daten/studie/1325523/umfrage/bewertung-der-it-sicherheit/. Letzter Zugriff: 02.11.2023.

„ALARM Informationssicherheit“
als Übungslabor mit einem modularen innovativen Methoden-Mix zur Sensibilisierung und Personalentwicklung im Bereich der Informationssicherheit

Weiter zum Kapitel 2

Vorgehensweisen und Methoden im Forschungsprojekt

2 Vorgehensweise und Methoden im Forschungsprojekt

Margit Scholl

Im folgenden Kapitel werden die verschiedenen Vorgehensweisen und Methoden, die im Rahmen unseres Forschungsprojekts angewendet wurden, detailliert betrachtet, analysiert und anhand weiterer wissenschaftlicher Literatur reflektiert. Dabei liegt der Fokus auf der Integration unterschiedlicher Ansätze zur Steigerung des Informationssicherheitsbewusstseins.

Ausgangspunkt aller Materialentwicklungen waren die tiefenpsychologischen Interviews, die im Projekt vom Unterauftragnehmer known_sense durchgeführt wurden und deren Ergebnisse in Form von drei, auf der Projektwebseite veröffentlichten, Studien (genannt Studie 1, Studie 2, Studie 3) im folgenden **Kapitel 2.1** zusammengefasst dargestellt werden. Parallel dazu wurden Online-Umfragen und internationale Literaturrecherchen durch das Forschungsteam der TH Wildau konzipiert und als Ergänzung des aktuellen Ist-Stands in KMU durchgeführt. Mit den danach entwickelten analogen Serious Games und deren sukzessiv durchgeführten praktischen Erprobungen, den Feedbacks von unterschiedlichen Zielgruppen und den durchgeführten Verbesserungen der Lernszenarien und Materialentwicklungen verfügt das Forschungsprojekt „ALARM Informationssicherheit“ über einen erheblichen Fundus an empirischen Erkenntnissen über Informationssicherheit und Awareness in KMU.

Die Untersuchungen des Forschungsteams in Form der Online-Umfragen und deren Auswertungen, bestehend aus drei Reports (genannt Report 1, Report 2, Report 3), die in **Kapitel 2.2** vorgestellt werden, beleuchten und ergänzen den aktuellen Stand des Informationssicherheitsbewusstseins in verschiedenen Organisationen aus einem anderen Blickwinkel als die durchgeführten tiefenpsychologischen Interviews. Dabei ist der Report 2 zum Zeitpunkt der Drucklegung dieser Projektdokumentation noch nicht auf der Projektwebseite veröffentlicht, sondern im Erscheinen begriffen. Die Ergebnisse der Reports sind zwar nicht repräsentativ, liefern jedoch trotzdem wertvolle weitere Einblicke für gezielte Sensibilisierungsmaßnahmen in KMU.

In **Kapitel 2.3** wird ein genauerer Blick auf die Entwicklung und Anwendung der analogen Serious Games als innovative Methode zur Sensibilisierung für Informationssicherheit geworfen. Hauptverantwortlich für die Entwicklung der analogen Lernszenarien war der Unterauftragnehmer known_sense in Absprache mit dem Team der TH Wildau. Das Forschungsteam führte im erheblichen Maße die vielen Erprobungen mit verschiedenen Zielgruppen durch, gab vielfältiges Feedback und überprüfte die Verbesserungen bis zu deren finalen Versionen.

Ebenso folgt in **Kapitel 2.4** die Forschungsfrage nach der Effektivität digitaler Serious Games im Kontext einer gewollt integrativen Verzahnung und wie sie dazu beitragen können, das Informationssicherheitsbewusstsein ergänzend zu

stärken. Die Entwicklung der digitalen Lernszenarien oblag dem Unterauftragnehmer Gamebook Studio HQ GmbH ebenfalls in Absprache mit dem Forschungsteam der TH Wildau, das auch hier iterativ Feedback zu den eigenen Erprobungen gab und die Verbesserungen bis zur Abnahme kontrollierte.

Weiterhin werden in **Kapitel 2.5** die ebenfalls unter dem Aspekt eines integrativen Methoden-Mixes entwickelten und durchgeführten simulierenden „Vor-Ort-Angriffe" zusammengefasst. Sie wurden von dem Unterauftragnehmer Thinking Objects (TO) GmbH konzipiert, durchgeführt und verantwortet. In Austauschen mit den Ergebnissen der anderen Entwicklungspartnern wurden diese Simulationen von TO zeitlich versetzt konzipiert und nach der Durchführung der Sensibilisierungsmaßnahmen mit den Serious Games den Pilot-KMU angeboten bzw. auch bei eigenen Kunden durchgeführt.

Es wird bei diesen simulierenden „Überprüfungsmaßnahmen" schnell deutlich, dass diese eines großen Vertrauensverhältnisses zwischen den analog und digital „Angreifenden" und dem scheinbar angegriffenen KMU bedarf. Die Ergebnisse wurden In Absprache mit dem Forschungsteam ausgewertet und in Form von abgeleiteten niederschwelligen Sicherheitskonzepten und Handlungsempfehlungen für KMU zusammengestellt. Diese praxisorientierten Ausführungen sollen KMU dabei unterstützen, über eine ganzheitliche Betrachtungsweise der Unternehmenssituation, die eigene Informationssicherheit zu verbessern.

Kapitel 2.6 legt ein besonderes Augenmerk auf den als digitalen Zusatz entwikkelten „Security Self Check (SeSec)", der vom Unterauftragnehmer sudile GbR in Absprache mit dem Forschungsteam entwickelt wurde. Es handelt sich hier um eine ergänzende Methode zur Selbsteinschätzung des individuellen Wissenstandes, wohl wissend, dass Wissen zwar eine Basis, aber allein nicht ausreichend für Awareness von Personen ist. In dem Kapitel wird somit erläutert, wie diese Selbstbewertung in KMU genutzt werden kann, um individuelle Wissensdefizite der Mitarbeitenden und damit Sicherheitslücken zu identifizieren. Mit gezielten Schulungsmaßnahmen können diese Lücken dann geschlossen werden.

Unsere Erfahrungen und Erkenntnisse aus den veranstalteten Awareness-Trainings mit Serious Games in den Pilot-KMU und insbesondere unter den Bedingungen der Corona-Pandemie werden in **Kapitel 2.7** behandelt. Dabei reflektieren wir auch hier unter Hinzuziehung weiterer nationaler und internationaler Literatur. In dem Kapitel geben wir viele Ratschläge zur Durchführung solcher gamifizierten Awareness-Trainings und fassen diese am Ende als „Lessons learned" zusammen.

In **Kapitel 2.8** widmen wir uns den Möglichkeiten von „Awareness-Messungen", die ein äußerst komplexes Forschungsthema darstellen. Die Problematik ist dabei, dass einerseits mit den Sensibilisierungs- und Schulungsmaßnahmen eine nachhaltige Erhöhung des Informationssicherheitsbewusstseins erzielt werden soll und dieses in eine bewusste Verhaltensänderung des Menschen münden möge. Andererseits werden als Messungen häufig Wissensabfragen durchgeführt, die wiederum keine direkte lineare Aussage zum Bewusstsein und zur

Verhaltensveränderung zulassen, so dass u. a. die Fragen im Raum stehen, was wir eigentlich messen und was wir wie überhaupt messen können, um quantifizierbare Aussagen liefern zu können.

Informationssicherheitsbewusstsein und Verhaltensveränderungen eines Individuums speisen sich aus einer Reihe von Faktoren, die zudem nicht-linear wechselwirken. Hinzu kommen Aspekte der Gruppendynamik, organisatorische Bedingungen und die Managementsteuerung in den KMU, sodass eine solche Aufgabenstellung in weiteren Forschungsprojekten systematisch und psychologisch basiert untersucht werden muss. Tatsächliche Awareness-Messungen waren, sind und bleiben bislang eine ungelöste Herausforderung.

Entsprechend komplex sind Aussagen zur betrieblichen Sicherheitskultur als gemeinschaftlicher Kontext eines KMU, wenn diese nicht nur qualitativ, sondern auch quantitativ erfolgen sollen. Abschließend befassen wir uns daher in **Kapitel 2.9** mit Awareness-Reifegradmodellen im Bereich der Informationssicherheit. Ihr Zweck und Ziel werden erläutert, Modellbeispiele werden skizziert und aktuelle (internationale) Literatur wird dazu reflektierend genannt.

Quelle der Grafik: *Projekt-Studie 1 [Pokoyski, D., Matas, I. & Haucke, A. (2021), a.a.O.]*

„ALARM Informationssicherheit":
Vorgehensweisen und Methoden
zum Aufbau des Übungslabors

Weiter zum Kapitel 2.1

Tiefenpsychologische Studien und Wirksamkeit der Awareness-Maßnahmen

2.1 Tiefenpsychologische Studien und Wirksamkeit der Awareness-Maßnahmen

Dietmar Pokoyski und Margit Scholl

known_sense

Die Firma known_sense kümmert sich als „Full-Service-Agentur" mit Sitz in Köln um die Sicherheitskommunikation und insbesondere um Security Awareness bzw. Security Branding ihrer Kunden. Für Security-Awareness-Kampagnen entwickelt known_sense individuelle, zur jeweiligen Kultur passende Sensibilisierungs-Tools und -Formate und bietet in diesem Rahmen auch Good Practice aus mehr als 100 Kampagnen mit 21 Jahren Erfahrung in 50 Ländern an. Die methodischen Ansätze sind tiefenpsychologisch (z.B. im Rahmen qualitativer Security-Wirkungsanalysen), systemisch, diskursiv und konstruktivistisch.

Das Vorzeige-Tool bei known_sense ist das 2011 entwickelte Lernstationenformat „Security Arena", welches das Lernen aus der Einsamkeit von Online-Settings in diskursiv-lebendige Team-Formate überführt und das Vorbild für die im Projekt „ALARM Informationssicherheit" entwickelten analogen Lernszenarien (Serious Games) darstellt.

Aufgabe von known_sense im Projekt „ALARM Informationssicherheit" war die forschungsgestützte Produktentwicklung von 7 analogen, gamifizierten Lernszenarien zur kostenfreien, nicht-kommerziellen Nutzung in KMU vor dem Hintergrund der Besonderheit einer zu evaluierenden KMU-Sicherheitskultur, die üblicherweise stark von der Sicherheitskultur und den Anforderungen der üblichen Kunden von known_sense aus den Bereichen der Großunternehmen bzw. international agierenden Konzernen abweicht. Zur Stützung der Kreationsprozesse und Testung diverser existierender Lernszenarien wurden von known_sense qualitative Studien auf Basis tiefenpsychologischer Wirkungsforschung sowie Workshops mit dem erweiterten Forschungsteam der TH Wildau durch kooperierende Projektpartner und zusätzlich mit KMU-Kunden von known_sense durchgeführt.

In diesem Kontext sei darauf hingewiesen, dass known_sense weltweit der einzige Security-Awareness-Dienstleister ist, der Sicherheitskultur sowie Kommunikations- und Change-Prozesse im Kontext von Informationssicherheit mithilfe tiefenpsychologischer Forschung begleitet. Beteiligt im Projekt waren neben dem CEO von known_sense und Awareness-Experten Dietmar Pokoyski, die beiden Diplom-Psychologinnen Ankha Haucke und Ivona Matas für die Wirkungsforschung.

Zwischen der Firma known_sense und Frau Prof. Scholl existiert an der TH Wildau seit 2017 eine langjährige Projektpartnerschaft zu den Themen Informationssicherheit, Awareness und Stationenlernen im Zirkeltraining.

2.1.1 Tiefenpsychologische Wirkungsforschung

Im Rahmen der tiefenpsychologischen Forschung als Ausgangslage innerhalb des Projektes „ALARM Informationssicherheit" waren drei qualitative Studien geplant, die trotz der vielfältigen Herausforderungen und Pandemieauswirkungen mit KMU durchgeführt wurden:

- **Studie 1:** Qualitative Wirkungsanalyse Security Awareness in KMU.
  Tiefenpsychologische Grundlagenstudie im Projekt »ALARM Informationssicherheit«.
- **Studie 2:** Enabling vs. Entmündigung.
  Qualitativer Konzepttest analoger Security Awareness-Lernszenarien für KMU im Projekt »ALARM Informationssicherheit«.
  Produkttest.
- **Studie 3:** Game over vs. Game Lover.
  Serious Games als wirksame Security Awareness-Maßnahmen für KMU im Projekt »ALARM Informationssicherheit« – Framework mit Kommunikationsleitfaden, FAQ und Ausblick.
  Lernender Leitfaden „Security Awareness für KMU".

Die Tiefenpsychologie fasst sämtliche psychologische Ansätze zusammen, die den unbewussten seelischen Vorgängen einen hohen Stellenwert für die Erklärung menschlichen Verhaltens und Erlebens beimessen. Die zentrale Idee hierbei ist, dass „unter der Oberfläche" des Bewusstseins (etwa jenseits einer sog. Cover Story) in den „tieferen" Ebenen (Layern) der Psyche weitere, unbewusste Prozesse ablaufen, die das bewusste Seelenleben (entspricht etwa der Impact Story) stark beeinflussen (Imdahl 2006).

Morphologische Markt- und Medienpsychologie hat seit den 1980er-Jahren und damit – weit vor dem heutigen „Marketing-Mainstream" – umfassende Modelle kreiert und weiterentwickelt, die bereits vor 40 Jahren die aktuell aufkeimenden Diskussionen und Anforderungen von Marketing und Kommunikation in systemischer und ganzheitlicher Weise aufgriffen. Das Grundprinzip ist es, die Produkt- bzw. Medienverwendungsformen, Markenbilder oder generell „Settings" (z.B. Alltagssituationen) mithilfe von tiefenpsychologischen Interviews und einer spezifischen Beschreibungs-, Analyse- und Transformationsmethode als vor allem lebendige Formenbildung zu erfassen und darzustellen. Durch diese Perspektive wird sichtbar gemacht, inwiefern spezifische psychologische Motive (Verhalten, Visionen, Wünsche, Bedürfnisse etc.) komplexe Vermittlungen von psychischen Grundtendenzen und -positionen sind, die z.B. die Firma known_sense speziell für den Bereich der Informationssicherheit frühzeitig aufgegriffen und weiterentwickelt hat (known_sense 2021a).

„Verfassungen" sind dabei Modelle des Verfassungsmarketings, wie es die morphologische Markt- und Medienpsychologie betreibt. Psychologische Verfassungen werden dabei je nach Kontext des menschlichen Verhaltens betrachtet.

Das heißt, Menschen verhalten sich nicht in allen Situationen gleich, wie es z. B. das klassische Zielgruppen-Marketing suggeriert. Zu unterscheiden ist im Kontext Security beispielsweise, ob im Unternehmen zur Verfügung gestellten Büro oder im eigenen Homeoffice gearbeitet wird, ob elektronisch oder Face-to-Face kommuniziert wird, zu welcher Tageszeit und in welcher Art und Weise (innerhalb welcher Settings) Arbeitsprozesse stattfinden. Beispielsweise kann es Auswirkungen auf unser Verhalten haben, ob unsere Aufmerksamkeit für Ungewöhnliches am Vormittag, oder kurz vor oder nach der Mittagspause gefordert ist. Ob die konkrete Arbeit intensiv verdichtet und stressdurchflutet ist, somit vieles uns tagsüber so „aufhält", dass auch nach dem eigentlichen Feierabend die Arbeit erledigt werden muss. Diese und andere Kontexte geben unsere psychologischen Verfassungen als eine Art Stimmung vor, die unser Verhalten maßgeblich beeinflussen (Rheingold Salon 2023).

Das Verfassungsmarketing setzt also an Stimmungen, Bestimmungen, Zuständen, Bedingungen, Lebensgefühle an, in denen sich Menschen befinden, die z. B. als Konsumentin und Konsument Produkte kaufen oder eben beruflich oder im Alltag mit Informationssicherheit konfrontiert sind. Hieraus können deutlich einfacher als aus quantitativen oder klassisch sozialwissenschaftlichen Verfahren motivierende Geschichten, Metaphern, Bilder, Emotionen u. v. m. abgeleitet werden, die sich dann produktiv innerhalb von Kommunikation und zielführender Produktentwicklung nutzen lassen. Damit adressiert das Verfassungsmarketing anstelle von sich auflösenden Zielgruppen der Sozialforschung die Kommunikationsstrategien auf einer lebendigen, narrativen Ebene – und das lange, bevor das Marketing die aktuell trendigen Repräsentationen von Konsumentinnen und Konsumenten, sogenannte „Personas", „erfunden" hat (Rheingold Salon 2023). Personas werden bei Modellbildungen als Verallgemeinerung für fiktive, aber realitätsnahe Nutzende gebraucht, die menschenzentrierte Auswertung von Informationsartefakten aller Art bzw. menschenzentrierte Evaluationen von Informationssystemen zum Gegenstand haben, wie es die Forschungsgruppe der TH Wildau mittels TEDS-Framework in der Lernplattform Moodle etabliert hatte (Scholl et al. 2014) und anhand von Webseiten (Scholl 2016) bzw. in digitalisierten Arbeitsprozessen anwendete (Ruiz Ben et al. 2017). Das Marketing hat Personas inzwischen auch entdeckt.

Beim psychologischen Tiefeninterview wiederum wird im Rahmen eines sich verdichtenden Kommunikationsprozesses so „tief gegraben" (also aktiv nachgefragt), bis die „psychoLOGISCHE" Wurzel eines Phänomens zu erkennen und zu beschreiben ist. Eine damit verbundene Ergebnisdarstellung gerät daher so breit und umfassend, wie es die jeweilige Fragestellung pragmatischer Weise erfordert. In den anderthalb- bis zweistündigen Einzelinterviews decken Psychologinnen und Psychologen bei den Security-Wirkungsanalysen die unbewussten seelischen Wirkungen und Einflussfaktoren auf, die das Verhalten aller Personen in Verbindung mit Sicherheit bestimmen. Die Interviewten werden motiviert, in ihrer eigenen Sprache alles zu beschreiben, was ihnen im Zusammenhang mit ihrer Arbeit, ihrem generellen Wirken und der Informationssicherheit durch Kopf und Bauch geht.

Statt quantitativer Meinungsumfrage ohne Möglichkeit auf Vertiefung einzelner Aspekte werden bei Security-Wirkungsanalysen offene Interviews geführt, in denen auf Zusammenhänge zwischen Gesagtem, Körpersprache (wie z. B. Mimik, Gestik) und auch auf Fehlleistungen geachtet wird. Dabei werden die geheimen bzw. nicht bewusst wahrgenommenen Bedeutungszusammenhänge erforscht und nachvollziehbar gemacht. In einem derartigen Setting eröffnen sich somit stets neue Wendungen und oft überraschende Einblicke, die dann systematisch auf ihre Verhaltensrelevanz weiterverfolgt werden. Der dem psychologischen Tiefeninterview zugrundeliegende Interview-Leitfaden ist ein „lernender Leitfaden". Das heißt, in Tiefeninterviews überraschend auftretende Aspekte können ad hoc im Interview selbst und innerhalb nachfolgender Explorationen berücksichtigt werden. Damit liefern tiefenpsychologische Security-Studien intensive und wissenschaftlich abgesicherte Analysen auf Basis von kleinen, aber aussagekräftigen Stichproben. Hierbei reicht diese verhältnismäßig kleine Anzahl an Probandinnen und Probanden aus, da die wirksamen Motivkomplexe und Einflussfaktoren in jedem Einzelinterview vollständig repräsentiert sind. Der Vorteil dieser Methode ist, dass alle verdeckten Security-Motive erfasst und in einem psychoLOGISCHen Kontext gestellt werden. Auf Basis dieser Ergebnisse können dann zielgenaue und konkrete Empfehlungen zur Verbesserung der Sicherheitskultur bzw. -maßnahmen eines jeden Unternehmens formuliert werden (known_sense 2021a).

Aufgrund der Corona-Pandemie und den damit verbundenen Hindernissen für eine persönliche Befragung (Tiefeninterviews) konnte der Unterauftragnehmer known_sense die geplanten Erscheinungstermine jeweils in den ersten Projekthalbjahren (Quartale Q1 oder Q2) von 2021–2023 nicht eingehalten. Sämtliche Studien erschienen jeweils später in den Quartalen Q3 oder Q4 mit durchaus Konsequenzen für die ursprünglichen Kernintentionen und Konzeption. Während die Grundlagenstudie (Studie 1) lediglich mit Verzögerung mit der „Feldarbeit" (Probanden-Akquise und Interviews) gestartet und daher verspätet publiziert wurde (Auswertung und Ergebnisdarstellung), musste der geplante Konzepttest (Studie 2) aufgrund des in Drittmittelprojekten eh vorhandenen Zeitdrucks einerseits, der durch die Pandemie verstärkt wurde, und des Fortschritts bei der Produktentwicklung der Lernszenarien andererseits verändert werden. Infolge des durch die Corona-Pandemie weiterhin verzögerten Beginns dieser Feldarbeit zur Studie 2 waren mit den Erkenntnissen aus Studie 1 und den eigenen Erfahrungen von known_sense und des Teams der TH Wildau bereits sechs von sieben Lernszenarien-Konzepte als erste Pilote entwickelt worden, um schnellstmöglich in die praktischen Erprobungen mit KMU zu gelangen. Der ursprünglich geplante reine Konzepttest als Studie 2 schien daher unnötig und wurde durch den ursprünglich für Studie 3 vorgesehenen Produkttest ersetzt. Anstelle des wiederum ursprünglich geplanten Produkttests in Studie 3 rückte letztlich ein Leitfaden für KMU in das Interesse aller Beteiligten und Studie 3 wurde als „Security Awareness für KMU" auf Grundlage von Desk Research und Praxiserfahrung durch known_sense entwickelt.

2.1.2 Die Ergebnisse der drei Studien

In diesem Kapitel werden die Erkenntnisse der drei Studien in aller Kürze zusammengestellt. Insbesondere der als Studie 3 entwickelte „lernende Leitfaden" für KMU wird auch im Sinne eines Ausblicks dargestellt. In der Abbildung 2 sind die Umschläge (Cover) der drei Studien abgebildet, die vollständig zum kostenfreien Download auf der Projektwebsite zu finden sind.

Abbildung 2: *Cover der drei qualitativen Studien im Projekt „ALARM Informationssicherheit" (Projektwebseite https://alarm.wildau.biz/ #Wiss. Publikationen).*

Studie 1: Es war tatsächlich ein mühevoller Weg: Die Pilot-KMU lieferten oft aufgrund der Pandemie-Situation zahlreiche Zu- und dann wieder Absagen – ein sehr flexibles Projektmanagement war gefragt. Insgesamt wurden 16 Personen aus dem Umfeld der Pilot-KMU des Projekts entgegen der geplanten persönlichen Interviews (Face-to-face) in Einzelinterviews über das sichere Videokonferenzsystem der TH Wildau befragt. Der Mehraufwand wurde durch die Erkenntnisse belohnt: Die hohe Identifikation und Verbundenheit, zum Teil mit engen Bindungen, und ein ausgeprägter Produktionsstolz in den explorierten KMU schaffen Loyalität der Mitarbeitenden gegenüber dem Unternehmen. Gleichzeitig führt dies bei der KMU-Führung zu einem hohen Vertrauen in die Mitarbeitenden. Die Kehrseiten dieses harmonischen Miteinanders einer „familiären Mittelstands-Kultur" wirken sich jedoch zum Teil kontraproduktiv auf die Informationssicherheit aus. Informationssicherheit und Awareness wird hier vor dem Hintergrund eines permanent zunehmenden Businessdrucks (durch Wettbewerber, Kunden, Pandemie, Digitalisierung, Fachkräftemangel, Energiekrise etc.) weniger als Chance zur Modellierung einer angemessenen Sicherheitskultur mit positivem Einfluss z. B. auf den Aspekt der Digitalisierung betrachtet, sondern vielmehr als ein notwendiges „Übel" mit Druck von äußeren Einflüssen (Öffentlichkeit, Regularien, Normen etc.).

Diese Umstände versperren den Blick deutscher KMU auf die eigentlichen Erfolgsfaktoren von nachhaltigen Sensibilisierungsmethoden, insbesondere den Blick auf gamifizierte Formate mit den inhärenten diskursiven und konstruktivistischen

Mehrwerten unter dem Schlagwort „Talking Security". Stattdessen wurden den im Projekt „ALARM Informationssicherheit" zu kreierenden Lernszenarien klassische Benefits der traditionellen Wissensvermittlung im Sinne von lerntheoretischen Mehrwerten zugeschrieben. Wir wissen allerdings aus etlichen nationalen und internationalen Untersuchungen tatsächlich, dass reine Wissensvermittlung keinen positiven Effekt auf das Informationssicherheitsbewusstsein hat (Helisch & Pokoyski 2009, Bada et al. 2019, s.a. Chaudhary et al. 2023).

Das heißt, es wurde von den Probandinnen und Probanden und insbesondere von den Entscheiderinnen und Entscheidern in den befragten KMU, trotz Stützung durch die Interviewerinnen und Interviewer, noch nicht verstanden und z.T. sogar negiert, dass Wissen allein nicht ausreichend ist, um Security Awareness und damit eine nachhaltige Cyber-Defense bzw. Informationssicherheit zu bilden. Offenbar sind die Menschen von ihrem eigenen klassischen schulischen Lernweg und ihren bekannten klassischen Lernerfahrungen stark beeinflusst. Es kann dabei durchaus eingeräumt werden, dass gegebenenfalls die gewählte, jedoch auch gesetzte Projektbezeichnung „Lernszenario" (statt unter Umständen „Sprechszenario" oder ähnliches) zu dieser eher traditionellen Interpretation von Awareness beigetragen hat (Pokoyski, Matas & Haucke 2021). Andererseits verfügte das Forschungsteam der TH Wildau bereits zur Projektantragsstellung über vielfältige langjährige Erfahrungen, dass der Begriff „Spiele" in den deutschen KMU nicht als „Serious Games" bekannt war, weshalb es sinnvoll schien, stattdessen den Begriff „erlebnisorientierte Lernszenarien" für das Projekt einzuführen.

Studie 2: Auf eine Akquise der geplanten Probandinnen und Probanden aus den Pilot-KMU des Projektes wurde angesichts der zum Teil negativ konnotierten Erfahrungen aus der Studie 1 mit den zahlreichen Zu- und Absagen verzichtet. Stattdessen wurde nach erneuter Absage der Probandenakquise durch diverse Marktforschungsdienstleister von known_sense das eigene Agentur-Umfeld in Bezug auf KMU-Probandinnen und -Probanden aktiviert – dies erforderte allerdings zusätzliche, vorher nicht eingeplante und daher durch Umwidmung generierte Projektmittel.

Es konnten so sechs bereits als Prototypen vorliegende Lernszenarien – von den insgesamt sieben zu erstellenden analogen Serious Games – von sowohl Gruppendiskussionen bzw. Entscheiderinnen und Entscheider innerhalb von Fokusinterviews zur Erprobung befragt werden. Auf dieser Basis konnte evaluiert werden, dass die Methodik und das Format der Lernszenarien relativ reibungslos funktionieren und diese mit den ihnen verbundenen seriösen Simulationen anspruchsvolle, weil vitalisierende, Awareness-Werkzeuge darstellen. Es wurden jedoch auch singuläre Schwächen im Detail offensichtlich, die im Rahmen eines iterativen Optimierungsprozesses innerhalb der Produktentwicklung eliminiert werden konnten.

Ein Security-Thema wurde aufgrund des Feedbacks vollständig ersetzt und bei einem weiteren Lernszenario wurde die spielerische Simulation komplett verändert

(Pokoyski & Haucke 2022). Dies verweist auf die im Projekt frühzeitig angedachte Notwendigkeit bei der Entwicklung von analogen Serious Games unbedingt jeweils drei Iterationen mit Feedback einzuplanen, bevor die finalen Versionen erstellt werden können.

Darüber hinaus wurde offensichtlich, dass Erfolg und Nachhaltigkeit beim Einsatz gamifizierter Lernszenarien potenziell mit der Sicherheitskultur und dem damit verbundenen Awareness-Reifegrad in den KMU korreliert. In diesem Zusammenhang wurden diverse aktuelle Awareness-Reifegradmodelle evaluiert. Die entscheidende Erkenntnis war jedoch, dass bei dem eher vorherrschenden niedrig entwickelten Reifegrad in deutschen KMU, die Unternehmen potenziell derzeit keine fein granulierten, an einzelnen Tätigkeiten orientierten, Lernszenarien benötigen. Vielmehr ist derzeit erst einmal eine Basis an Sensibilisierung für alle Mitarbeitenden in den KMU notwendig. Unsere entwickelten Szenarien bilden eine solche Basis, die zum einen intensiviert diskutiert und ausgedehnt werden kann und zum anderen hilft, überhaupt eine gemeinsame Sprache über Informationssicherheit und Vorfälle in KMU zu entwickeln.

Andererseits wurde über die Interviews und Erprobungen klar, dass die deutschen KMU eine stärkere Begleitung benötigen, um ihr Sicherheitsniveau tatsächlich mit Sensibilisierungsmaßnahmen für Mitarbeitende zu erhöhen. Auch die Entscheiderinnen und Entscheider in deutschen KMU und die dienstleistenden Beratungsunternehmen als Multiplikatorinnen und Multiplikatoren benötigen eine Art Sparringspartner im Sinne von Coaching bzw. Supervision hinsichtlich Cybersecurity und Awareness (Pokoyski & Haucke 2022). Leider wurde ein Folgeprojektantrag mit Bezug zu diesen Erkenntnissen, der von der TH Wildau mit known_sense im neuen Fokusprojektförderverfahren 2023 eingereicht wurde, nicht weiter berücksichtigt.

Studie 3: Aufgrund der bereits geschilderten Barrieren und der im Rahmen des Projektes evaluierten Erkenntnisse wurde aus der Studie 3 ein Leitfaden. Dieser „lernende Leitfaden“ setzt unsere praktischen Erfahrungen in Form von Handlungshinweisen um, die flexibel von KMU angepasst werden können. Beispielsweise ist unsere Erkenntnis, dass die in Studie 2 evaluierten sicherheitskulturellen Unterschiede einen lenkenden Ausgleich fordern, somit auch weitere Transferleistungen und eine weitere begleitende Forschung benötigen. Da eine nachhaltige Wirkung von Security-Awareness-Instrumenten offenbar von dem Awareness-Reifegrad des jeweiligen KMU sowie von der Überzeugung, dem (Methoden-) Verständnis und der Führungskultur der KMU-Stakeholder und beratenden Multiplikatorinnen und Multiplikatoren inklusive ihrer Vorbildfunktion abhängt, erhalten diese über den Leitfaden eine Art Gebrauchsanleitung hinsichtlich einer übergeordneten Sicherheitskommunikation.

Letztlich ist ein integrativer Methoden-Mix sinnvoll, d.h. die in „ALARM Informationssicherheit“ entwickelten Instrumente (Serious Games, Beschreibungen, Hinweise etc.) mit weiteren möglicherweise spezifischeren KMU-Maßnahmen zu kombinieren, um eine nachhaltige Wirksamkeit zu erzielen. Dies bedeutet, dass unsere entwickelten gamifizierten Formate im Sinne einer widerspruchsfreien, integrierten Kommunikation eingesetzt werden sollten. Im Blick auf die dahinterliegende Theorie bedeutet es, dass das Drei-Layer-Prinzip der Awareness („informiert sein", „wollen" und „können") mit weiteren Wissens-, Marketing- und Change-Tools spezifisch flankiert werden sollte (known_sense 2021b).

Security-Stakeholder sind im Wesentlichen Geschäftsführende und die für Sensibilisierung zuständigen Personen aus IT, Training und Weiterbildung, Personalwesen, Sicherheitsmanagement bzw. Datenschutz und assoziierten Bereichen. Diesen Zielgruppen soll mit dem zusammengestellten lernenden Leitfaden des Projekts „ALARM Informationssicherheit" eine Rolle als Awareness-Botschafterin bzw. -Botschafter ermöglicht werden, auch dann, wenn in der jeweiligen Organisation keine Vollzeitstelle für das Thema Awareness zur Verfügung steht und möglicherweise weitere spezifische Barrieren bestehen (Pokoyski, Haucke & Scholl 2023). Eines ist unbestreitbar klar: die aktive Sicherheitskommunikation muss in KMU verstärkt werden.

2.1.3 Zusammenfassung

Die beiden durchgeführten qualitativen Studien haben gezeigt, dass deutsche KMU mit denselben oder zumindest sehr ähnlichen Cybersicherheitsrisiken wie größere Unternehmen zu kämpfen haben. Sie benötigen daher ebenfalls Tools zu identischen bzw. ähnlichen Security-Awareness-Themen. Der Einsatz der Formate und Tools, die grundsätzlich auch in KMU wirksam sind, muss jedoch aufgrund der heterogenen Sicherheitskulturen in deutschen KMU in Kombination mit dem jeweiligen Awareness-Reifegrad und daher differenziert betrachtet werden. Hinzu kommt, dass aufgrund der Ressourcenbegrenzung die deutschen KMU stärker durch eine beratende Expertise bei den (pragmatischen) Möglichkeiten und Chancen begleitet werden sollten.

Gerade in Großunternehmen liegen deutlich mehr nutzbare Good Practices in Bezug auf komplexe Veränderungsprozesse aus anderen Bereichen als der Cybersecurity vor, z. B. durch permanenten Austausch im Rahmen des „Dax-30-Roundtables Security Awareness" oder ähnlicher Initiativen, die für KMU in dieser Form nicht bestehen oder nicht funktionieren, da vermutlich die KMU in der Regel keine Good-Practice-Tools im Tausch anbieten können. Der als dritte Studie entwickelte „lernende Leitfaden" gibt daher vor allem den Entscheiderinnen und Entscheidern in KMU konkrete praxisorientierte Perspektiven für eine nachhaltige Sensibilisierung und für die Erhöhung der eigenen Sicherheitskultur im Unternehmen.

Insgesamt haben die drei Studien des Projekts erheblich dazu beigetragen, den Prozess der Methodenanpassung an KMU sowie den Kreationsprozess der analogen Serious Games deutlich voranzutreiben und durch aktive Partizipation sowie Kommunikation weniger fehleranfällig zu gestalten.

Literatur

Bada, M., Sasse, A. M. & Nurse, J. R. (2019). Cyber security awareness campaigns: Why do they fail to change behaviour?. arXiv preprint arXiv:1901.02672.

Chaudhary, S., Gkioulos, V. & Katsikas, S. (2023). A quest for research and knowledge gaps in cybersecurity awareness for small and medium-sized enterprises. Computer Science Review, 50, 100592.

Helisch, M. & Pokoyski, D. (Hrsg.) (2009). Security Awareness – Neue Wege zur erfolgreichen Mitarbeiter- Sensibilisierung. Wiesbaden: Springer Vieweg.

Imdahl, I. (2006). Wertvolle Werbung – Wie Werbung auf die großen Werte eingehen muss. Rheingold Newsletter 1, 1–2.

known_sense (2021a). Methoden. https://www.known-sense.de/methoden8308f7a5. Letzter Zugriff: 01.09.2023.

known_sense (2021b). Methoden: Tiefenpsychologie. https://www.known-sense.de/tiefenpsychologie. Letzter Zugriff: 01.09.2023.

Pokoyski, D., Matas, I. & Haucke, A. (2021). Qualitative Wirkungsanalyse Security Awareness in KMU: Tiefenpsychologische Grundlagenstudie im Projekt Awareness Labor KMU (ALARM) Informationssicherheit. Scholl, M. (Hrsg), Technische Hochschule Wildau, Wildau. https://alarm.wildau.biz/static/d6490e49f8d31adfa35259134b8d1b9d/220316-alarm-studie-final.pdf Letzter Zugriff: 05.09.2023.

Pokoyski, D. & Haucke, A. (2022). Enabling vs. Entmündigung: Qualitativer Konzepttest analoger Security Awareness-Lernszenarien für KMU im Projekt Awareness Labor KMU (ALARM) Informationssicherheit. Scholl, M. (Hrsg), Technische Hochschule Wildau, Wildau. https://alarm.wildau.biz/static/c0e4d00beefe1dc5fac9b50b6087265f/studie-2-master-final.pdf Letzter Zugriff: 05.09.2023.

Pokoyski, D., Haucke, A. & Scholl, M. (2023). Game over vs. Game Lover. Serious Games als wirksame Security Awareness-Maßnahmen für KMU im Projekt Awareness Labor KMU (ALARM) Informationssicherheit – Framework mit Kommunikationsleitfaden, FAQ und Ausblick. Scholl, M. (Hrsg), Technische Hochschule Wildau, Wildau. https://alarm.wildau.biz/static/0fa10a2f646ddcc06fb36d5636a5025f/Studie3_final.pdf Letzter Zugriff: 20.09.2023.

Rheingold Salon (2023). Morphologie & Tiefenpsychologie. https://www.rheingold-salon.de/ tiefenpsychologie-in-marktforschung-services/. Letzter Zugriff: 01.09.2023.

Ruiz Ben, E., Scholl, M. & Ehrlich, E.-P. (2017). Exploring the Adoption of E-Government Tools with WISE Work Index (unabridged version). Wissenschaftliche Beiträge / Technische Hochschule Wildau, 21, 45–53. doi: 10.15771/0949-8214_2017_6.

Scholl, M., Ehrlich, E.-P., Wiesner-Steiner, A. & Edich, D. (2014). The Project TEDS@wildau: TEDS Framework Integration into the Moodle Platform for User-Specific Quality Assurance of Learning Scenarios. (R. H. Sprague & Jr.), 2014 47th Hawaii International Conference on System Sciences (HICSS 2014): Waikoloa, Hawaii, USA, 6–9 January 2014; Proceedings. Hawaii: IEEE [Hawaii]. doi: 10.1109/HICSS.2014.245.

Scholl, M. (2016). What Lessons Can We Learn for "Good E-Government" From a User-Centred Evaluation of the Websites of European Capitals? International Journal of E-Planning Research, 5(4), 16–40. doi: 10.4018/IJEPR.2016100102.

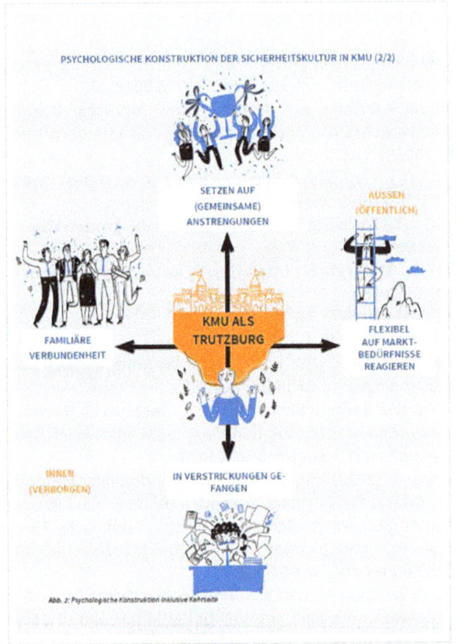

Quelle der Grafik: *Projekt-Studie 1 [Pokoyski, D., Matas, I. & Haucke, A. (2021), a.a.O.]*

Weiter zum Kapitel 2.2

Umfragen und Reports

2.2 Umfragen und Reports

Hubertus von Tippelskirch, Margit Scholl und Frauke Prott

Zum Zeitpunkt der Projektantragsstellung Mitte Oktober 2019 gingen wir davon aus, dass für die Förderung von Risikobewertung und Sicherheitsanalysen zur IT-Sicherheit bzw. Cybersicherheit in KMU die Informationssicherheit insbesondere im Zusammenhang mit deren zunehmend digitalen Arbeitsprozessen konkret (be) greifbar gemacht werden sollte. Dazu sollten vor allem Defizitbereiche wichtiger Geschäftsprozesse systematisch und gemeinsam mit Pilot-KMU anhand konkreter Tätigkeiten erschlossen und davon Sicherheitsprofile sowie Kompetenzprofile abgeleitet werden, um als Basis von zielgruppenorientierten Awareness-Trainings zu fungieren (Scholl 2019). Die parallel zu den tiefenpsychologischen Interviews zur Studie 1, die im August 2021 veröffentlicht wurde, durchgeführte Online-Befragung, deren Veröffentlichung als Report 1 im März 2022 erfolgte, diente diesem Teilvorhaben.

Hinsichtlich der Diversifikation von Tätigkeits-, Sicherheits- und Kompetenzprofilen für den Bereich „Security Awareness" in KMU war das Ergebnis der Studie 1, dass aufgrund der Heterogenität der KMU-Stichprobe hier keine unmittelbare psychologische Relevanz ermittelt werden konnte (Pokoyski et al. 2021: 9). Vielmehr existieren offenbar – über alle Unterschiede hinweg – allgemeingültige Risiken bzw. Sicherheitsthemen, die quer durch alle Bereiche, Verfassungen und Zielgruppen benannt werden und im KMU-Arbeitsalltag für alle der befragten Personengruppen eine wesentliche Rolle spielen (Pokoyski et al. 2021:25). Deshalb wurden analoge Serious Games im Rahmen allgemeingültiger Themen für KMU konzipiert und auf weitergehende Spezialisierungen vorerst verzichtet.

Der in Studie 1 identifizierte geringe Awareness-Reifegrad von deutschen KMU sprach somit gegen eine kurzfristige Diversifikation und der Aspekt der Profile muss in weiteren Evaluationen genauer betrachtet werden (Pokoyski et al. 2021:57). Im **Report 1** wurde ebenfalls ein von Aufgabengeneralisierung geprägtes Nutzungsverhalten bestätigt und daher entgegen den ursprünglich angenommenen spezialisierten Kompetenzprofilen dazu übergegangen, 7 zusammenfassende Tätigkeitsprofile zu definieren, die für solche nachfolgenden Evaluationen genutzt werden können (s. Kapitel 2.2.1).

Im Laufe der Projektentwicklung mit der Überwindung von vielen Herausforderungen, auch zur Einbindung von KMU in nachfolgende Evaluationen, wurde der ursprüngliche Projektplan bezüglich weiterer Online-Befragungen abgeändert: In Kapitel 2.2.2 wird als **Report 2** ein Modell zur KMU-Informationssicherheitskultur abgeleitet, das sowohl auf unseren Projekterfahrungen und Gesprächen mit KMU als auch auf einer Testung eines zuvor international erprobten Bewertungsbogens (da Veiga 2018) durch Befragungen in den Pilotunternehmen des Projekts „ALARM Informationssicherheit" basiert.

Ziel ist es dabei, die KMU in ihrer Praxis durch Integration aller Projektergebnisse mit den entwickelten Serious Games zum erfolgreichen Kulturveränderungsmanagement zu befähigen.

In Kapitel 2.2.3 werden unsere Austausche mit KMU und assoziierten Partnern sowie die Projektabschlussveranstaltung „Awareness Forum“ im Juni 2023 genutzt, um Erfahrungen und Erfolgsgeschichten des Projekts „ALARM Informationssicherheit“ als **Report 3** zu präsentieren.

2.2.1 Report 1: Sicherheitsrelevante Tätigkeitsprofile in KMU

Um festzustellen, welche sicherheitsrelevanten Tätigkeiten es in Unternehmen gibt und welche Maßnahmen sich besonders für die Sensibilisierung der Mitarbeitenden entsprechend ihrer Tätigkeiten eignen (vgl. WIK 2017), wurde vom Forschungsteam der TH Wildau zunächst eine umfassende Online-Umfrage in KMU durchgeführt. Basierend darauf wurden das Nutzungsmuster von spezifischen Tätigkeitsfeldern (z. B. Fertigung/Produktion) und Personengruppen (z. B. mittleres Management) in Bezug auf verschiedene Aspekte wie technische Infrastruktur (z. B. Smartphones), externe Interaktionen (z. B. Kommunikation mit Kundinnen und Kunden), Arbeitsumgebung (z. B. Homeoffice), Sicherheitsmaßnahmen (z. B. Verschlüsselung) sowie die Häufigkeit und der Bedarf an Informationssicherheitsschulungen analysiert. Mittels Korrelationsanalysen, Streudiagrammen und deskriptiven Vergleichen wurden die 15 abgefragten Tätigkeitsfelder zu 7 Tätigkeitsgruppen in einem Profilbogen zusammengefasst (von Tippelskirch et al. 2022 und Abbildung 3).

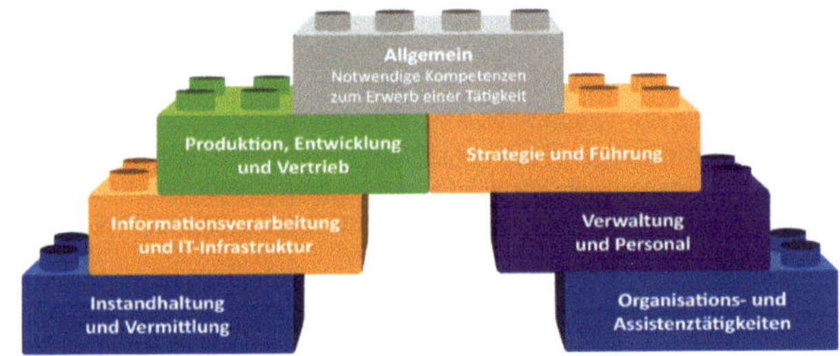

Abbildung 3: *Report 1 des Projekts „ALARM Informationssicherheit. Tätigkeitsprofile der Befragten zusammenfasst zu 7 Tätigkeitsgruppen und als modularer Profilbogen dargestellt (von Tippelskirch et al. 2022)*

Dieser Profilbogen in Abbildung 3 verdeutlicht, dass „Allgemeine Grundkompetenzen“ eine grundlegende Voraussetzung für sämtliche Tätigkeiten in den KMU darstellen.

In Verbindung mit den Bereichen „Produktion, Entwicklung und Vertrieb“ sowie „Strategie und Führung“, die in jedem KMU präsent sind, bildet sich über die beiden oberen Ebenen des Profilbogens in Abbildung 3 der Kernbereich eines jeden Unternehmens heraus. Die folgende Ebene umfasst die Bereiche „Informationsverarbeitung und IT-Infrastruktur“ (als digitaler Gatekeeper) sowie „Verwaltung und Personal“ (als finanzieller und personeller Gatekeeper). Auch wenn diese Abteilungen in kleineren KMU nicht immer als eigenständige Einheiten existieren, übernehmen sie dennoch vergleichbare Rollen in anderen Funktionsbereichen. Der Profilbogen stützt sich letztendlich auf zwei Bereiche, die in größeren KMU häufig anzutreffen sind – „Instandhaltung und Vermittlung“ (als physischer Gatekeeper) und „Organisations- und Assistenztätigkeiten“ (als kommunikativer Gatekeeper). Gemeinsam mit den anderen „Gatekeepern“ schirmen diese Bereiche den Kern des Unternehmens vor potenziellen Bedrohungen weitgehend ab.

Die Ergebnisse der Umfrage dienen als Grundlage zur Ableitung von zielgruppenorientierten Empfehlungen für Sensibilisierungs- und Schulungsmaßnahmen zur Informationssicherheit für jede Tätigkeitsgruppe im Profilbogen. Der Bericht verdeutlicht eindeutig, dass KMU zunehmend digitaler, mobiler und schulungsbedürftiger werden. Wie aus Abbildung 4 ersichtlich ist, sehen 99% der Befragten einen Schulungsbedarf in Informationssicherheit für sich selbst oder für ihr Unternehmen. Dies unterstreicht die offene Einstellung der Mitarbeitenden gegenüber dem Thema Informationssicherheit (IS) und den Sensibilisierungsmaßnahmen.

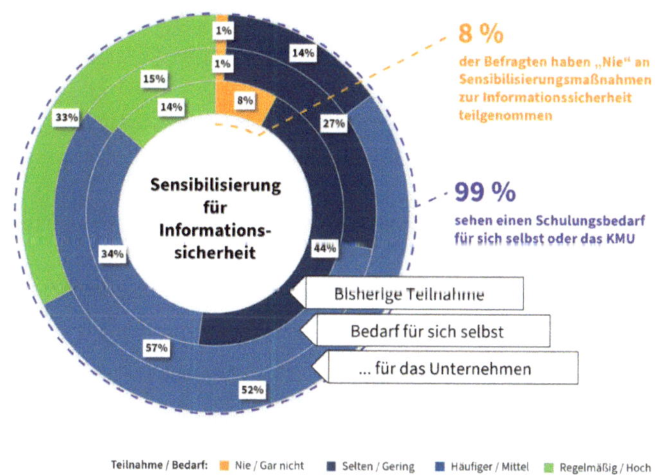

Abbildung 4: *Report 1 des Projekts „ALARM Informationssicherheit. Ergebnisse der Befragung zur Sensibilisierung für Informationssicherheit (von Tippelskirch et al. 2022)*

Die Ergebnisse dieser ersten Online-Umfrage im Rahmen des Projekts lassen vermuten, dass die Wahrnehmung von Informationssicherheit in KMU nicht durchgängig ganzheitlich ist. Gemäß dem BSI-Standard (BSI o. D.) und insbesondere beim Standard 200-1 (BSI 2017a) bedeutet Ganzheitlichkeit, dass Sicherheit integraler Bestandteil der Planung, Konzeption und Betrieb von Geschäftsprozessen und Informationsverarbeitung sein muss. Dies erfordert ein Informationssicherheitsmanagement, das neben technischen Aspekten auch infrastrukturelle, organisatorische und personelle Aspekte berücksichtigt. Nur in einem solchen ganzheitlichen Ansatz kann eine nachhaltige Steigerung der Informationssicherheit erreicht werden (BSI 2017a). Dieser Ansatz erfordert ein Informationssicherheitsmanagementsystem (ISMS) mit einem fortwährenden Sicherheitsprozess, der auch kontinuierlich überprüft und bei Bedarf aktualisiert werden muss (BSI 2017b). Ein kontinuierlicher Verbesserungsprozess sollte somit im Unternehmen etabliert werden.

Die IT-Grundschutz-Methodik des BSI empfiehlt schrittweise Verbesserungen im Laufe der Zeit, beginnend mit grundlegenden Sicherheitsvorkehrungen der Basisabsicherung, ergänzt durch die eng begrenzte Kernabsicherung für besonders schutzbedürftige Werte und Ressourcen, bis hin zur umfassenden Standard-Absicherung (BSI 2017b).

Es ist wichtig zu beachten, dass die im Report 1 getroffenen Aussagen nicht als repräsentativ anzusehen sind, sondern vor dem Hintergrund der begrenzten Stichprobengröße und möglicher Selektionsverzerrungen bei der Auswahl der Umfrageteilnehmenden innerhalb der beteiligten KMU interpretiert werden müssen. Dennoch bot dieser erste Bericht einen klaren und aktuellen Einblick in die Situation von KMU unter den Bedingungen der CORONA-Pandemie. Einige Beispiele aus dem Bericht sind (von Tippelskirch et al. 2022):

- Die Mehrheit der Mitarbeitenden arbeitet an einem festen Arbeitsplatz.
- Homeoffice wird besonders häufig von Mitarbeitenden in Forschung und Entwicklung genutzt.
- Aufgrund der pandemiebedingten Reisebeschränkungen spielen Reisen in den untersuchten Gruppen kaum eine Rolle.
- Mobiles Arbeiten ist in traditionellen Kerntätigkeiten weniger verbreitet, sondern eher in den Bereichen IT/Administration, Vertrieb/Außendienst und Kundenmanagement/Kundenservice.
- E-Mail ist ein häufig genutztes Kommunikationsmittel, wobei die Verschlüsselung von E-Mails noch nicht zur Routine in KMU gehört.
- Biometrische Zugangskontrollen werden bisher selten genutzt, Passwörter sind die gängige Methode.
- Die große Mehrheit der Befragten sieht einen Schulungsbedarf in Bezug auf Informationssicherheit in KMU, wobei die Teilnahme an Schulungs- und Sensibilisierungsmaßnahmen je nach Tätigkeitsfeld variiert.

In Report 1 wurden folgende Tätigkeitsfelder untersucht (von Tippelskirch et al. 2022):

- Fertigung/Produktion
- Materialwirtschaft/Logistik/Lager
- Einkauf/Beschaffung
- Vertrieb/Außendienst
- Kundenmanagement/Kundenservice
- Prozessmanagement/Qualitätssicherung/Controlling
- Forschung/Entwicklung
- IT/Administration
- Sekretariat/Empfang/Pförtnerei/Poststelle
- Finanzen/Buchhaltung/Rechnungswesen
- Personal (-wesen/-verwaltung)
- Marketing/Kommunikation.

Zudem wurden die folgenden Personengruppen näher betrachtet (von Tippelskirch et al. 2022):

- Geschäftsleitung/Topmanagement
- Mittleres Management
- Mitarbeitende
- Auszubildende/Praktikant/innen.

Die Geschäftsleitung in KMU zeigt in der Regel eine Affinität zu Fremdsprachen und nutzt soziale Netzwerke, insbesondere Karrierenetzwerke. Zudem sind sie auf Online-Buchungen angewiesen und nutzen Technologien wie Datenverschlüsselung und digitale Signaturen. Auch die Verwendung von Freeware, Backup-Software und externen Speichergeräten wie USB-Sticks und externen Festplatten ist charakteristisch. Mobiles Arbeiten und Reisen sowie die Nutzung von WLAN, Clouddiensten, Video-Konferenzen und Datenbanken sind für sie üblich. Aufgrund dieser Aktivitäten sind sie in der KMU-Personengruppe „Geschäftsleitung/Topmanagement" besonders gefährdet und könnten von einem spezifischen Sensibilisierungs-Coaching profitieren.

Das mittlere Management zeigt eine häufige Nutzung von Datenbanken, ERP-Programmen und Video-Konferenzen für ihre Aufgaben. Das Drucken und Scannen gehören zu ihrer täglichen Routine. Sie könnten von einer spezifisch angepassten Sensibilisierungsmaßnahme sowie allgemeinen Sicherheitsschulungen profitieren.

Die befragten Mitarbeitenden hingegen nutzen soziale Netzwerke, Tablets, Smartphones, Payware und USB-Sticks/externe Festplatten kaum. Sie sind weniger vertraut mit vertraulichen Daten, Downloads, E-Mail-Verschlüsselung und Datenlöschung oder Datenverschlüsselung. Drucken und Scannen sind bei ihnen alltäglich. Sie könnten von einer allgemeinen Sensibilisierung für Informationssicherheit profitieren.

Auszubildende sind weniger wahrscheinlich auf Geschäftsreisen oder Übernachtungen angewiesen. Nach der Befragung des Reports 1 nutzen sie im Betrieb weniger mobile Technologien wie Tablets und Smartphones sowie spezielle Software wie ERP-Programme. Dies dürfte sich jedoch in Zukunft verändern. Sie könnten von einer allgemeinen Sensibilisierung für Informationssicherheit profitieren, die auch in die Sicherheitsrichtlinien des Unternehmens integriert ist.

Durch das Ergebnis von Studie 1 (Pokoyski et al. 2021), wonach viele Sicherheitsthemen von den Interviewten so allgemein genannt wurden, konnten diese auch in Report 1 nicht fein-granuliert auf ein bestimmtes Profil beschränkt werden. Daher wurden die definierten Tätigkeitsfelder des Reports 1 neu strukturiert und als 7 Profilgruppen zusammengefasst (von Tippelskirch et al. 2022) wie dies Abbildung 3 bereits ausweist. Diese 7 Profilgruppen werden von uns als in KMU modular kombinierbar verstanden.

Die Profilgruppe „Allgemeine Grundkompetenzen“ konzentriert sich auf die grundlegenden Anforderungen gemäß der IT-Grundschutz-Methodik des BSI (2021b) sowie allgemeine Grundkenntnisse der Informationssicherheit. Hierbei sind Themen wie Sensibilisierung für E-Mails (Phishing), Passwort-Konstruktion und CEO Fraud relevant.

Die Profilgruppe „Produktion, Entwicklung und Vertrieb“ behandelt spezifische Informationssicherheitsaspekte für entwicklungs- und prozessintensive Aufgaben. Hierzu gehören Themen wie Verschlüsselung, Wirtschaftsspionage und Reisesicherheit (Travel-Security).

Die Profilgruppe „Informationsverarbeitung und IT-Infrastruktur“ ist entscheidend für die Einrichtung und Wartung der technischen Infrastruktur und fungiert als „Gatekeeper“. Diese Profilgruppe entwickelt technische Richtlinien, steuert Sicherheitstrainings und hat den höchsten Schulungsbedarf. Relevante Themen hier sind unter anderem Ransomware und Datenverfügbarkeit.

Die Profilgruppen „Instandhaltung und Vermittlung“, „Organisations- und Assistenztätigkeiten“ sowie „Verwaltung und Personal“ werden als verschiedene „Gatekeeper“ angesehen und benötigen Sensibilisierung für Themen wie Desinformation, Social Engineering und CEO Fraud gemäß ihren Aufgabenstellungen.

Es ist wichtig, dass Sicherheitssysteme und -richtlinien gut konzipiert und effektiv kommuniziert werden, um eine optimale Umsetzung sicherzustellen (Nurse et al. 2011). Die hier beschriebenen Empfehlungen beruhen auf den Erkenntnissen aus dem Forschungsprojekt. Basierend auf den erhobenen Daten für den Report 1 wurde das ursprüngliche Konzept der Tätigkeitsprofile in KMU überdacht. Durch die Einführung des Tätigkeitsprofilbogens und die Identifizierung wichtiger Rollen wie beispielsweise „Gatekeeper“ bietet der Bericht einen praktischen Ansatz, um die Aktivitäten in KMU besser zu strukturieren und darauf aufbauend Sicherheitsprofile zu entwickeln.

Diese Veränderung des Ansatzes, weg von klar abgegrenzten Sicherheitsprofilen, stellte für den Projektauftrag eine neue Herausforderung dar.

Diese Herausforderung bedeutete die Entwicklung neuer Konzepte, die sich auf eine schwer erfassbare Informationssicherheitskultur stützen, trotzdem spezifisch anpassungsfähig sein und zudem an die individuelle Unternehmenslogik angepasst werden müssen. Dies führte dazu, dass der Entwicklungs- und Forschungsprozess nicht enger eingegrenzt, sondern vielmehr in eine umfassendere Richtung weitergedacht werden musste (von Tippelskirch et al. 2022).

2.2.2 Report 2: Informationssicherheitskultur in KMU

Das Ziel des **Reports 2** (von Tippelskirch o. D.) geht über die Entwicklung einer Bewertungshilfe zur Einschätzung der Stärken und Schwächen von Akteurinnen und Akteuren und ihrer Organisation hinaus. Es zielt darauf ab, das soziale und organisatorische Arbeitsumfeld nicht nur für aktuelle Maßnahmen, sondern auch als Grundlage für zukünftige Veränderungen zu erfassen. Ein solches Werkzeug bildet die Grundlage für eine strategische Steigerung der Informationssicherheit in den untersuchten Unternehmen. Darüber hinaus kann es von anderen KMU zur Selbstbewertung herangezogen werden und Teil eines bewussten Veränderungsmanagements werden.

Erste Überlegungen und Ideen in der wissenschaftlichen Projektarbeit bezogen sich auf die Entwicklung von marketing-orientierten Zielgruppenanalysen (Personas), wie sie beispielsweise durch Sinus-Milieu-Modelle (s. Flaig und Barth 2014) oder Limbic-Maps (s. Häusel 2014) dargestellt werden können. Diese Ansätze wurden jedoch verworfen, da sie die Fokussierung auf Nutzertypen als Ziel haben und die Gründe für ihr Verhalten sowie dessen Manifestation oder Änderung außer Acht lassen. Beispielsweise wird das Ethikverständnis nicht nur auf individueller Ebene geprägt, sondern auch in größeren Gruppen wie Unternehmen oder Abteilungen entwickelt und beeinflusst. Ein kultureller Ansatz scheint angemessen angesichts der Vielzahl von Aspekten, die in diesem Kontext betrachtet werden müssen, und wird auch international bestätigt. Diese Aspekte reichen von den beteiligten Akteurinnen und Akteuren, zwischenmenschlichen Beziehungen, persönlichem und allgemeinem Ethikverständnis bis hin zu etablierten Prozessen und Organisationsebenen. Durch Kreativitätstechniken im Projektteam wurden relevante Themenfelder näher eingegrenzt.

Die Strategie zur Sicherheitskultur und Awareness in einem KMU rückte in den Vordergrund. Fragen zur Sicherheitskultur beinhalten Kommunikation und Dialog, Umgang mit Fehlern, Innentäterschaft (s. BKA 2020), Bereitschaft zur Veränderung, Konflikte zwischen Sicherheit und Leistungsdruck sowie lösungsorientiertes Informationssicherheitsmanagementsystem (ISMS). Bei den Awareness-Strategien steht der Blick auf Ziele, bewusste Verantwortlichkeiten, gemeinsame Werte, Normen, Konsens zwischen Führung und Mitarbeitenden sowie Kommunikation im Fokus. Die Etablierung von Sensibilisierungsprozessen ist für das Projekt „ALARM Informationssicherheit“ äußerst relevant.

Sensibilisierungsprozesse umfassen u.a. das Erzielen der eigenen Achtsamkeit und die Erhöhung des Informationssicherheitsbewusstseins, damit die Verbesserung entsprechender (betrieblicher) Lernprozesse, Schaffung eines tatsächlichen Verständnisses für Risiken innerhalb der (digitalen) Geschäftsprozesse und konkrete Hilfestellungen für die zu identifizierenden Zielgruppen samt abgestimmter Themen und spezifischer Methoden. Ein weiterer Schwerpunkt muss auf der Untersuchung von Verhaltensänderungen liegen, insbesondere da solche durchaus wichtige Hinweise auf die betriebliche Sicherheitskultur geben können, aber gleichzeitig oft eine „Blackbox“ darstellen. Daher sind bei den weiteren Überlegungen auch psychologische Aspekte, Gewohnheits- und Meinungsbildung, Selbstwahrnehmung (z.B. Dunning-Kruger-Effekt bei IT-Sicherheit entsprechend Capano 2019), Resilienz-Entwicklung und die Diskrepanz der wahrgenommenen Verantwortlichkeit im KMU und im privaten Umfeld einzuschließen. Anhand dieser Stoßrichtung wurden gängige Definitionen, Theorien und Assessments der Informationssicherheitskultur zusammengefasst, innerhalb des Forschungsteams vorgestellt, im Diskurs durchdacht, auf Praxistauglichkeit geprüft und als ein neues Modell weiterentwickelt. Literaturschwerpunkt dazu bildeten zur Definition und Theorie: Schein 1990; Kotter 1995; Schlienger und Teufel 2003; da Veiga et al. 2020; zur Wirtschaft: Elkington 2013; Baumol 1967; zur Compliance: Karlsson et al. 2017; Wall et al. 2013; Alassaf und Alkhalifah 2021; Sasse et al. 2022.

Insbesondere aufgrund unserer eigenen Erfahrungen mit den Pilotunternehmen im Projekt, ist die betriebliche Informationssicherheitskultur einerseits innerhalb der wirtschaftlichen Logiken und KMU-Notwendigkeiten von begrenzten zeitlichen, finanziellen, sozialen und psychologischen Ressourcen zu betrachten. Andererseits ist die betriebliche Informationssicherheit als ein entscheidender Faktor einer überlebensnotwendigen KMU-Nachhaltigkeitsstrategie zu sehen und in einem ökonomischen Gleichgewicht auszubalancieren. Die im Report 2 dargestellte Vielzahl von Ansätzen bietet den KMU eine strategische Hilfestellung und somit einen Rahmen für ein erfolgreiches Veränderungsmanagement ihrer Informationssicherheitskultur, eng verzahnt mit den anderen Projektergebnissen und der integrierten Sensibilisierung mit Hilfe von Serious Games. Daher ist Report 2 - trotz aller Theorie - als ein praxisorientiertes Werkzeug für einen nachhaltigen Lernprozess in KMU zu verstehen.

Das im Report 2 für ein strategisches Prozessverständnis konzipierte Modell der Informationssicherheitskultur als Erkenntnisökonomie (Information Security Culture as Economy of Cognition) wurde vor allem auf der Grundlage des Ansatzes von van Niekerk und Solms (2010) entwickelt. Es berücksichtigt Dienstleistungsphasen, Produktionsfaktoren nach Gutenberg (1983) sowie das Konzept des Compliance-Budgets von Beautement, Sasse und Wonham (2008). In diesem Modell (hier nicht gezeigt) werden die sogenannten Erkenntnisvektoren „Womit“, „Was“, „Wie“ und „Warum“ als Kräfte beschrieben, die die Informationssicherheitskultur zusammenhalten und verändern. Diese Perspektive ermöglicht somit eine ganzheitliche Betrachtung der verschiedenen Aspekte, die die Informationssicherheitskultur in einem Unternehmen prägen.

2.2.3 Report 3: Gemeinsam zum Projekterfolg

Im Zeitalter der notwendigen digitalen Transformation und der damit ständig wachsenden Bedeutung von Informationstechnologie ist die Sicherheit von Informationen und Daten weltweit zu einem zentralen Anliegen für Unternehmen, Organisationen und Regierungen geworden. Die Notwendigkeit, sensible Informationen vor Bedrohungen wie Cyberangriffen, Datenschutzverletzungen und Datenlecks zu schützen, hat zu einem verstärkten Fokus auf Informationssicherheit geführt. Doch Informationssicherheit ist mehr als nur die Implementierung technischer Lösungen. Sie erfordert auch ein tiefes Verständnis für die Bewusstseinsebenen der Mitarbeitenden und die Art und Weise, wie sie ihre Rollen im Kontext der Informationssicherheit wahrnehmen.

Im **Report 3** (von Tippelskirch et. al 2023) werden sechs Erfolgsgeschichten von den beteiligten Unternehmen, Partnerorganisationen und Unterauftragnehmern ausgewählt dokumentiert, die sich mit der Vermittlung von Bewusstseinsebenen, Rollenverständnissen und Informationssicherheitskultur in Organisationen beschäftigen. Es wird gezeigt wie Unternehmen und Institutionen erfolgreich die Herausforderungen angegangen sind, die mit der Etablierung einer starken Informationssicherheitskultur verbunden sind. Dabei wird nicht nur auf technische Aspekte eingegangen, sondern auch auf die menschlichen Faktoren, die nachweislich eine entscheidende Rolle in diesem Prozess spielen. Die Bedeutung der Bewusstseinsebenen der Mitarbeitenden und ihres Rollenverständnisses im Zusammenhang mit der Informationssicherheit kann nicht genug betont werden. Wenn Mitarbeitende die Bedeutung der Sicherheit von Informationen nicht verstehen oder ihre Rolle bei der Sicherung dieser Informationen nicht klar definieren, kann dies zu schwerwiegenden betrieblichen Sicherheitslücken führen. Daher ist es entscheidend, wie Unternehmen Schulungen und Sensibilisierungsmaßnahmen entwickeln, um das Bewusstsein für Informationssicherheit zu erhöhen und eine adäquate Einstellung zu fördern.

Es werden mit Report 3 einige bemerkenswerte Erfolgsgeschichten aufgezeigt, in denen Organisationen innovative Ansätze zur Förderung einer starken Informationssicherheitskultur entwickeln. Diese Geschichten dienen nicht nur zur Inspiration, sondern bieten auch wertvolle Einblicke in bewährte praxisorientierte Praktiken und Strategien, die in Kontexten anderer KMU adaptiert werden können. Unsere Awareness-Trainings konnten einen nachhaltigen Beitrag in Pilotunternehmen leisten. Unsere erprobten Testungen von Moderationsausbildungen schufen Multiplikatoren-Effekte in Partnerorganisationen und anderen Bildungseinrichtungen. Alle lernten dazu.

Auch die Unterauftragnehmer unseres Projekts „ALARM Informationssicherheit“ werteten ihr Portfolio auf und erweiterten ihre eigenen Informationssicherheitskompetenzen. Aus den feinfühlig geplanten und dann abgesprochen erprobten „Vor-Ort-Angriffen“ wurden letztlich niederschwellige Sicherheitskonzepte und verschriftlichte Handlungsanweisungen für KMU entwickelt. Die Pilotunternehmen des Projekts erhielten aufgrund der öffentlichen Förderung im Gegenzug für ihren Zeitaufwand kostenfreie Sensibilisierungen in Informationssicherheit und kostenfreie Moderationsvorführungen zu den entwickelten analogen und digitalen Serious Games sowie eine kostenfreie Begleitung bei den „Vor-Ort-Angriffen", die bei den Pilotunternehmen durchaus zu einschneidenden „Aha"-Erlebnissen führten.

Report 3 verdeutlicht daher nicht nur die Herausforderungen, sondern zeigt sehr konkret auch Lösungsansätze für KMU. Report 3 präsentiert daher von uns als Team erprobte und damit bewährte Methoden, die KMU, aber auch alle Organisationen dabei unterstützen können, das Informationssicherheitsbewusstsein ihrer Mitarbeitenden zu erhöhen.

Literatur

Alassaf, M. & Alkhalifah, A. (2021). Exploring the Influence of Direct and Indirect Factors on Information Security Policy Compliance: A Systematic Literature Review. IEEE Access 9, 162687–162705. doi: 10.1109/ACCESS.2021.3132574.

Baumol, W. J. (1967, Juni). Macroeconomics of unbalanced growth: the anatomy of urban crisis. The American Economic Review 57 (3), 415–426. https://www.jstor.org/stable/1812111.

Beautement, A., Sasse, M. A. & Wonham, M. (2008). The compliance budget. In: Matt Bishop (Hg.). Proceedings of the 2008 workshop on New security paradigms, NSPW ,08: 2008 New Security Paradigms Workshop, Lake Tahoe California USA, 22 09 2008 25 09 2008. New York, NY, ACM, 47–58.

BSI (Bundesamt für Sicherheit in der Informationstechnik, Hrsg.) (o. D.). BSI-Standards. https://www.bsi.bund.de/dok/6603458. Letzter Zugriff: 22.10.2023.

BSI (Bundesamt für Sicherheit in der Informationstechnik, Hrsg.) (2017). BSI-Standard 200-1: Managementsysteme für Informationssicherheit (ISMS). Version 1.0. https://www.bsi.bund.de/dok/10027834. Letzter Zugriff: 22.10.2023.

BSI (Bundesamt für Sicherheit in der Informationstechnik, Hrsg.) (2017). BSI-Standard 200-2: ITGrundschutz-Methodik." Version 1.0. https://www.bsi.bund.de/dok/10027846. Letzter Zugriff: 22.10.2023.

BKA (Bundeskriminalamt) (2020). Innentäter in Unternehmen 2. Aktuelle inländische Forschungsbeiträge, wesentliche Ergebnisse und Handlungsempfehlungen. IZ 34. https://www.bka.de/SharedDocs/Downloads/DE/Publikationen/Publikationsreihen/Forschungsergebnisse/2020KKFAktuell_InnentaeterinUnternehmen.pdf?__blob=publicationFile&v=2. Letzter Zugriff: 05.10.2021.

Capano, D. (2019). Cybersecurity: Human assets: Human hacking, the compromise of human assets, is often the first step in a cybersecurity breach, even if or when technical systems are secure. Help coworkers and those in the supply chain to avoid being the entry point for attack. Learn attack methods, five attack types and five prevention techniques.

da Veiga, A. (2018). An approach to information security culture change combining ADKAR and the ISCA questionnaire to aid transition to the desired culture. Information and Computer Security 26 (5), 584–612. doi: 10.1108/ICS-08-2017-0056.

da Veiga, A., Astakhova, L. V., Botha, A. & Herselman, M. (2020). Defining organisational information security culture — Perspectives from academia and industry. Computers and Security 92 (COSE 101713). doi: 10.1016/j.cose.2020.101713.

Elkington, J. (2013). Enter the Triple Bottom Line. In: The Triple Bottom Line. Routledge, 1–16.

Flaig, B. B. & Barth, B. (2014). Die Sinus-Milieus 3.0 – Hintergründe und Fakten zum aktuellen Sinus-Milieu-Modell. In: Zielgruppen im Konsumentenmarketing. Springer Gabler, Wiesbaden, 105–120.

Gutenberg, E. (1983 (1951)). Die Produktion. 24. Aufl. Berlin/Heidelberg, Springer.

Häusel, H.-G. (2014). Think Limbic! Die Macht des Unbewussten verstehen und nutzen; inklusive Arbeitshilfen online. 5. Aufl. Freiburg/München, Haufe.

Karlsson, F., Karlsson, M. & Åström, J. (2017). Measuring employees' compliance – the importance of value pluralism. Information and Computer Security 25 (3), 279–299. doi: 10.1108/ICS-11-2016-0084.

Kotter, J. P. (1995 [Reprint 2009]). Leading Change: Why Transformation Efforts Fail. Harvard Business Review, March-April 1995, Reprint 95204. In: Deborah Price/Deborah L. Price (Hg.). The principles and practice of change. New York, NY, Palgrave Macmillan, 113–123.

Nurse, J. R. C., Creese, S., Goldsmith, M. & Lamberts, K. (2011). Guidelines for usable cybersecurity: Past and present. In: Third International Workshop on Cyberspace Safety and Security (CSS 2011): Milan, Italy, 8 September 2011; [held in conjunction with the 5th International Conference on Network and System Security (NSS 2011), in Milan, Italy, September 6 - 8, 2011. Hrsg. von Cliff C. Zou, 21–6. Piscataway, NJ: IEEE, 2011. doi: 10.1109/CSS.2011.6058566.

Pokoyski, D., Matas, I., Haucke, A. & Scholl, M. (2021). Qualitative Wirkungsanalyse Security Awareness in KMU: Tiefenpsychologische Grundlagenstudie im Projekt Awareness Labor KMU (ALARM) Informationssicherheit. Technische Hochschule Wildau, Wildau. https://alarm.wildau.biz/static/d6490e49f8d31adfa35259134b8d1b9d/220316-alarm-studie-final.pdf Zugriff: 05.09.2023.

Sasse, A. M., Hielscher, J., Friedauer, J., Menges, U. & Pfeiffer, M. (2022). Warum IT-Sicherheit in Organisationen einen Neustart braucht (Why IT-Security in Organizations needs a restart). 18. In: 18. Deutscher IT-Sicherheitskongress des BSI (18. German IT-Security Convention of the BSI (Federal Office for Information Security).

Schein, E. H. (1990). Organizational culture. American Psychologist 2/45, 109–119.

Schlienger, T. & Teufel, S. (2003). Analyzing information security culture: increased trust by an appropriate information security culture. In: 14th International Workshop on Database and Expert Systems Applications. Proceedings. IEEE Comput. Soc.

Scholl, M. (2019). Projektantrag „Awareness Labor KMU (ALARM) interaktiv-erlebbare analoge und digitale Personalentwicklung für mehr Informationssicherheit und organisationsweite Sicherheitsanalysen in KMU/KKU inklusive Überprüfungen (Messungen, Test, „Angriffe")", eingereicht am 13.10.2019.

van Niekerk, J. F. & Solms, R. von (2010). Information security culture: A management perspective. Computers & Security 29 (4), 476–486. doi: 10.1016/j.cose.2009.10.005.

von Tippelskirch, H., Schuktomow, R., Scholl, M. & Walch, M. C. (2022). Report zur Informationssicherheit in KMU – Sicherheitsrelevante Tätigkeitsprofile (Report 1) (p. 111). Wildau: TH Wildau. https://alarm.wildau.biz/static/3b60581edae4d016e4c20290c0936f55/220623_alarm_report1_web.pdf

von Tippelskirch, H. (o. D.). Report zur Informationssicherheitskultur in KMU. Entwicklung einer Theorie zur Erkenntnisökonomie im Rahmen des Projektes Awareness Labor KMU (ALARM) Informationssicherheit (Report 2), Wildau: TH Wildau. Im Erscheinen; wird über die Projektwebseite vermutlich 2024 zur Verfügung gestellt.

von Tippelskirch, H., Prott, F. & Scholl, M. (2023). Gemeinsam zum Projekterfolg. Neue Wege für mehr Informationssicherheit in KMU. Report 3: Sechs Erfolgsgeschichten im Rahmen des Projektes Awareness Labor KMU (ALARM) Informationssicherheit, Wildau.

Wall, J. D., Iyer, L. & Salam, A. F. (2013). Are Conceptualizations of Employee Compliance and Noncompliance in Information Security Research Adequate?Developing Taxonomies of Compliance and Noncompliance. Research-in-Progress. In: Proceedings of the Nineteenth Awird noch genutztmericas Conference on Information Systems, Nineteenth Americas Conference on Information Systems, Chicago, IL.

WIK Wissenschaftliches Institut für Infrastruktur und Kommunikationsdienste (Hrsg.) (2017). Aktuelle Lage der IT-Sicherheit in KMU. https://www.it-sicherheit-in-der-wirtschaft.de/ITS/Redaktion/DE/PDF-Anlagen/Studien/aktuelle-lage-der-it-sicherheit-in-kmu-langfassung.pdf Letzter Zugriff: 03.11.2021.

Weiter zum Kapitel 2.3

Analoge Serious Games

2.3 Analoge Serious Games als Sensibilisierungsmethode für mehr Informationssicherheit

Dietmar Pokoyski

2.3.1 Was sind analoge Serious Games?

Innerhalb von drei Jahren wurden sieben analoge Serious Games zur Informationssicherheit entwickelt, getestet und evaluiert. Bei einem typischen Lernszenarien-Training durchlaufen Teams synchron verschiedene Themenstationen, an denen sie von Moderierenden hinsichtlich verschiedener Sicherheits-Themen sensibilisiert werden. Bei der synchronen Verzahnung von Lernszenarien (LS) dauert jede Station lediglich 15 Minuten und beinhaltet u. a. jeweils ein sogenanntes „Minigame“, das üblicherweise „mit den anderen Games und den Briefings für die Moderierenden in einen handelsüblichen Koffer passt. Moderiert wird stets von Kolleginnen und Kollegen auf Basis eines Train-the-Trainer-Konzepts“ (known_sense, o. D.).

„Eine Lernstation setzt Kommunikationsziele auf mehreren Ebenen um. Es handelt sich um eine clipartige Vermittlung von Wissen in Form einer Simulation. Die Teilnehmenden sollen über das Thema Sicherheit ins Gespräch kommen, d. h. ihr Wissen und ihre persönlichen Erfahrungen einbringen. Hierdurch soll eine Integration von Emotionen in die Diskussion erfolgen, um das (...) beschriebene Zusammenspiel von ‚Wissen – Wollen – Können´ für ein nachhaltiges Bewusstsein zu initiieren. Die Zielgruppen einer Lernstation sind, ebenso wie die vermittelten Inhalte, generisch zu verstehen und unterliegen somit keiner spezifischen Ordnung. Die zu vermittelnden Inhalte werden abstrakt dargestellt und eignen sich so für jeden Aufnahmehorizont (...) Ziel der Kommunikation ist die Veränderung der Wahrnehmung, der Einstellung und des Verhaltens der Zielgruppen eines Unternehmens“ (Kolarow, 2019, S. 44ff.).

Lernstationen bieten diverse Vorteile gegenüber herkömmlichen Schulungsformaten:

- Nutzung als Teaser, „um weitere Wissensbedarfe bei den Teilnehmenden zu sicherheitsrelevanten Fragen zu erzeugen und somit innerhalb einer Sicherheitskommunikationskampagne als entscheidender Baustein zu dienen“ (Kolarow, 2019, S. 44ff.).
- Incentivierung mit Punkten pro Spiel bei verzahnten Trainingsevents mit infolge von Synchronisierung zeitgleich ablaufenden Stationen, um den Wettbewerbscharakter und die Motivation innerhalb der Teams zu steigern.
- Leichte Adaption an die Bedürfnisse der anwendenden Organisation mit bedarfsweiser Weiterentwicklung.

- Aspekt „Talking Security“ als Nachhaltigkeitsfaktor, d. h. der „diskursive Effekt des Formates führt zu einer Kommunikation unter den Teilnehmenden auch über Sicherheitsfragen hinaus und fördert so den gegenseitigen Austausch und das Teambuilding“ (Kolarow, 2019, S. 44ff.). Außerdem sprechen die Teilnehmenden nach „Absolvierung der Lernstationen über die dort erlebten Themen sowie das Format selbst“ (Kolarow, 2019, S. 44ff.).
- Lernstationen können potenziell „auch bei Organisationen mit unterentwikkeltem Reifegrad zum Schulungs-Thema angewendet werden“ (Kolarow, 2019, S. 44ff.).

Die LS sind primär für eine Übernahme von Unternehmen im Rahmen eines Train-the-Trainer-Ansatzes erstellt worden, d. h. die nutzenden Organisationen selbst planen und realisieren inhouse miteinander verzahnte Trainingsevents von z. B. vier LS à 15 Minuten (gesamt demnach eine Stunde), die synchron gegenüber teilnehmenden Teams mit bis zu je 12 Personen von eigenen Mitarbeitenden moderiert werden. Auf diese Weise können in 60 Minuten bis zu 48 Teilnehmende per LS sensibilisiert werden. Bei bis zu fünf Wiederholungen sind am Tag rechnerisch maximal 288 Teilnehmende möglich, mithin eine größere Anzahl als die KMU-Definition in Bezug auf Mitarbeiterdimension vorgibt. Jedoch liegt die „ideale Zahl (...) zwischen sechs und acht Teilnehmenden je Station. Hierdurch wird die Sicht aller auf das Spielfeld sowie die Diskussion untereinander gewährleistet. Zudem kann der Moderierende zeitgerecht auf Fragen eingehen und die Diskussion bei Bedarf leiten oder neu anstoßen. Die Teilnehmenden sind für ihn jederzeit sichtbar und können sich dem stattfindenden Diskurs nicht absichtlich entziehen bzw. diesem im Menschengedränge entzogen werden“ (Kolarow, 2019, S. 44ff.).

Die Moderation läuft in drei Stufen ab:

- LS-Briefing mit Vorstellung von Moderation und Thema, Abfragen von Erfahrungen in Bezug auf das jeweilige LS-Thema mit Team-Diskussion
- LS-Spiel (Simulation, im Rahmen der „Security Arena“ in der Regel „Minigame“ genannt)
- LS-Debriefing mit Auflösung der Spiel-Aufgabe und Klärung offener Fragen, die während der Spielsituation entstanden sind

„Der oder die Moderierende stellt zu Beginn das Thema vor und leitet mit Fragen nach eigenen Erfahrungen und Meinungen der Teilnehmenden zu den Inhalten ein. Auch Fragen nach der eigenen Wahrnehmung der Sicherheitsorganisation im Unternehmen können gestellt werden. Der im Zuge der Entwicklung der Station entstandene Moderationsleitfaden dient dem Moderierenden dabei als Hilfestellung, ist jedoch keine strikt abzuarbeitende Checkliste. Vielmehr liegt es in seinem Ermessen, den Fortgang dieser 15 Minuten zu gestalten. Seine Authentizität und Performance sind also ein wesentlicher Faktor und entscheiden das Gelingen der Lernstation für die Teilnehmenden. Neben ausgeprägten kommunikativen Eigenschaften muss der Moderierende zudem in der Lage sein, schwierige Charaktere unter den Teilnehmenden und die mit ihnen einhergehenden Stimmungen zu antizipieren, aufzufangen und bestenfalls in die Diskussion innerhalb der Gruppe zu integrieren. Dies gilt auch für konträre Meinungen zum Thema. Der bzw. die Moderierende schließt die Station mit einem Debriefing ab und räumt, soweit angemessen, Zeit für Fragen seitens der Gruppe ein. Sollte eine Station früher beendet sein und keine weiteren Fragen zur Klärung bestehen, hält der bzw. die Moderierende die Gruppe an der Station, um eine Störung der anderen Stationen und Gruppen durch einen frühzeitigen Wechsel zu unterbinden“ (Kolarow, 2019, S. 44ff.).

Als ein Nachteil in Bezug auf eine vertiefende Sensibilisierung könnte die relativ kurze Dauer eines klassischen LS mit 15 Minuten Dauer betrachtet werden. „Durch den mangelnden Raum für Details ersetzt eine solche Station kein Intensivtraining, in dem die Durchdringung der Inhalte für alle Teilnehmenden nachvollzogen werden kann. Zudem müssen aus Gründen der Akzeptanz des Formats und der Kostenfrage meist interne Beschäftigte als Moderierende für die Stationen gewonnen werden“ (Kolarow, 2019, S. 44ff.).

Sämtliche LS des Projektes „ALARM Informationssicherheit“ sind jedoch zeitlich skalierbar, d. h. die oben genannten 15 Minuten als Richtwert ließen sich auch auf 20, 30 Minuten ausdehnen, die Moderationsbriefings lassen in Bezug auf die Quantität der Inhalte sogar eine zeitliche Erweiterung und damit Nutzung innerhalb von Langtrainings mit bis zu 60 Minuten zu, wenn es sich nicht um synchrone Trainings bzw. miteinander verzahnte LS handelt. In der Abbildung 5 sind alle analogen Serious Games aufgeführt.

„Im Gegensatz zur Online-Sensibilisierung mithilfe eines WBTs [Web Based Training], das bei aller Selbstbestimmtheit relativ ‚einsam‘ stattfindet, hebt z. B. die Security Arena Awareness von der kognitiven Ebene der Informationsvermittlung auf die für das Lernen so wichtige Beziehungsebene. Der Einzelne profitiert dabei von der emotionalen Aufladung innerhalb der Gruppe. Denn soziale Teilhabe führt zu Involvement, mehr Lebendigkeit und zu einer ganzheitlichen Awareness, bei der einzelne Lernschritte vor allem über die Interaktion mit Erlebnissen belegt werden und auf diesem Weg (diskursives Lernen) eine bessere Resilienz und Memorierbarkeit erzielt werden. D. h. die Security Arena bildet Gesprächsthemen und bringt Sicherheit nach dem Prinzip, Talking Security‘ in einen permanenten kommunikativen Umsatz“ (known_sense, 2021).

2.3.2 Zielsetzung, Prozess der Entwicklung und Ergebnisse

Die größte Herausforderung bestanden darin, über eine oberflächliche Begeisterung für ein gamifiziertes Awareness-Format hinaus, Entscheider von Pilotunternehmen, die noch nicht in Berührung mit gamifizierter Sensibilisierung gekommen sind, in die Details der Methodik und in Bezug auf das Zusammenwirken mit anderen Formaten der integrierten Kommunikation und weiteren Disziplinen als der reinen Lerntheorie zu sensibilisieren, um ein breites Verständnis für unsere

Analoge Serious Games

Einsatzmöglichkeiten der einzelnen Serious Games

- Teil eines ganzheitlichen Awareness-Konzepts
- Kombination mit anderen Serious Games dieses Formats als Awareness-Training (Stationenlernen-Methode)
- Als Einstieg oder Auflockerung einer Schulung zum Thema des Serious Games (z. B. CEO Fraud)

Zeitrahmen: 15–45 Minuten (je nach gewünschter Intensität)
Durchführung: 1 moderierende Person (Vorbereitungszeit mind. 60 Minuten) & 6–8 Teilnehmende

1. Sicher zuhause wohnen & arbeiten

Dieses Serious Game gibt einen Überblick über die wichtigsten betrieblichen und privaten Informationssicherheits- und Datenschutzrisiken in der eigenen Wohnung bzw. im eigenen Haus sowie über zugehörige Präventionsmaßnahmen, um Risiken zu minimieren.

2. Multi-Faktor-Authentifizierung

Dieses Serious Game vereint Aspekte von Passwortschutz und der Multi-Faktor-Authentifizierung (MFA) und demonstriert, dass der Schutz von Informationen in einem großen Maße von einer sicheren Authentifizierung abhängt. Es zeigt, wie ein „starkes", weil sicheres, Passwort gebildet wird und dass ein (1!) Faktor zum Schutz sehr sensibler Informationen nicht ausreichend ist.

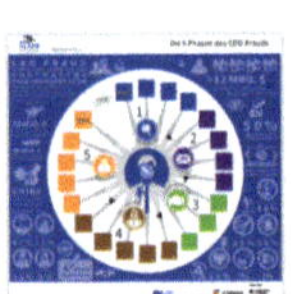

3. Die fünf Phasen des CEO Frauds

Dieses Serious Game gibt einen Überblick über den Gesamtprozess von CEO Fraud und über Präventionsmaßnahmen – insbesondere auch für das oft übersehene „Vorspiel" der Vorbereitungen. Wir gehen von den folgenden fünf Phasen aus: Recherche, Testing, Kontaktpflege, Angriff und Schaden.

4. Mobile Kommunikation, Apps & Co.

Dieses Serious Game sensibilisiert in Bezug auf Risiken und Präventionsmaßnahmen, die die potenziellen Gefahren mobiler Kommunikation bzw. bei Nutzung von Apps verringern.

5. Cyber Pairs

Dieses Serious Game bricht mögliche Barrieren auf und führt zu mehr Sicherheit im Umgang mit Begriffen bzw. Bezeichnungen von gängigen bzw. neuartigen Cybercrime-Angriffen, indem es dabei unterstützt, diese auch im Detail zu verstehen und in Bezug auf mögliche Präventionsmaßnahmen unterscheiden zu können – stets verbunden mit der Fragestellung, was jede/r Einzelne von uns tun kann, um Risiken zu minimieren.

6. Daten- und Informationsschutz

Der Schutz von Informationen und Daten von Kund/innen, Mitarbeitenden und anderen Parteien ist Teil des Geschäftes jedes Unternehmen. Dieses Serious Game unterstützt dabei, Daten- und Informationsschutz zu gewährleisten, indem der Umgang mit den wichtigsten Schutzstrategien rekapituliert und eingeübt wird.

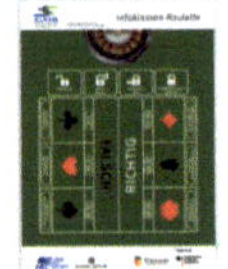

7. Infoklassen-Roulette

Der Zweck von Informationsklassifizierung ist der Schutz von wertvollen Informationen jeder Organisation. Die „richtigen" Klassen hängen von den potenziellen Auswirkungen auf Verfügbarkeit, Beschädigung oder Verlust von Informationen ab. Dieses Serious Game unterstützt beim Verständnis von Informationsklassifizierung und deren Notwendigkeit.

Abbildung 5: *Handout analoge Serious Games.*
Die analogen Lernszenarien (Serious Games) stehen zum kostenfreien Download auf der Projektwebseite bereit. Sie können jedoch auch als hochwertige Materialien mit Anleitungen in einem Koffer bei known_sense gegen Bezahlung erworben werden.

Intention zu erzielen. Als eine Barriere wurde der allgemeine Diskurs bzw. Forschungsstand zum Thema Awareness in Deutschland (bzw. im DACH-Raum) identifiziert. Z. B. bemühen Normen im Kontext Informationssicherheit – auch die 27000er-Familie – überwiegend die Phrase „Awareness Training" und beschränken aber in Herleitung, Definition und nutzender Zuschreibung dieser Bezeichnungen Awareness in der Regel auf lerntheoretische Zusammenhänge, die in Reinform eben nicht zu einer nachhaltigen Sensibilisierung führen (Beuth, 2017). Auch das Bundesamt für Sicherheit in der Informationstechnik (BSI) als wichtiger Multiplikator für das Thema in Politik und auf Bundesebene hat den Awareness-Begriff bis Anfang der 2020er-Jahre überwiegend limitiert auf Wissensvermittlung und weniger als Hülle für Veränderungsprozesse oder integrierte bzw. systemische Kommunikation genutzt bzw. kommuniziert. Erst in den letzten Jahren hat sich auf Bundesebene eine Öffnung gegenüber gamifizierten Formaten mit einer Methodik, die über Training und damit über reine Wissensvermittlung hinausgeht, eingestellt (BSI, 2022). Diese Öffnung gegenüber bzw. die Benefits von diskursiven und konstruktivistischen Ansätzen sind allerdings noch lange nicht auf allen Ebenen der Behörden angekommen, sodass die Sicherheitskultur in deutschen Unternehmen mit schwach ausgebildeter Sensibilisierungserfahrung bzw. -historie – und insbesondere die von KKU/KMU – immer noch von sehr traditionellen Vorstellungen der Security Awareness geprägt ist, die – realistisch betrachtet – eher dem Stand der 1990er- oder 2000er-Jahre entspricht. Darüber hinaus wird in vielen KKU/KMU Informationssicherheit noch zu stark aus der klassischen IT- bzw. IT-Security-Sicht betrachtet mit z. B. der Reduktion von Informationen auf Daten, der Negation psychologischer Kontexte im Cyberraum (z. B. Social Engineering) oder etwa der Delegation von Informationssicherheit an Apparate, Technologie, Prozesse bzw. von Security Awareness, einem im Kern Kommunikations- und Change-Thema, an oftmals überforderte und für die Kernthemen nicht ausgebildete IT-Kollegen bzw. -Kolleginnen.

Sämtliche weitere Barrieren innerhalb des Projektes „ALARM Informationssicherheit" sind im Kontext der Corona-Pandemie zu betrachten:

Corona hat dazu geführt, dass …

- … die Kommunikation innerhalb des Projektes zumindest im ersten Teil des Projektzeitraumes auf digitale Kanäle beschränkt blieb:
  - Der Austausch mit den bis dahin einander unbekannten Partnern außerhalb der TH Wildau geriet durch die Nichtverfügbarkeit eines Face-to-Face-Austausches weniger intensiv als bei vergleichbaren Projekten mit ähnlichen Partnerschaften.
  - Noch deutlicher wurden die Defizite der für unsere tiefenpsychologische Wirkungsanalysen wichtigen non- und paraverbale Kommunikationsebene im Rahmen unserer Studien. Geplante Face-to-Face-Interviews von je zwei Stunden wurden im Rahmen der Grundlagenstudie zu Beginn des Projektes auf digitale Kanäle verschoben. Hierdurch bzw. infolge einiger technischer

Probleme auf Seiten der Probandinnen und Probanden mit zum Teil mühevoller Herstellung von Verbindungen, Übertragungsabrissen und anderen Defiziten konnte nicht die qualitative Tiefung hergestellt werden, die wir aus anderen Security-Wirkungsanalysen mit analogen Probandenkontakten und entsprechendem „Stallgeruch" gewöhnt waren (Pokoyski, Matas und Haukke, 2021, S. 22f.).

- ... externe Marktforschungsstudios es erstmals in unserer 17jährigen Forschungsgeschichte ablehnten, uns bei der Probandenakquise zu unterstützen. Die Quotierung von Mitarbeitenden aus KKU/KMU mit den angefragten, spezifischen Rollen und dazu zu einem so schwierigen Thema wie Informationssicherheit und Awareness wäre innerhalb bzw. nach der Pandemie nicht zu erfüllen. Zudem wären Hochschulen als Auftraggeber „schwierige Partner" (O-Ton), sodass unsere Bitte um ein Angebot von mehr als einem Dutzend früherer Partner-Institute nicht entsprochen werden konnte und wir entgegen der ursprünglichen Planung erstmals im Rahmen einer Studie Probandinnen und Probanden eigenständig über interne Netzwerke bzw. Kanäle akquirieren mussten.
    - Die damit verbundene, interne Probandenakquise geriet vor dem Hintergrund des zum damaligen Zeitpunkt noch ungeklärten Pandemie-Status zu einem mühevollen und in dieser Form nicht kalkulierten Extra-Projektteil mit langem Zögern, Zu- und Absagen und längeren, nicht-projektimmanenten Diskussionen um die Pandemie und ihre Folgen.
    - Auch die ursprünglich zweistündig geplanten Tiefeninterviews mit Mitarbeitenden der Pilotunternehmen wurden auf Bitten der jeweiligen Geschäftsführenden auf jeweils 60 bis 90 Minuten gekürzt.
- ... die Offenheit der beteiligten Pilotunternehmen für das Thema Awareness beträchtlich kannibalisiert wurde, da infolge der Pandemie der „Bestandschutz" der wirtschaftlichen Leistungsfähigkeit deutlich über den Aspekten Cybersecurity bzw. Sensibilisierung geranked wurde, sodass das erhoffte Projekt-Feedback oft mühevoll eingeholt werden musste, fixe Termine aus Businessgründen mehrfach verschoben oder ganz abgesagt wurden. Ein Agieren auf Projektpartner-Augenhöhe war vor diesem Hintergrund kaum möglich.

2.3.3 Zusammenfassung

Trotz der zahlreichen Barrieren – insbesondere infolge der Corona-Pandemie – gelang es durch eine Anpassung an die erschwerten Bedingungen, die Produktentwicklung der analogen Lernszenarien in einer Weise zu begleiten, sodass mithilfe adaptiver Entwicklungsschritte eine Themen- und Methodenpassung an die Arbeitswirklichkeit und Sicherheitskultur der Zielunternehmen hinsichtlich konkreter Tools mit hoher Akzeptanz erfolgen konnte. Eine auf nachhaltige Wirksamkeit angelegte Implementierung der entwickelten Methoden und Formate benötigt jedoch – auch über den Projektzeitraum hinaus – dauerhafte Promotion im Sinne von Werben, Erklären, Beraten, Coachen und Supervidieren – insbesondere bei den Entscheiderinnen und Entscheidern sowie anderen potenziellen Informationssicherheits-Mutiplikatorinnen und -Multiplikatoren, die im Sinne eines Awareness-Ambassador-Konzeptes die Lernszenarien gegenüber ihren Kollegen und Kolleginnen auf Strecke bringen sollen. Hierbei kommt es vor allem auf das Verständnis der von uns zugrunde gelegten, diskursiven, konstruktivistischen Methode an und darauf, dass Awareness künftig nicht auf Trainings und damit reine Wissensvermittlung beschränkt bleibt. Eine derartig erwünschte Akzeptanz hängt auch von dem Umfang an Zeit und anderen Ressourcen ab, mit deren Hilfe KKU/KMU bereit sind, ihr Know-how und ihre Daten u. a. sensible Informationen innerhalb des Cyberraumes mithilfe von Präventionsmaßnahmen zu schützen. Das heißt, analoge und digitale Lernszenarien allein sind nicht ausreichend, um eine nachhaltige Initiative zu bilden; sie müssen zwingend aufgeladen werden durch für die jeweilige Sicherheitskultur typischen Kommunikations- und Change-Ansätze. Der am Ende des Projektes publizierte Leitfaden (Pokoyski, Haucke und Scholl, 2023) ist nur ein Ansatz zur Aufladung der angebotenen Methoden und Tools; am Ende ist jedes Unternehmen selbst zuständig für den Aufbau eines passenden und wirksamen Defense-Portfolios.

Literatur

Beuth (2017). ISO/IEC 27001. Berlin.

Bundesamt für Sicherheit in der Informationstechnik (2022). https://www.bsi.bund.de/EN/Themen/Unternehmen-und-Organisationen/Informationen-und-Empfehlungen/Empfehlungen-nach-Angriffszielen/Faktor-Mensch/Awareness/awareness.html. Letzter Zugriff: 11.06.2023.

known_sense (2021). Tools & Formate: Security Arena. https://www.known-sense.de/security-arena. Letzter Zugriff: 01.09.2023.

known_sense (o. D.). Security Arena. Das Awareness Circle Training out of the Box. http://s522854922.online.de/SecurityArenaThemenueberblick.pdf Zugriff 01.09.2023.

Kolarow, J. (2019). Entwicklung eines analogen Lernformates für die Schulung von Compliance-Inhalten unter Berücksichtigung lernpsychologischer Faktoren, Masterthesis, Köln: Rheinische Fachhochschule Köln, 44 ff.

Pokoyski, D., Haucke, A. & Scholl, M. (2023). Game over vs. Game Lover. Serious Games als wirksame Security Awareness-Maßnahmen für KMU im Projekt »ALARM Informationssicherheit« – Framework mit Kommunikationsleitfaden, FAQ und Ausblick. Wildau, Technische Hochschule Wildau. https://alarm.wildau.biz/static/0fa10a2f646ddcc06fb36d5636a5025f/Studie3_final.pdf Letzter Zugriff: 15.09.2023.

Pokoyski, D., Matas, I. & Haucke, A. (2021). Qualitative Wirkungsanalyse Security Awareness in KMU: Tiefenpsychologische Grundlagenstudie im Projekt Awareness Labor KMU (ALARM) Informationssicherheit. Wildau, Technische Hochschule Wildau. https://alarm.wildau.biz/static/d6490e49f8d31adfa35259134b8d1b9d/alarm-informationssicherheit-studie-1.pdf Letzter Zugriff: 01.09.2023.

Weiter zum Kapitel 2.4

Digitale Serious Games

2.4 Digitale Serious Games als Sensibilisierungsmethode für mehr Informationssicherheitsbewusstsein

Margit Scholl, Frauke Prott und Ulrike Küchler

Gamebook Studio HQ GmbH

Das Unternehmen Gamebook Studio HQ GmbH mit Sitz in Berlin hat die Vision, die besten verfügbaren digitalen Storytelling-Spiele in unkomplizierter Art und Weise zu entwickeln und bereitzustellen.

Die Mission ist es, dafür das nötige Wissen und das Netzwerk sowie ein innovatives Tool-Set bereitzustellen, das einfach zu bedienen und gleichzeitig umfassend ist. Dabei hilft ihre „CMS Gamebook Technology“: eine webbasierte Umgebung für die Entwicklung und Veröffentlichung serieller Inhalte als „Games as a Service“. Ziel ist es, mit jedem entwickelten digitalen Spiel einzigartige Spielerlebnisse zu bieten, mit denen Freude bereitet wird: ob als Spiel im Unterhaltungsbereich oder als Impact Game (Serious Game) mit langfristigem Trainingseffekt.

Gamebook Studio erreicht dieses Ziel, indem sie über den Tellerrand schauen und ihre webbasierte Software mit agilen Netzwerken kombinieren, in denen IT-Entwickelnde, Produzierende, Spieledesigner und -designerinnen, Künstler und Künstlerinnen sowie Autoren und Autorinnen auf eine Weise zusammengebracht werden, die für viele Beteiligte bislang unvorstellbar war.

Heutzutage bietet Gamebook Studio digitale Spiele und digitales Training „as a Service“ an: Lösungen für alle Arten von Projekten, von interprotokoll (IP)-basierten interaktiven Visual Novels bis hin zu maßgeschneiderten Lernerlebnissen, die durch die Kraft guter Geschichten gefördert werden. Das Unternehmen entwickelt die nächste Generation von digitalen Lebenssimulation. RPG-basiert (Role Playing Games/Rollenspiele), KI-gestützt (Künstliche Intelligenz nutzend), Community-getrieben (Nutzende berücksichtend). Unsere Mission: Alle können von überall diese Spiele spielen und auch neue Inhalte dafür erstellen.

Bei Gamebook Studio ist Geschichtenerzählen das Geschäftsmodell hinter den digitalen Entwicklungen. Diese Leidenschaft trifft beim Forschungsteam der TH Wildau auf fruchtbaren Boden, ist es doch auch unsere Leidenschaft, abstrakte Dinge wie Informationssicherheit über Storytelling nachhaltig (be-)greifbar zu machen. Mit der Initiierung des Projektes „ALARM Informationssicherheit“ und nach den durchgeführten Ausschreibungen für Unterauftragnehmende im Jahr 2020 wurde Gamebook Studio für die Entwicklung der geplanten 7 digitalen Lernszenarien (Serious Games) als aktiver Projektpartner ausgewählt und in die Projektstrategie eingebunden.

2.4.1 Was sind digitale Serious Games?

Serious Games bedeuten die Nutzung von analogen, haptischen oder auch digitalen, computerbasierten Spielen, um in einem Thema eigenständig lernend aktiv zu werden. Sie sind gerade für ein abstraktes Thema geeignet, um zu sensibilisieren sowie Wissen und Fähigkeiten zu entwickeln, indem sie den Lernenden ermöglichen, in Situationen einzutauchen, die sonst schwer oder selten erlebt werden können (Ypsilanti et al. 2014). Im Gegensatz zu Unterhaltungsspielen zielen Serious Games neben Unterhaltung auf die Vermittlung von Lerninhalten (Mildner & 'Floyd' Mueller 2016).

Dass Serious Games sehr erfolgreich sein können, liegt an der aktiven Einbindung der Spielenden und durch die Ansprache mehrerer Sinne (z. B. visuell, auditiv) der Teilnehmenden. So werden verschiedene Lerntypen angesprochen, die darüber hinaus relevante Bezüge zu realen Situationen herstellen können (Ypsilanti et al. 2014).

Narrative – sinnstiftende Erzählungen – fördern dieses „Eintauchen" in ein Serious Game, was entscheidend für den Lernerfolg ist. Narrative laden die Spielenden ein, an der Geschichte teilzuhaben, ihren Verlauf mitzubestimmen und fördern die intrinsische Motivation zu lernen. Dabei sollten die Geschichten u. a. die Fantasie anregen und empathische Charaktere beinhalten (Naul & Liu 2020).

Machen wir das Ganze für die im Projekt „ALARM Informationssicherheit" entwickelten digitalen Serious Games greifbarer.

Stellen Sie sich vor: Sie arbeiten in einer mittelständischen Firma und es ist Zeit für die nächste Weiterbildung. Bislang sind Weiterbildungen für Sie und Ihre Kolleginnen und Kollegen oft eine ziemlich langweilige Angelegenheit: zähe Vorträge mit überfüllten Präsentationsfolien, langes Zuhören und eine Menge Lesestoff für die Nacharbeitung sowie am Ende Multiple-Choice-Tests. Niemand hat so richtig Lust darauf, zumal der Alltagsstress im Nacken sitzt. Die wenigsten Mitarbeitenden nehmen von solchen Veranstaltungen etwas mit.

Heute steht das Thema „CEO Fraud" an – vielleicht wurde sogar Ihre Firma von dieser Cyberattacke heimgesucht und ist davon direkt betroffen? So richtig klar ist Ihnen dieser Begriff nicht und vielleicht befürchten Sie auch eine Überforderung mit einer Menge an englischen Ausdrücken. Aber heute ist die Vermittlung des Themas eine gänzlich andere: Sie selbst werden aktiv und loggen sich in das entsprechende digitale, deutschsprachige Lernspiel „Die Spurensuche" ein. In diesem digitalen Serious Game zum Thema „CEO Fraud" (Scholl 2023a) schlüpfen Sie in die Rolle der Forensikerin bzw. des Forensikers und sollen diese kriminelle Handlung in der Beispielfirma systematisch untersuchen. Innerhalb des Serious Games müssen Sie selbst Entscheidungen treffen, die den Spielverlauf verändern können. Sie erhalten vom Programm sukzessive Fragen, um Ihre Entscheidungen zu treffen, und können Ihr Wissen auch mit einem Glossar aufbessern.

Sie erhalten außerdem Tipps wie beispielweise gleich zum Spielbeginn über eine anonyme Quelle, um Ihre Rolle im Spiel besser zu verstehen: Die mittelständische Beispielfirma Grüsselig ist Opfer des Geldbetrugs „CEO Fraud" geworden, der noch in vollem Gange ist. Es stehen dabei 40.000 Euro auf dem Spiel. Die Zeit drängt und Sie sind gefragt, um herausfinden, welche konkrete Masche von den Angreifenden benutzt wurde, wer das Geld abgeschöpft hat und ob das Geld zurückzubekommen ist. Die Mitarbeitenden im Spiel machen es Ihnen dabei nicht leicht: Niemand möchte sich eine Blöße geben. Doch wer weiß, wenn Sie schnell genug sind und den Kriminellen auf die Schliche kommen, können Sie das Geld vielleicht noch zurückholen. Wenn Sie das Serious Game durchspielen, wird es plötzlich fast zur Wirklichkeit: Jede Ihrer Entscheidungen muss gut überlegt werden und zählt!

Um bei unserem Beispiel zu bleiben: Als Forensikerin stellen Sie fest, dass in den letzten 24 Stunden vier größere Zahlungen veranlasst wurden. Es ist Ihre Aufgabe herauszufinden, welche an ein gefälschtes Konto ging und welche Zahlungen legitim waren. Wen befragen Sie zuerst: Den Auszubildenden Jonas, der für das Firmenjubiläum Gutscheine für alle Mitarbeitenden besorgen sollte? Die Disponentin Gabi aus dem mittleren Management, die vom Chef telefonisch die Anweisung zur Freigabe einer größeren Zahlung an einen Zulieferer erhalten hat? Oder doch den Werkstattleiter Kerim, der eine Materialrechnung unter Zeitdruck freigegeben hat, um den Skonto mitzunehmen? Hier müssen Sie den richtigen Riecher haben.

Digitales spielebasiertes Lernen (digital game-based learning) bedeutet also nicht nur mehr Spannung mit Realitätsbezug und mehr Spaß beim Lernen, sondern es kann zudem einen um bis zu 75 % gesteigerten Lernerfolg gegenüber traditionellen Lernmethoden bewirken (Hamari et al. 2014). Werden die genutzten vielfältigen Spielmechaniken zusätzlich in eine immersive Welt und Story eingebettet, wie es bei unseren entwickelten digitalen Lernszenarien der Fall ist, so verstärkt sich dieser Effekt. Warum? Eine Geschichte, die eine Person aus der Ich-Perspektive als eigene erlebt, bedeutet eine besonders intensive Identifikationsmöglichkeit mit den darin eingebetteten Lerninhalten (Scholl 2003b), damit auch eine besondere Effizienz und Nachhaltigkeit in der Sensibilisierung.

2.4.2 Zielsetzung

In unseren entwickelten digitalen Serious Games können Mitarbeitende die Sicherheitsthemen der analogen Lernszenarien, die als Team durchgespielt werden, eigenständig vertiefen und mit anderen Schwerpunkten erleben. In diesem Sinne sind sie als Ergänzung zu verstehen. Die digitalen Serious Games können jedoch auch unabhängig von den analogen absolviert werden. Werden die digitalen Spiele ohne Bezug zu den analogen im Rahmen von betrieblichen Weiterbildungen kostenfrei eingesetzt, so raten wir zu einer Nachbesprechung als initiierter Austausch zwischen den Teilnehmenden, um das individuell Erlebte nachhaltig im Diskurs zu festigen.

Abbildung 6: *Screenshot von Fragen für eine Entscheidung aus dem digitalen Serious Game „Die Spurensuche" zum Thema „CEO Fraud".*

Wichtig bei der Entwicklung unserer digitalen Serious Games (Lernszenarien) sind die entscheidungsbasierten Simulationen, die es den teilnehmenden Spielenden ermöglichen, aktiv in die Story „einzutauchen". Dabei ist die „Ich-Perspektive" der sinnstiftenden Erzählung von großer Bedeutung (Scholl 2023b).

In Abbildung 6 wird ein solches Beispiel von Fragen zur Entscheidungsfindung dargestellt. Die Idee des Formats ist so simpel wie effektiv: Als aktive Spielerin sind Sie die Heldin Ihrer eigenen Geschichte. Alle Entscheidungen, die Sie treffen, beeinflussen den weiteren Spielverlauf. Gamebasierte Simulationen eignen sich damit auch als wirkungsvolles Werkzeug für die Vermittlung ganz unterschiedlicher Lerninhalte in einem eigenen, personalisierten Lernerlebnis. Jede Entscheidung hat nicht nur Konsequenzen für den weiteren Verlauf Ihrer Geschichte, sondern differenziert zugleich das Thema weiter in der Tiefe und bietet damit verschiedene Lernpfade und Schwierigkeitsstufen an – ganz abhängig von Ihrem Vorwissen, persönlichen Stärken und Schwächen und Lernpräferenzen. Das heißt, jeder Lerntyp und jeder Wissensstand wird angesprochen und das Format eignet sich damit für die Nutzung in einer besonders breiten Zielgruppe.

Die Abbildung 7 zeigt den programmierten Entscheidungsbaum des digitalen Serious Games „CEO Fraud" in finaler Version – hier in sehr grober Form dargestellt – den die Spielenden mit ihren Entscheidungen durchlaufen (s. a. Scholl 2023a). Gleich zu Beginn des Spiels werden allgemeine Informationen gegeben. Es wird außerdem erklärt, dass die Punkte des Spielenden gezählt und sowohl seine Effizienz als auch seine sozialen Fähigkeiten analysiert werden. Effizienz bedeutet in diesem Fall, ob und wie schnell die Tricks durchschaut werden. Am Ende erfolgt eine Rückmeldung darüber, wie viele Lerninhalte entdeckt wurden.

Grüne Knoten im Entscheidungsbaum sind „Story-Module“, die den Spielenden Informationen in Form von Text, Anweisungen, Feedback oder sogar Musik bereitstellen.

An roten Knoten müssen die Entscheidungen getroffen werden.

Der Entscheidungsbaum in Abbildung 7 skizziert, dass Sie als Forensikerin einen Durchlaufstrang zu einem großen, „echten CEO Fraud“ und zu einem kleineren mit einem „Beifang-CEO-Fraud“ aufdecken können.

Zwei weitere Verzweigungen führen jedoch ins Leere, auch wenn sie im Spiel verdächtig anmuten.

Diese Mischung erlaubt es, in einer digitalen Spielversion verschiedene Schwierigkeitsgrade anzubieten und zugleich alle Hauptaspekte eines „CEO Frauds“ komplett abzudecken. In weiteren fein-granularen digitalen Spielvarianten für unterschiedliche Zielgruppen können so verschiedene Lernpfade durchschritten werden.

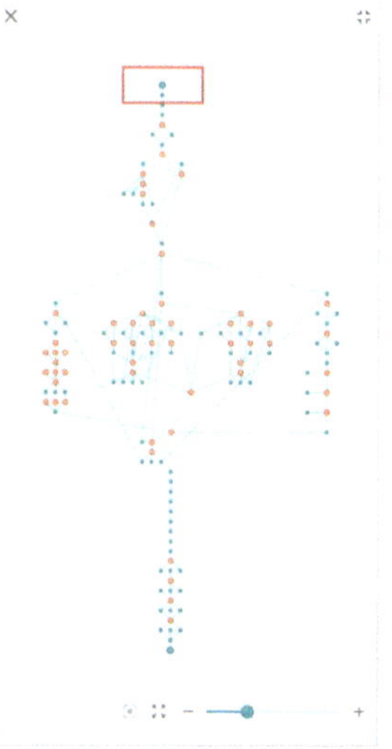

Abbildung 7: *Beispielhafter Entscheidungsbaum des digitalen Serious Games „Die Spurensuche“*

Ergänzend zur Story in der Beispielfirma als umrahmendes Narrativ wird als eine wichtige Spielmechanik ein Punktesystem genutzt, das für jedes Serious Game je nach Lerninhalt individuell angepasst wurde und unterschiedliche Aspekte des Lernerfolgs messbar macht (s. Abbildung 8): von den durch die Spielenden entdeckten Lerninhalten über die Effizienz in der Aufdeckung des Falls bis hin zu der Sozialkompetenz im Umgang mit den Mitarbeitenden.

Abbildung 8 zeigt beispielhaft einen erhaltenen Stern in der Sozialkompetenz. Maximal drei Sterne können in den jeweiligen Kategorien errungen werden – für etliche Lernende durchaus ein Anreiz, nicht einfach „durchzuklicken“.

Abbildung 8: *Beispielhaftes Feedback im digitalen Serious Game „Die Spurensuche“ zum Thema „CEO Fraud“.*

Insgesamt erlaubt das erarbeitete Spielkonzept die größtmögliche Personalisierung des Lernerlebnisses der Spielenden. Ganz am Anfang besteht auch die Frage, ob der Avatar als Frau oder als Mann und mit welchem Namen angesprochen wird.

Lernen mit Erfolg kann daher auch nur stattfinden, wenn es auf einer soliden Datenerhebung und darauf angepasste Personalisierung des Lernerlebnisses aufbaut. Daher nutzen die digitalen Lernszenarien ein Feedback-Framework mit integrierten Nachrichten, die den Spielenden zu Ihren Entscheidungen eine Rückmeldung geben, ohne dabei die Immersion der Story zu stören. Ein auf Key Performance Indicators (Schlüsselkennzahlen) basiertes Live Tracking zur Beurteilung des Userverhaltens sowie eine ergänzende Userbefragung zur Selbsteinschätzung rund um den Wissensstand zum Thema vor und nach dem Spielen des Serious Games halfen außerdem dabei, die digitalen Lernszenarien kontinuierlich zu optimieren.

2.4.3 Prozess der Entwicklung

Insgesamt wurden im Rahmen des Projekts sieben digitale Serious Games entwickelt (s. Abbildung 9). Jedes Lernszenario konzentriert sich auf ein bestimmtes Thema aus den in Studie 1 (Pokoyski et al. 2021) herausgearbeiteten Themenkomplexen zur Informationssicherheit in KMU (s. Kapitel 2.1) und versteht sich als komplementär zu den im Rahmen des Projektes ebenfalls entwickelten sieben analogen Lernszenarien (s. Kapitel 2.3). Ganz bewusst wurden die digitalen Lernszenarien nicht als Kopie der Story des jeweiligen analogen, haptischen Spiels entwickelt. Vielmehr sollten ein anderer Zugang, andere Aspekte und andere Informationen zum Thema sichergestellt werden und so auch vor Langeweile in der integrativ verzahnten Fortbildung, wie sie im Projekt „ALARM Informationssicherheit" erprobt wurde, schützen.

Wichtig auch für das digitale Spielkonzept ist, dass die Lernszenarien in einer individuell frei wählbaren Reihenfolge spielbar sind, die die Spielenden je nach Interesse selbst frei bestimmen können. Dem Konzept der Gesamtgeschichte aller sieben digitalen Serious Games liegt daher ein sogenannter „Soap"-Ansatz zugrunde, in dem jedes Spiel mit seinem spezifischen Thema in derselben Story-Welt mit denselben Charakteren der Beispielfirma spielt. Die Beispielfirma und die Charaktere werden mit jeder durchspielten (Teil-)Geschichte besser kennengelernt.

Um eine größtmögliche Identifikation mit der Beispielfirma zu erlauben, werden die Figuren im Spiel auf zentrale Rollen in einem KMU reduziert: von Auszubildenden über den Werkstattleiter und der Mitarbeiterin im mittleren Management bis hin zum Chef des Unternehmens (Scholl 2023 a,b). Um den Spielenden die Orientierung zu erleichtern, wird jedes digitale Lernszenario von einer eigenen Einführung und Auswertung gerahmt.

In der Einführung werden die Spielenden an die Rolle, die sie im jeweiligen Serious Games übernehmen, und das dazugehörige Thema herangeführt. Vertiefung des eigenen Wissens kann in jedem Lernszenario durch Nutzung des Glossarmoduls

Erleben Sie die 7 digitalen Serious Games

https://alarm.wildau.biz/#learningScenarios

Einsatzmöglichkeiten der einzelnen Serious Games

- Teil eines ganzheitlichen Awareness-Konzepts
- Kombination mit anderen Serious Games dieses Formats als Awareness-Training
- Als Einstieg oder Auflockerung einer Schulung zum Thema des Serious Games

Zeitrahmen: 15–20 Minuten (ein Spieldurchlauf)
Durchführung: Teilnehmende spielen einzeln, danach erfolgen eine gemeinsame Nachbesprechung und ein Austausch mit anderen Teilnehmenden online oder in Präsenz.

1. Der erste Tag
Social Engineering & Passwortschutz
Ziel des Spiels ist eine Einführung in das Thema Informationssicherheit anhand klassischer Situationen rund um Social Engineering und Passwortschutz, die eine hohe Identifikation für alle Spielenden bieten. Bewertet werden dabei Sicherheitsverständnis und Sozialkompetenz.

2. Der Hackerangriff
Social-Engineering-Methoden & -Werkzeuge
Ziel des Spiels ist es, die gängigen von Hackenden benutzten Strategien in einer reellen Situation und aus der Perspektive der Hackenden kennenzulernen und dabei spielerisch zu erleben, wie schon kleinste Sicherheitslücken ausreichen, um Hackenden den Zugriff zu erlauben. Bewertet werden dabei Effizienz und die Variabilität an Angriffswegen, die die Spielenden ausprobieren.

3. Die Spurensuche
CEO-Fraud-Methoden & -Schutzmaßnahmen
Ziel des Spiels ist, gängige Praktiken von CEO Fraud aufzudecken und wirksame Schutzmaßnahmen zu ergreifen. Eine besondere Rolle spielt bei diesem Thema die Zeit – nur wenn die Spielenden die Attacke rechtzeitig auflösen, können sie größeren Schaden verhindern. Bewertet werden dabei Effizienz, entdeckte Lerninhalte und Sozialkompetenz.

4. KI im Homeoffice
Schutzmaßnahmen im Homeoffice & Smarthome
Ziel des Spiels ist es, nicht einen großen Aktionserfolg zu erzielen, sondern durch kleinere Aufgaben die beliebtesten Fehler im Homeoffice zu finden. Dabei wird in praktischen und witzigen Beispielen auf die Tücken des Homeoffice aufmerksam gemacht. Bewertet werden dabei Sicherheitsbewusstsein und Machine Learning.

5. Alles nur geCLOUD
Password-Hacking-Methoden & Passwortschutz
Ziel des Spiels ist es, die Themen Datenspeicherung in der Cloud und Passwortsicherheit aus zwei verschiedenen Perspektiven zu beleuchten: des Angreifenden und des Aufklärenden. Dabei stehen jeweils unterschiedliche Aspekte der Gefährdung im Mittelpunkt und erlauben ein ganzheitliches Erleben des Themas. Bewertet werden dabei Effizienz und Gründlichkeit.

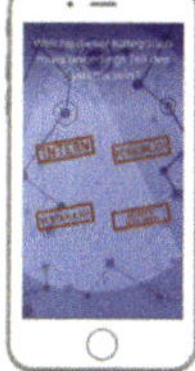

6. Eine Klassifizierung für sich
Info-Klassen und Verwendungszweck
Ziel des Spiels ist es, ein System zu entwickeln, wie Informationen richtig klassifiziert werden können. Dabei gibt es drei Informationskategorien, denen bestimmte Eigenschaften zugeordnet werden. Bewertet werden dabei die Fähigkeit, Kategorien zu definieren, Informationen einzuordnen, Termine zu verwalten und Fehler zu identifizieren.

7. Der Ransomware-Angriff
Verschlüsselung und Messenger-Dienste
Ziel des Spiels ist es, die Sicherheitslücke im Messenger zu identifizieren und unter Zeitdruck ein verschlüsseltes Passwort zu entschlüsseln, um die gefährdeten Daten zu sichern. Bewertet werden dabei Codeknacker-Kompetenz und Aufmerksamkeit.

Abbildung 9: *Handout zu den sieben digitalen Serious Games, die im Projekt „ALARM Informationssicherheit“ entwickelt wurden*

zum Thema erfolgen, in dem die wichtigsten Begriffe des Szenarios erklärt werden. Ein digitales Spiel, dessen Zeitumfang in etwa 10 bis 15 Minuten beträgt, schließt mit der Punktebewertung ab.

Jedes entwickelte digitale Spiel wird aus einer anderen Perspektive absolviert: Beispielweise können die Spielenden als Hacker versuchen, in der Beispielfirma Grüsselig eine Ransomware zu installieren, als Sicherheitsbeauftragte anderen Kolleginnen und Kollegen die wichtigsten Fakten rund um das Thema Informationssicherheit und Datenschutz erläutern (s. Abbildung 10) oder als neue Künstliche Intelligenz der Beispielfirma versuchen, das Homeoffice der Mitarbeitenden gegen Cyberangriffe abzusichern (Scholl, 2023c). Durch diese unterschiedlichen Perspektiven der Spielenden ergeben sich durchaus erweiternde Einblicke in die Themenfelder der sieben digitalen Serious Games, die zu einer Vertiefung der Gefährdungslage und individuellen Risikoeinschätzung führen können.

Abbildung 10: *Screenshot aus dem digitalen Serious Game „Der erste Tag" zum Thema „Passwortschutz".*

Dieser Perspektivwechsel bei den digitalen Serious Games des Projekts „ALARM Informationssicherheit" ist für das Lernen wichtig und hat zwei positive Effekte: Zum einen wird das spielebasierte Lernen nicht langweilig und die Möglichkeit des Lernerfolgs bleibt stabil. Zum anderen erfahren die Spielenden quasi „am eigenen Leibe" die Relevanz der verschiedenen Akteurinnen und Akteure, ihre Methoden und Motivationen im Themenkomplex Informationssicherheit und können den eigenen Horizont dazu erweitern sowie Widersprüche erkennen.

Wie die analogen Lernszenarien bieten auch die digitalen in der Nachbildung realistischer Alltagssituationen einen geschützten Raum, in dem Fehler gemacht, Konsequenzen von getroffenen Entscheidungen ohne Folgen für das wahre Leben erlebt und verschiedene Wege ausprobiert werden können (Prott et al. 2022).

Mit den digitalen Serious Games kann sicherheitsbewusstes Verhalten im Vorfeld von möglichen Angriffen auf die Informationssicherheit in KMU zeit- und ortsunabhängig eingeübt werden. Der Erfolg einer solchen Sensibilisierung, essentiell für eine gelungene Digitalisierung, hängt jedoch von weiteren Faktoren ab.

Ein solcher Faktor betrifft die Dauer des digitalen Spiels. Wie bereits bei den analogen Spielen erläutert, gehen wir für die Sensibilisierung zu Informationssicherheitsthemen von kurzweiligen, interaktiven Lerneinheiten in der Größenordnung von 15 Minuten aus, die allerdings bei entsprechender Diskussion auch intensiver behandelt werden können. Daher können auch die digitalen Spiele individuell in etwa innerhalb von 15 Minuten absolviert werden; durch intensives Nutzen des integrierten Glossars und wohlüberlegtes Treffen der notwendigen Entscheidungen kann sich die Dauer auch etwas verlängern. In der neueren internationalen Literatur wird mit der hervorgehobenen Bedeutung von „Microlearning-Modulen" unser Ansatz bestätigt. Solche Module sind kurz und können in nur wenige Minuten absolviert werden: „Was man in der Pause schnell erledigen kann" (Johansson et al. 2022).

Darüber hinaus raten wir zu teambasierten Nachbesprechungen in den KMU, um auch bei den digitalen Spielen den persönlichen Austausch und das Sprechen über Informationssicherheit zu fördern. Johansson et al. (2022) verweisen auf die positive Wahrnehmung der Mitarbeitenden, wenn Workshops und andere Arten von Treffen mit Diskussionen und Interaktivitäten stattfinden konnten und der Wissensaustausch darüber gefördert wurde. Die Autoren heben außerdem hervor, dass Quizfragen deshalb geschätzt werden, weil sie die Teilnehmenden zwingen, sich auf den Modulinhalt zu konzentrieren, sehen aber für die Organisationen große Herausforderungen bei der Anpassung des (externen) Schulungsmaterials an den lokalen Kontext und die Sprache der Mitarbeitenden, obwohl dies entscheidend sei (Johansson et al. 2022). Mit der in unserem Projekt genutzten webbasierten „CMS Gamebook Technology" werden solche Anpassungen für die einzelnen KMU einfacher.

Ein weiterer Faktor für einen Sensibilisierungserfolg liegt im Design. Unsere Entwicklungs- und Story-Konzepte der digitalen Serious Games orientieren sich an emotionalen Designprinzipien wie Personalisierung und Storytelling als Identifikationsmöglichkeit sowie am immersiven Lernansatz (Prott & Scholl 2022a, b). Alle Lernszenarien wurden auf der Grundlage von Erkenntnissen aus der Psychologie entwickelt.

Es ist wichtig, mit solchen Sensibilisierungsmaßnahmen positive Emotionen bei den Mitarbeitenden zu wecken, um eine nachhaltige Wirkung zu erzielen. Unsere entwickelten, kurzweiligen, aber ernsthaften Lernspiele erfüllen die zentralen Merkmale einer nachhaltigen Sensibilisierung: ein emotionales Design, diskursiven Teamaustausch in der Story und die Möglichkeit für individuelle Identifikation, sowie ansprechende Multimedia-Elemente zur Gestaltung einer realitätsnahen Geschichte (Scholl 2023a, b, c).

Ein wichtiger Bestandteil sozialkonstruktivistischer Prinzipien, auf denen immersives Lernen aufbaut (Blashki et al. 2007), ist, dass Wissen im Austausch mit anderen Lernenden aufgebaut, erworben und erweitert wird (Reich 2006). Unsere Beobachtungen bei Sensibilisierungsmaßnahme zeigen, dass der wichtige diskursive Erfahrungs- und Wissensaustausch bei den analogen Serious Games einfacher als bei den digitalen zu bewerkstelligen ist. Auch wenn die Nutzenden der digitalen Serious Games im Lernprozess durch das Feedback und das Glossar des Programms unterstützt werden, besteht weiterer Forschungsbedarf hinsichtlich

Möglichkeiten, einen Gedankenaustausch zwischen den Teilnehmern der digitalen Lernszenarien anzuregen. Zudem zeigen die Ergebnisse von den Usertests (Prott & Scholl 2022a, b), dass die digitalen Serious Games von einem breiten Spektrum von Mitarbeitenden positiv angenommen werden, ihre tägliche Arbeit moderat unterstützen und in der Lage sind, sicherheitsbezogenes Wissen zu erweitern und zu vertiefen. Vor allem Frauen und Personen unter 35 Jahren sehen den größten Nutzen dieser digitalen Serious Games (Prott & Scholl 2022b).

2.4.4 Testung und Evaluation

Sämtliche Sensibilisierungsmaterialien, die im Projekt entwickelt wurden, wurden einem Verbesserungsprozess in drei Iterationsstufen unterzogen. In der ersten Iteration wurde der Konzeptionsvorschlag des Unterauftragnehmers vom Forschungsteam selbst geprüft, intern auf praktische Umsetzung durchdacht und ein entsprechendes Feedback gegeben. Nach der Verbesserung wurde der erstellte Entwicklungsvorschlag in der zweiten Iterationsphase vom Projektteam intern und ggf. auch mit Studierenden erprobt. Erneutes Feedback führte zum zweiten Entwicklungsvorschlag, der nun von Mitarbeitenden der Pilot-KMU und von assoziierten Partnern wie die IHK sowie weiteren Studierendengruppen erprobt wurde. Das Forschungsteam der TH Wildau half hier in der Rolle als Moderatorinnen und Moderatoren und stellte die vorläufigen Ergebnisse auch anderen Personen in öffentlichen Veranstaltungen vor. In einem intensiven Austauschprozess zwischen den jeweiligen Unterauftragnehmern und dem Forschungsteam führte das dritte Feedback zu den finalen Ergebnissen, die vom Forschungsteam erneut geprüft und abgenommen wurden.

Die Testung und Evaluation für die entwickelten sieben digitalen Serious Games wird im Folgenden detaillierter beschrieben. Im Rahmen der Online-Tests war das Ziel sicherzustellen, dass die digitalen Lernszenarien die wissenschaftlichen Ziele erfüllen, von den Endnutzenden angenommen werden und in der Praxis sinnvoll einsetzbar sind. Die Iterationsphasen bis zur Abnahme sahen konkret folgendes Vorgehen vor:

1. Konzepttest: Forschungsteam der TH Wildau
2. Gametest: Forschungsteam der TH Wildau
3. Gametest: Mitarbeitende aus den Pilot-KMU, von assoziierten Projektpartnern, Studierende, Teilnehmende anderer Fortbildungskurse
4. Abnahme der finalen digitalen Games: Forschungsteam der TH Wildau.

Für den Zweck der Online-Testungen wurden Schlüsseldaten über digitales Trekking des Nutzungsverhaltens nachverfolgt. Diese Tracking-Anwendung wurde von dem Forschungsteam der TH Wildau in eine eigene Backend-Lösung integriert, mit der die digitale Anwendung von Gamebook Studio HQ GmbH kommuniziert hat. Darüber ließen sich die anonymisierten Userdaten nachhalten und entsprechend durch das Forschungsteam der TH Wildau auswerten.

Weiterhin wurden standardisierte Vorher- und Nachher-Befragungen zur Evaluation der einzelnen digitalen Serious Games entwickelt, an denen die Teilnehmenden aus der Praxis im Rahmen der dritten Testphase vor und im Anschluss an die Durchführung der Lernszenarien teilnahmen. In der Vorher-Befragung wurden soziodemografische Daten (z. B. Geschlecht, Tätigkeitsbereich) sowie die Erfahrung mit Informationssicherheit und absolvierte Fortbildungen zu diesem Thema abgefragt.

Die Nachher-Befragung konzentrierte sich auf die Beurteilung des absolvierten digitalen Serious Games. Es gab Fragen zur Gesamtbeurteilung des entsprechenden Lernszenarios, zur Wahrnehmung der Spielcharaktere, zur Nachvollziehbarkeit der Auswertung, zum Schwierigkeitsgrad und zur Spielzeit, zur Relevanz des Serious Games für die alltägliche Arbeit sowie zum wahrgenommenen Lernerfolg. Die Teilnehmenden beantworteten diese Fragen bzw. gaben ihre Zustimmung zu vorformulierten Aussagen anhand einer Fünf-Punkte-Likert-Skala an.

Zur Messung des Lernerfolgs dienten Selbsteinschätzungen zur Erfahrung mit dem Thema Informationssicherheit sowie zum Wissenserwerb. Bei der Beurteilung der Antworten interpretierten wir Mittelwerte über dem Skalenmittelpunkt (=3) als zufriedenstellend in der Bewertung der Nutzenden aufgrund der Heterogenität der Testpersonen im Hinblick auf Branchen, Tätigkeiten und Präferenzen in Bezug auf (digitale) Spiele sowie der Tatsache, dass das linke Ende einer Antwortskala häufiger als das rechte Ende gewählt wird (Menold & Bogner 2015).

Screenshots der Vorher- und Nachher-Befragung finden sich im Anhang dieser Projektdokumentation.

2.4.5 Befragungsergebnisse

Für die Befragung zu den digitalen Serious Games zwei bis sieben (vgl. Abbildung 9) waren die Vorher- und Nachher-Fragebögen identisch, während für das erste Lernszenario die Evaluation noch in einer leicht anderen Form durchgeführt wurde. Daher werden die Ergebnisse der Nachher-Befragung im Folgenden für die digitalen Lernszenarien zwei bis sieben gemeinsam und vergleichend dargestellt. Die Anzahl der Teilnehmenden an den Usertests der dritten Testphase variierte. An den Nachher-Befragungen nahmen je nach Serious Game 12 bis 31 Personen teil. Die standardisierten Vorher- und Nachher-Befragungen wurden deskriptiv ausgewertet.

Die Gesamtbeurteilung (s. Abbildung 11) fiel insgesamt sehr positiv aus. Nahezu alle abgefragten Aspekte wurden für alle betrachteten Serious Games im Durchschnitt mit größer als drei bewertet.

Lediglich die Aussage „Das Serious Game werde ich Mitarbeitenden empfehlen." erhält für das fünfte Serious Game „Alles nur geCloud" im Mittel eine Zustimmung leicht unter drei.

„Das Serious Game werde ich erneut spielen." wird für alle Serious Games eher verneint als bejaht, da dieser Aussage im Mittel eher nicht zugestimmt wird. Dies überrascht weniger, da die Testpersonen vermutlich mehrere Wege ausprobierten und einige die Serious Games auch mehrmals spielten, um weitere Wege zu entdecken. Somit sind ihnen die Inhalte bekannt und es fehlt der Anreiz, sie noch einmal zu durchlaufen.

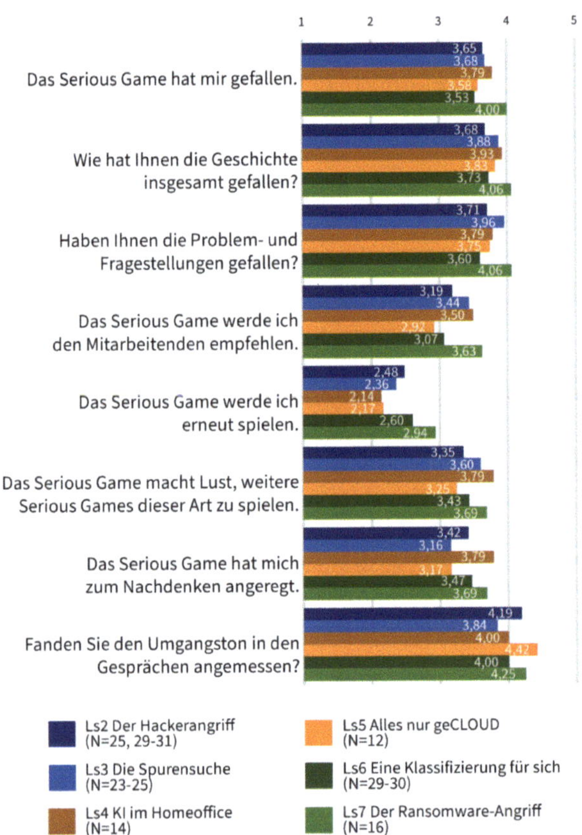

Abbildung 11: *Gesamtbeurteilung von sechs der sieben entwickelten digitalen Serious Games*

Allerdings erhält die Aussage „Das Serious Game macht Lust, weitere Serious Games dieser Art zu spielen." eine gute Zustimmung in allen Serious Games, sodass die Maßnahme „digitale Serious Games" an sich zu überzeugen scheint.

Das digitale Spiel „Der Ransomware-Angriff" (Spiel Nr. 7 in Abbildung 9) schneidet in der Gesamtbeurteilung am besten ab. Hier war die Mehrheit der Testpersonen Studierende des Studiengangs Verwaltungsinformatik der TH Wildau. Es könnte sein, dass diese jüngere Zielgruppe mit den Inhalten der anderen digitalen Serious Games bereits besser vertraut ist und daher Ransomware interessanter wirkte oder vielleicht grundsätzlich zu besseren Beurteilungen neigt. Das digitale Spiel „KI im Homeoffice" (Spiel Nr. 4 in Abbildung 9) schneidet bei vielen Aspekten als zweitbestes ab. Dies könnte damit zusammenhängen, dass viele Personen, insbesondere durch die COVID-19-Pandemie, Erfahrung mit Homeoffice besitzen oder die KI-Perspektive im Spiel besonders einprägsam ist. Mit dem Thema „CEO Fraud" im digitalen Lernszenario „Die Spurensuche" (Spiel Nr. 3 in Abbildung 9) sind hingegen möglicherweise noch nicht alle beteiligten Testpersonen in Berührung gekommen; hier zeigt sich Verbesserungspotenzial, um stärker zum Nachdenken anzuregen.

Die Charaktere der digitalen Serious Games werden über alle Spiele hinweg als realitätsnah beurteilt (s. Abbildung 12). Die abschließende Auswertung in den digitalen Spielen wird von den Testusern als nachvollziehbar empfunden. Allerdings motiviert das gegebene Feedback eher weniger dazu, über die getroffenen Entscheidungen nachzudenken (s. Abbildung 13).

Die Spielzeit wird im Mittel für das Serious Game „Der Hackerangriff" (Spiel Nr. 2 in Abbildung 9) als genau richtig und für die anderen Serious Games als etwas zu lang empfunden (siehe Abbildung 14). Der Schwierigkeitsgrad für die Serious Games „Eine Klassifizierung für sich" (Spiel Nr. 6 in Abbildung 9) und „Der Ransomware-Angriff" (Spiel Nr. 7 in Abbildung 9) wird als genau richtig, für die anderen Spiele zwischen einfach und genau richtig beurteilt (siehe Abbildung 14).

Die Teilnehmenden der Usertests empfanden für alle digitalen Serious Games den Bezug zu ihrem Arbeitsalltag gegeben (siehe Abbildung 15). Für nahezu alle Lernszenarien wurden den Aussagen im Mittel eher zugestimmt. Wiederum schneidet „KI im Homeoffice" (digitales Spiel Nr. 4 in Abbildung 9) bei zwei der drei erfragten Aspekte am besten ab. Die meisten Anregungen für ihre tägliche Arbeit nehmen die Probandinnen und Probanden aus dem Serious Game „Der Ransomware-Angriff" (Spiel Nr. 7 in Abbildung 9) mit.

Der durch die digitalen Serious Games erzielte Lernerfolg wird im Durchschnitt als zufriedenstellend beurteilt (s. Abbildung 16). Im Lernszenario „KI im Homeoffice" (digitales Spiel Nr. 4 in Abbildung 9) konnten die Teilnehmenden am stärksten neues Wissen erwerben und vertiefen, was möglicherweise in den vielen praktischen, leicht nachvollziehbaren Tipps begründet liegt – wobei das Thema KI in Deutschland zum Zeitpunkt der Befragung als Hype und damit als interessant angesehen werden kann. Auch die beiden digitalen Lernszenarien über

Informationsklassifizierung und Ransomware (Spiele Nr. 6 und 7 in Abbildung 9) schnitten bezüglich des wahrgenommenen Lernerfolgs gut ab. Am wenigsten lernten die Testuser nach eigener Einschätzung durch das digitale Serious Game „Alles nur geCLOUD“ (Spiel Nr. 5 in Abbildung 9), aber gleichwohl liegt die Zustimmung auch dafür noch über 2,5 auf der Fünf-Punkte-Likert-Skala.

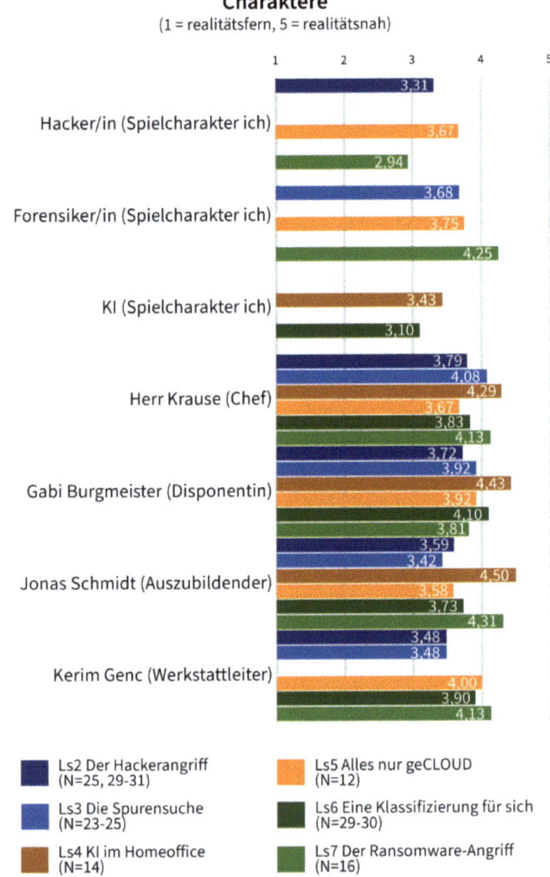

Abbildung 12: *Beurteilung der Charaktere von sechs der sieben entwickelten digitalen Serious Games*

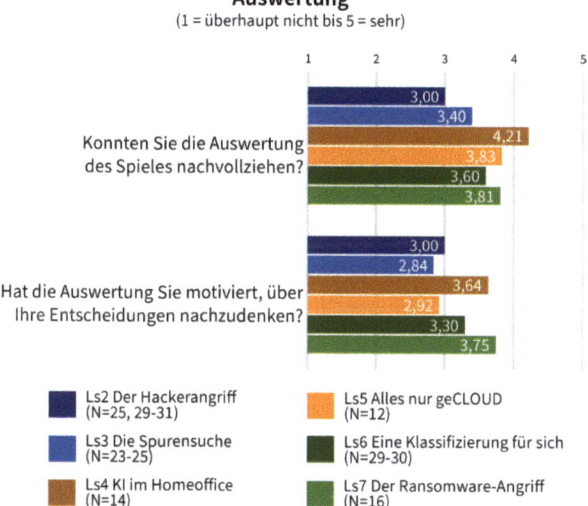

Abbildung 13: *Evaluation der von sechs der sieben entwickelten digitalen Serious Games gegebenen Auswertung*

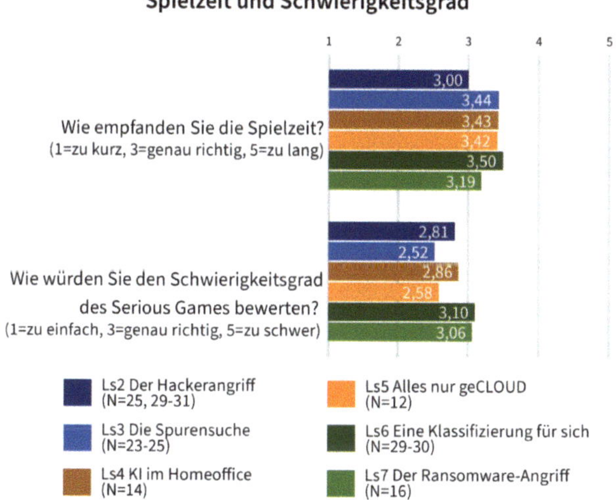

Abbildung 14: *Beurteilung der Spielzeit und des Schwierigkeitsgrads von sechs der sieben entwickelten digitalen Serious Games*

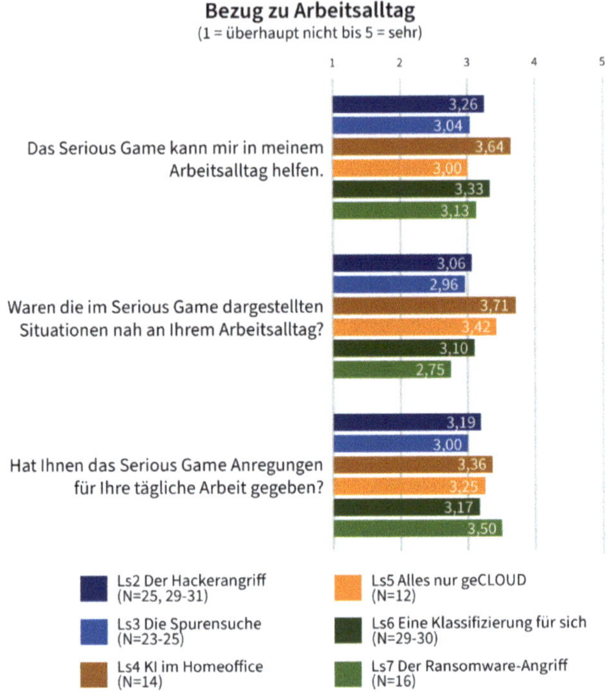

Abbildung 15: *Beurteilung von sechs der sieben entwickelten digitalen Serious Games in Bezug auf ihre Relevanz für den Arbeitsalltag*

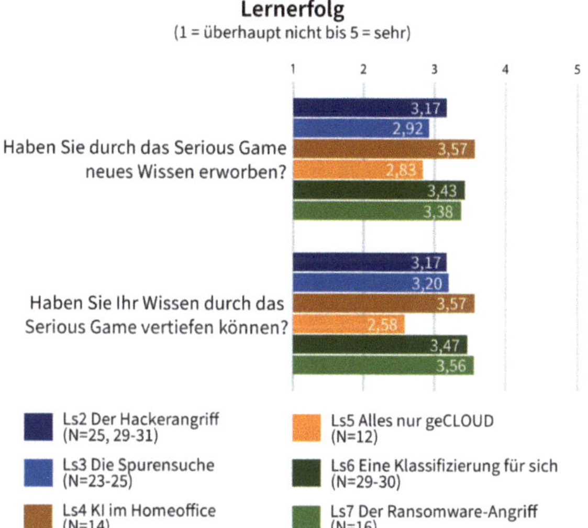

Abbildung 16: *Selbsteinschätzung der Testuser zum erzielten Lernerfolg durch sechs von sieben digitalen Lernszenarien*

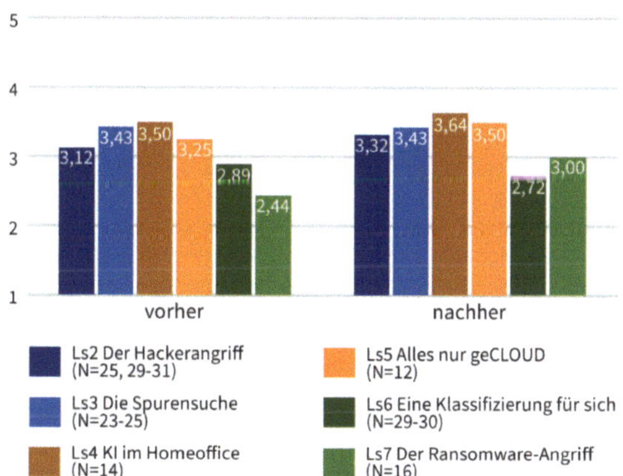

Abbildung 17: *Wahrgenommene Erfahrung mit Informationssicherheit der Testuser vor und nach der Testung der den sechs von sieben digitalen Serious Games*

Zusätzlich zum wahrgenommenen Lernerfolg wurden die Teilnehmenden vor und nach dem Testen der digitalen Serious Games nach ihrer Erfahrung mit Informationssicherheit befragt (s. Abbildung 17). Im Durchschnitt stuften die Teilnehmenden ihre Erfahrung als fortgeschritten ein. Die Mehrheit der Test-user des Serious Games „Der Ransomware-Angriff" (Spiel Nr. 7 in Abbildung 9) waren, wie oben bereits erwähnt, Studierende der TH Wildau, sodass sich dadurch – trotz des Studiums der Verwaltungsinformatik – möglicherweise die geringere empfundene Erfahrung „vorher" im Vergleich zu „nachher" erklärt (s. Abbildung 17).

Beim Lernszenario „Die Spurensuche" zum Thema „CEO Fraud" (Spiel Nr. 3 in Abbildung 9) zeigt sich keine Veränderung von „vorher" zu "nachher" – das ist durchaus verwunderlich, da wir aus der Erfahrung mit dem analogen Serious Game („Die fünf Phasen des CEO Frauds") die Erfahrung machen konnten, dass die Phasen keineswegs den meisten Teilnehmenden bekannt sind. Eventuell könnte dieses digitale Lernszenario fein-granularer und komplexer aufgebaut werden.

Beim digitalen Spiel „Eine Klassifizierung für sich" (Spiel Nr. 6 in Abbildung 9) wurde nach dem Absolvieren sogar eine niedrigere Erfahrung angegeben. Dies müsste weiter untersucht werden, da die Informationsklassifizierung keineswegs in allen KMU bereits als Prozess etabliert ist. Es ist zu vermuten, dass das digitale Szenario die Sachlage einfacher darstellt als sie in Wirklichkeit ist.

Diese Usertest-Ergebnisse zu den digitalen Serious Games, die auch offene Anmerkungen beinhalteten, führten zur deren finalen Überarbeitungen. Zum Beispiel wurden aufgrund dieser Evaluationen „Lessons Learned" am Ende jeden Lernszenarios aufgenommen und das Feedback in manchen Fällen leicht umformuliert, sodass es zum nochmaligen Spielen desselben Serious Games motiviert.

Wir wissen aus der (etwas anderen) Befragung zum ersten digitalen Serious Game „Der erste Tag" (Spiel Nr. 1 in Abbildung 9), dass dieses Szenario für viele Teilnehmende als zu einfach definiert wurde. Wir müssen aber festhalten, dass die teilnehmenden Probandinnen und Probanden bereits ein fundiertes Niveau an Kenntnissen zur Informationssicherheit haben. Andererseits wissen wir aus der Studie 1 (Pokoyski et al. 2021) und dem Report 1 (von Tippelskirch et al. 2022), dass am Anfang von Maßnahmen unbedingt eine allgemeine und nicht spezifische Sensibilisierung stattfinden muss, um den Reifegrad der KMU im Bereich der Informationssicherheit zu erhöhen. Daher ist zu vermuten, dass der Einsatz dieser entwickelten digitalen Lernszenarien in einer weit größeren Stichprobe von deutschen KMU notwendig ist, um tatsächlich aussagekräftige Befunde über ihre Wirksamkeit zu liefern. Aufgrund unserer geringen und nicht repräsentativen Stichprobe in den Online-Befragungen zu den entwickelten digitalen Spielen ist dies nicht möglich und weitere Forschung ist dazu notwendig.

In den meisten digitalen Serious Games unseres Projektes „ALARM Informationssicherheit" zeigt sich jedoch trotzdem ein wahrgenommener, wenn auch geringer Zuwachs an Erfahrung (Abbildung 17). Dies verdeutlich auf jeden Fall, wie auch die Antworten zum wahrgenommenen Lernerfolg (Abbildung 16), dass die entwickelten digitalen Lernszenarien in der Lage sind, den Teilnehmenden neue Einblicke zu vermitteln, ohne zu überhöhten Selbsteinschätzungen der eigenen Informationssicherheitskompetenzen zu führen.

Die Beurteilung war im Allgemeinen sehr positiv, sodass wir überzeugt sind, dass die digitalen Lernszenarien in Verbindung mit den anderen im Projekt „ALARM Informationssicherheit" entwickelten Sensibilisierungsmaterialien zu einem höheren Informationssicherheitsbewusstsein in deutschen KMU und weiteren Organisationen beitragen können.

Literatur

Blashki, K., Nichol, S., Jia, D. & Prompramote, S. (2007). The future is old: immersive learning with generation Y engineering students. European Journal of Engineering Education 32(4), 409-420.

Hamari, J., Koivisto J. & Sarsa, H. (2014). Does Gamification Work? – A Literature Review of Empirical Studies on Gamification. In Proceedings of the 2014 47th Hawaii International Conference on System Sciences.

Johansson, K., Paulsson, T., Bergström, E. & Seigerroth, U. (2022). Improving cybersecurity awareness among SMEs in the manufacturing industry. In: SPS2022. IOS Press, 209–220.

Menold, N. & Bogner, K. (2015). Gestaltung von Ratingskalen in Fragebögen. Mannheim, GESIS – Leibniz-Institut für Sozialwissenschaften (SDM Survey Guidelines).

Mildner, P. & 'Floyd' Mueller, F. (2016). Design of Serious Games. In Dörner, R., Göbel, S., Effelsberg, W. & Wiemeyer, J. (Hrsg.). Serious Games: Foundations, Concepts and Practice. Cham, Springer International Publishing, 57–82.

Naul, E. & Liu, M. (2020). Why Story Matters: A Review of Narrative in Serious Games. Journal of Educational Computing Research 58(3), 687–707.

Pokoyski, D., Matas, I. & Haucke, A. (2021). Qualitative Wirkungsanalyse Security Awareness in KMU. Tiefenpsychologische Grundlagenstudie im Projekt „Awareness Labor KMU (ALARM) Informationssicherheit", Wildau, Technische Hochschule Wildau. https://alarm.wildau.biz/static/d6490e49f8d31adfa35259134b8d1b9d/alarm-informationssicherheit-studie-1.pdf Letzter Zugriff: 01.09.2023.

Prott, F., Küchler, U., Schuktomow, R. & Scholl, M. (2022). Serious Games als Lernmethode zur Steigerung der Informationssicherheit. In Eggert, S., Lemke, C., Majuntke, V., Malzahn, B., Meister, V., Simbeck, K. … Wolf, M. (Hrsg.). Angewandte Forschung in der Wirtschaftsinformatik 2022. Berlin: GITO mbH. doi: 10.30844/AKWI_2022_23.

Prott, F. & Scholl, M. (2022a). Using Emotional Design to Raise Awareness of Information Security. (K. Blashki), Proceedings of the International Conferences on Interfaces and Human Computer Interaction 2022 and Game and Entertainment Technologies 2022. Lissabon: IADIS Press. Retrieved from http://www.iadisportal.org/digital-library/using-emotional-design-to-raise-awareness-of-information-security.

Prott, F. & Scholl, M. (2022b). Raising Information Security Awareness Using Digital Serious Games with Emotional Design. IADIS International Journal on WWW/Internet 20(2), 18–34.

Reich, K. (2006). Konstruktivistische Didaktik. Lehr- und Studienbuch mit Methodenpool (Constructivist Didactics. Textbook and Studybook with Collection of Methods). Beltz Verlag, Weinheim, Basel, Germany, Switzerland.

Scholl, M. (2023a). Raising Awareness of CEO Fraud in Germany: Emotionally Engaging Narratives Are a MUST for Long-Term Efficacy. In: Rocha, A., Ferrás, C. & Ibarra, W. (Eds.), Information Technology and Systems. Cham: Springer International Publishing. doi: 10.1007/978-3-031-33258-6_40.

Scholl, M (2023b). Sustainable Information Security Sensitization in SMEs: Designing Measures with Long-Term Effect. (University of Hawai'i at Manoa), Proceedings of the 56th Hawaii International Conference on System Sciences | 2023. Honolulu, HI: University of Hawai'i at Manoa, Hamilton Library. URI: https://hdl.handle.net/10125/103369, (CC BY-NC-ND 4.0), 6058-6067.

Scholl, M. (2023c). German SMEs & "Home Office": Narrative-Driven Game-Based Awareness Raising with Long-Term Efficacy. In S. Mistretta, Reimagining Education – The Role of E-learning, Creativity, and Technology in the Post-pandemic Era [Working Title], London: IntechOpen, online 1-36. doi: 10.5772/intechopen.1003002, https://www.intechopen.com/online-first/1171513.

von Tippelskirch, H., Schuktomow, R., Scholl, M. & Walch, M. C. (2022). Report zur Informationssicherheit in KMU – Sicherheitsrelevante Tätigkeitsprofile (Report 1) (p. 111). Wildau: TH Wildau. https://alarm.wildau.biz/static/3b60581edae4d016e4c20290c0936f55/220623_alarm_report1_web.pdf

Ypsilanti, A., Vivas, A. B., Räisänen, T., Viitala, M., Ijäs, T. & Ropes, D. (2014). Are Serious Video Games Something More than a Game? A Review on the Effectiveness of Serious Games to Facilitate Intergenerational Learning. Education and Information Technologies 19, 515–529.

Weiter zum Kapitel 2.5

Vor-Ort-Angriffe

2.5 Vor-Ort-Angriffe, niederschwellige Sicherheitskonzepte und Handlungsempfehlungen

Martina Vogt

Thinking Objects

Die Thinking Objects GmbH (TO) ist ein inhabergeführtes Unternehmen mit Sitz in Korntal bei Stuttgart und seit 1994 als kompetenter IT-Dienstleister mit den Schwerpunkten IT-Sicherheit und Professional Services am Markt vertreten. Seit inzwischen fast 30 Jahren bietet sie marktgerechte Lösungen zur Unterstützung des IT-Betriebs in großen und mittelständischen Unternehmen sowie Konzernen an.

Ihre Expertise: die Vertraulichkeit, Verfügbarkeit und Integrität von Informationen und Daten im Unternehmen, um diese durch qualifizierte Lösungen vom Rechenzentrum über Netzwerk und Perimeter bis hin zur/zum Anwendenden abzusichern. Dazu gehören auch alle Serviceleistungen – vom Produktsupport über Outtasking für einzelne oder umfassende IT-Security Services bis hin zum kompletten Managed-Security-Service.

2.5.1 Was sind „Vor-Ort-Angriffe"?

Die „Vor-Ort-Überprüfungen" bzw. „Angriffe" sind Teil der Sensibilisierungsstrategie zur Überprüfung des Reifegrads der Unternehmen. Die Ergebnisse ermöglichen den Aufbau einer IT-Sicherheitsstrategie und es lassen sich niederschwellige Sicherheitskonzepte ableiten und das Bewusstsein der Mitarbeitenden für Informationssicherheit, d. h. ihre Awareness, steigern. Die Themen der „Vor-Ort-Angriffe" leiten sich aus den Tätigkeits- und Sicherheitsprofilen der Pilotunternehmen ab. Nachdem die Ergebnisse der tiefenpsychologischen Studie (Pokoyski et al. 2021) in einer Vorversion intern veröffentlicht wurden, konnte die TO die relevanten Themen für die Konzeption der Vor-Ort-Angriffe ableiten.

2.5.2 Zielsetzung

Die Durchführung von „Vor-Ort-Angriffen" verfolgt das Ziel, die Awareness der Mitarbeitenden zu stärken. Die Vorgehensweise darf bei Beschäftigten nicht als „Angriff" auf ihre persönlichen Arbeitsabläufe bzw. als persönliches Bloßstellen wahrgenommen werden. Jeder „Vor-Ort-Angriff" muss so konzipiert sein, dass er sich nicht negativ auf das Betriebsklima und auf die Vertrauenskultur im Unternehmen auswirkt. Es gilt zu beachten, dass sich Beschäftigte in ihrer Arbeitsumgebung sicher fühlen und sie die „Vor-Ort-Angriffe" als unterstützendes Werkzeug zur Sensibilisierung begreifen. Die Angriffe werden immer mit verantwortlichen Personen im Unternehmen abgestimmt und an den Reifegrad des Unternehmens angepasst. Die Expertise von TO sichert praxisorientiert das Ziel des Gesamtszenarios von dem Projekt „ALARM Informationssicherheit", wonach die KMU und das Handwerk besser befähigt werden, selbstständig kompetente IT-sicherheitsrelevante Entscheidungen zu treffen.

Die simulierten „Angriffe" bei Pilotunternehmen, die im Projekt nach der Sensibilisierung und Schulung in den KMU tatsächlich durchgeführt werden, dienen der Kontrolle, ob Maßnahmen greifen, und sind damit auch Teil der Awareness-Messung.

Aus didaktischer und lerntheoretischer Perspektive greifen wir auf Grundlagen des erfahrungsbasierten Lernens zurück (Online Lexikon, o. D.). Erfahrungsbasiertes Lernen in der IT-Sicherheit bezieht sich darauf, wie Menschen ihre Fähigkeiten und Kenntnisse durch praktische Erfahrungen und praktische Anwendungen erweitern. Im Bereich der IT-Sicherheit beinhaltet dies im Rahmen des Projekts das praktische Lernen durch „Vor-Ort-Angriffe". Diese Art des Lernens ist ein wichtiger Bestandteil der Awareness in der IT-Sicherheit, da es den Lernprozess verbessert und die Fähigkeiten und Kenntnisse der Mitarbeitenden in Unternehmen und Organisationen bezüglich IT-Sicherheit erweitert. Es ermöglicht den Menschen, ihre Fähigkeiten und Kenntnisse auf praktische Weise zu testen und zu verbessern, indem sie realen Herausforderungen und Problemen begegnen.

2.5.3 Prozess der Entwicklung

Die entwickelnden Szenarien, mit denen die Sensibilisierung und eine Steigerung des Informationssicherheitsbewusstseins von Mitarbeitenden erreicht werden sollte, wurden aus dem Alltagsgeschäft der Pilotunternehmen so ausgewählt, dass sie breitenwirksam auch für andere KMU/KKU gelten. Es wurden folgende Angriffsszenarien im Rahmen der „Vor-Ort-Angriffe" durchgeführt:

Tabelle 1: *Von den Unterauftragnehmer TO konzipierte und durchgeführte Überprüfungen bzw. „Angriffe" in den Pilotunternehmen des Forschungsprojekts*

1. Phishing	Beschaffung persönlicher Daten mit gefälschten E-Mails.
2. Passwort Breach Service	Mithilfe der geschäftlichen E-Mail-Adressen wird geprüft, ob persönliche Identitätsdaten bereits im Internet veröffentlicht wurden und missbraucht werden könnten.
3. Smishing	Unter Smishing versteht man das Phishen nach sensiblen Daten per SMS.
4. Tailgating	Physischer „Einbruch" in das Unternehmen, um sensible Daten zu stehlen.
5. "BlackOut Szenario"/ Incident Response Prozess	Simulierter Ransomware-Angriff mit dem Ziel, den Incident Response Prozess in den Unternehmen zu aktivieren.

6. CEO Fraud	Betrugsmethode über E-Mail als Kommunikationsmittel, bei der sich die Angreifenden als Geschäftsführung, Management oder Führungskraft eines Unternehmens ausgeben.
7. Live-Hacking	Bildungs- und Informationsveranstaltung zur Entwicklung von persönlichem Risikobewusstsein und zur Sensibilisierung für die Durchführung von Sicherheitschecks der IT-Infrastruktur auf organisatorischer Ebene.

2.5.4 Durchführung

Die Geschäftsführung der Pilotunternehmen wurde vor jedem Angriffsszenario informiert und um die Zusage gebeten, das Szenario zu unterstützen und, falls nötig, relevante Daten zur Durchführung der Szenarien bereitzustellen. Die Auswertung der Angriffsszenarien erfolgte pro Unternehmen. Ein Rückschluss auf personenbezogene Daten ist nicht möglich. Im Rahmen der Konzeption und Durchführung einer Awareness-Kampagne wird grundsätzlich empfohlen, dass eine Vorab-Information an die Mitarbeitenden versendet wird. Das ist die erste Stufe der Sensibilisierung und stellt klar, dass der Angriff als Lernszenario dient und keine personenbezogenen Daten erhoben werden. Mitarbeitende sollen sich dadurch nicht verunsichert und kontrolliert fühlen. Die Entscheidung obliegt jedoch dem jeweiligen Unternehmen, welche Kommunikationsstrategie gewählt wird. Im Folgenden werden alle Angriffsszenarien kurz skizziert. Aus Datenschutzgründen können keine Angaben zu konkreten Ergebnissen der Szenarien gemacht werden.

Phishing

Als erster „Vor-Ort-Angriff" wurde eine Phishing-Simulation konzipiert und durchgeführt. Phishing als Angriffsszenario ist derzeit die am weitesten verbreitete und effektivste Angriffsmethode, der sich Unternehmen stellen müssen. Die Sensibilisierung und das Training von Mitarbeitenden in Unternehmen sollte daher elementarer Bestandteil der Security Strategie sein.

Das Ziel der Phishingsimulation war es, eine reine Security-Awareness-Maßnahme im Sinne eines Teachable Moments durchzuführen. Alle Pilotunternehmen wurden im Vorfeld persönlich über das Angriffsvorhaben informiert. In den Gesprächen wurde auch auf die Vertrauens- und Fehlerkultur in den Unternehmen eingegangen. Drei Pilotunternehmen standen dem Angriffsszenario sehr offen gegenüber und waren bereit, das Lernszenario Phishing in ihrem Unternehmen durchzuführen.

Die Phishing-Kampagne war wie folgt konzipiert:

Abbildung 18: *Konzeption der Phishing-Kampagne als „Vor-Ort-Angriff" im Projekt „ALARM Informationssicherheit"*

Aufbau der E-Mail:

- Externer Sender
- Domain: Absender = Name des Unternehmens@supp0rt.de
- Standard Absender Name: IT Support

Mailtext

Guten Tag Herr/Frau xxx,

Wir vermuten seit heute Morgen eine Sicherheitslücke in Zusammenhang mit unseren Microsoft Exchange Servern. Um eventuelle Schäden zu vermeiden, ändern Sie bitte sofort Ihr Passwort. Klicken Sie bitte auf den folgenden Link:

Ändern Sie Ihr Passwort

Machen Sie das bitte umgehend!

Vielen Dank!

Mit freundlichen Grüßen / Kind regards

IT Support

support@to.com.com

Name des Unternehmens| Straße| PLZ Ort| Website

Geschäftsführer | Sitz und Registergericht

Dies ist eine Phishing E-Mail. Dafür da das Bewusstsein Ihrer Mitarbeiter in diesem Bereich zu erweitern. Im Auftrag der Thinking Objects GmbH

LinkedIn | Xing | Twitter | YouTube | Datenschutzhinweise

Abbildung 19: *Aufbau einer Phishing-E-Mail für den „Vor-Ort-Angriff" im Projekt „ALARM Informationssicherheit"*

Landingpage

Abbildung 20: *Landingpage eines Phishing-Angriffs für den „Vor-Ort-Angriff" im Projekt „ALARM Informationssicherheit"*

Passwort Breach Service

In diesem Projekt wurde eine Untersuchung der zur Verfügung gestellten E-Mail-Adressen der Pilotunternehmen durchgeführt, mit dem Ziel festzustellen, ob diese Adressen in einem Leak veröffentlicht wurden. Ziel war es, den Mitarbeitenden in den Pilotunternehmen zu vermitteln, dass jeder Mensch für seine eigene Sicherheit verantwortlich ist. Identitätsdiebstahl ist ein relevantes Thema im Bereich IT-Sicherheit. Illegal kopierte Sammlungen von Identitätsdatenleaks kursieren über unterschiedliche Medien in kriminellen Kreisen. Betroffene erfahren häufig erst von der Existenz solcher Leaks, wenn deren eigene Identität illegal verwendet wird und es zu einem Schaden kommt. Kommt es aber nicht unmittelbar zu einem offensichtlichen Schaden, wissen viele Personen nicht von der eigenen Betroffenheit. Daher wurden Online-Tools wie Have I Been Pwned und HPI Identity Leak Checker entwickelt, um einen Abgleich der eigenen Identitätsdaten mit den vorhandenen Leaks durchzuführen.

Have I Been Pwned	https://haveibeenpwned.com/
HPI Identity Leak Checker	https://sec.hpi.de/ilc/

Abbildung 21: *Links*

Im Zuge dieses Angriffsszenarios wurde allen Mitarbeitenden im Nachgang ein Handout zur Verfügung gestellt. Dieses Dokument nimmt Bezug auf die Möglichkeiten, die persönlichen E-Mail-Adressen regelmäßig über die vorgestellten Online-Tools zu überprüfen. In diesem Zuge wurde auch auf sichere Passwortrichtlinien verwiesen.

Smishing

In diesem Projekt wurde eine Smishing-Kampagne durchgeführt mit dem Ziel, die Awareness der Mitarbeitenden zu trainieren. Unter Smishing versteht man das Phishen nach sensiblen Daten per SMS. Hierbei nutzen Angreifende bekannte Telefonnummern von Zielgruppen, um diesen eine SMS mit einem schadhaften Link zukommen zu lassen. Dabei greifen die Angreifenden auf vorher gesammelte Informationen über die Zielgruppen zurück, damit die Fake-SMS eine höhere Erfolgschance hat. Der Link in der SMS leitet die Personen auf eine von den Angreifenden kontrollierte Seite. Sollten dort sensible Informationen eingegeben werden, können die Angreifenden diese für zukünftige Angriffe verwenden. Die Informationen, die mit Hilfe von Smishing-Angriffen gesammelt werden können, variieren je nach Angriffsszenario. Im schlimmsten Fall können Zugangsdaten zu hoch sensiblen Systemen abgegriffen werden, was zu einem wirtschaftlichen Schaden führen könnte. Als Smishing-Nachricht verwendete die Thinking Objects GmbH die folgende Nachricht, welche im Namen von LinkedIn verschickt wurde.

Der im roten Kasten erkennbare Link führte zu einer Webseite (Landingpage), die von der Thinking Objects GmbH für diese Kampagne aufgesetzt wurde und für jede empfangende Person einzigartig war.

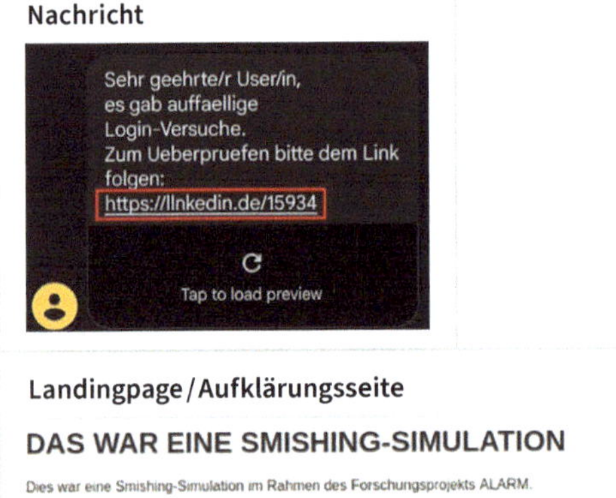

Landingpage / Aufklärungsseite

DAS WAR EINE SMISHING-SIMULATION

Dies war eine Smishing-Simulation im Rahmen des Forschungsprojekts ALARM.

TH Wildau Forschungsprojekt ALARM

Bei dem von Ihnen soeben angeklickten Link handelt es sich um eine simulierte Smishing-SMS (Phishing via SMS). Aber keine Sorge - diese Simulation wurde mit einem bestimmten Ziel durchgeführt: Ihr Bewusstsein für die Gefahren von Phishing-Angriffen zu fördern. In diesem Fall wurden keine persönlichen Daten gesammelt; im Falle eines realen Angriffs kann das Anklicken eines Links oder das Öffnen eines infizierten Anhangs jedoch einen großen Schaden verursachen.

Phishing ist zu einer beliebten Aktivität von Cyberkriminellen geworden, um an sensible Daten zu gelangen. Smishing-SMS, also SMS, mit denen vertrauliche Informationen wie Benutzernamen und Passwörter erbeutet werden sollen, werden immer raffinierter, sodass es immer schwieriger wird, zu unterscheiden, was legitim ist und was nicht. Die gute Nachricht ist, dass Sie eine Menge machen können, um sich vor diesen Bedrohungen zu schützen. In diesem Falle hätten Sie an den folgenden Punkten erkennen können, dass es sich um eine auffällige SMS handelt:

1. Link: Im Link wird LinkedIn statt LinkedIn geschrieben.
2. Anrede: Es wird eine allgemeine Anrede verwendet, was bei Warnhinweisen von Loginversuchen nicht getan wird. Normalerweise wird der Empfänger direkt angesprochen.
3. Umlaute: In der SMS werden keine Umlaute (ä,ö,ü) verwendet, was im Normalfall allerdings genutzt wird.

Abbildung 22: *Landingpage eines Smishing-Angriffs*

Tailgating

In diesem Angriffsszenario wurde ein physikalischer Penetrationstest mit dem Ziel durchgeführt, das vorhandene Sicherheitsniveau vor Ort zu analysieren und zu bewerten. Die Thinking Objects GmbH identifizierte die Schwachstellen und bewertete das Sicherheitsniveau. Um die Vertraulichkeit zu wahren, werden hier keine weiteren Ergebnisse der durchgeführten physischen Penetrationstests aufgeführt. Die Pilotunternehmen wurden über das von Thinking Objects ermittelte Sicherheitsniveau informiert. Tailgating ist eine Methode des unbefugten physischen Zutritts zu gesicherten Räumen oder Bereichen. Die unbefugte Person nutzt die Nähe und den Zugang der autorisierten Person aus, um sich unbemerkt Zutritt zu verschaffen. Dies kann auch bei Sicherheitsschleusen, Drehkreuzen oder anderen physischen Zugangskontrollmechanismen auftreten, bei denen Personen einzeln durchgehen sollen.

Ein klassisches Beispiel für Tailgating ist, wenn eine unbefugte Person einfach hinter einem autorisierten Mitarbeitenden durch eine Tür geht, die normalerweise mit einer Zugangskarte oder einem PIN-Code gesichert ist.

Die unbefugte Person nutzt die Nähe und den Zugang der autorisierten Person aus, um sich unbemerkt Zutritt zu verschaffen. Dies kann auch bei Sicherheitsschleusen, Drehkreuzen oder anderen physischen Zugangskontrollmechanismen auftreten, bei denen Personen einzeln durchgehen sollen.

Tailgating stellt ein Sicherheitsrisiko dar, da es die Sicherheitsmaßnahmen umgeht und unbefugtem Zutritt zu gesicherten Bereichen ermöglicht. Es kann zu Diebstahl von Eigentum, unbefugtem Zugriff auf Informationen oder sogar zu kriminellen Aktivitäten führen. Daher ist es wichtig, Tailgating zu verhindern und angemessene Sicherheitsvorkehrungen zu treffen, wie z.B. die Sensibilisierung der Mitarbeitenden für die Bedeutung von Zugangskontrolle, die Implementierung von Sicherheitsrichtlinien, die Schulung von Mitarbeitenden zur Erkennung von unbefugtem Zutritt und die Verwendung von Technologien wie Videoüberwachung oder biometrische Zugangskontrollsysteme, um das Risiko von Tailgating zu minimieren.

BlackOut Szenario / Incident Response

Dieses Szenario wurde nach dem Prinzip eines unangekündigten Feueralarms aufgebaut. Über ein Update wurde ein Skript eingespielt, das auf dem Bildschirm ein Bild erzeugt, das ein Ransomware-Angriff simuliert. Die Meldung kann über "ALT F4" geschlossen werden. Es wird aber auch ein Timer programmiert, der das Bild nach zwei Minuten automatisch schließt.

Das Ziel und der Lernimpuls dieses Szenarios ist es, die Meldekette (Incident Response) im Unternehmen zu prüfen. Zum einen gibt das Szenario allen Unternehmen den Impuls, sich im Vorfeld mit der Erstellung und Kommunikation eines Meldewegs zu beschäftigen und zum zweiten können Mitarbeitende den Ernstfall proben. Bei jeder Art von Angriff ist es essenziell, dass die Meldekette funktioniert und der Vorfall so schnell wie möglich gestoppt oder behoben werden kann.

Abbildung 23: *Verschlüsselter Desktop im Rahmen eines BlackOut Szenarios*

CEO Fraud

CEO Fraud, auch bekannt als „Business E-Mail Compromise (BEC)“, ist eine Art von Betrug, bei dem Kriminelle versuchen, sich als CEO, Vorstandsmitglied oder eine andere hochrangige Führungskraft eines Unternehmens auszugeben, um Geld oder Informationen von Unternehmen zu erschwindeln. CEO Fraud ist eine Form des Social Engineering, bei dem die Betrüger die soziale Dynamik und die Hierarchie innerhalb eines Unternehmens ausnutzen, um ihre Ziele zu erreichen. Typischerweise erfolgt ein CEO Fraud über gefälschte E-Mails, die so gestaltet sind, dass sie von einer legitimen E-Mail-Adresse oder einem legitimen Unternehmen stammen. Die E-Mails können Anfragen für Zahlungen, Überweisungen oder andere finanzielle Transaktionen enthalten, die vorgeben, von der hochrangigen Führungskraft zu kommen. Die Kriminellen verwenden oft überzeugende Techniken, um Druck auf die empfangenden Personen auszuüben, z. B. indem sie Dringlichkeit vortäuschen oder behaupten, dass es sich um vertrauliche Angelegenheiten handelt, die nicht mit anderen geteilt werden dürfen.

Um sich gegen CEO Fraud und andere Arten von Social-Engineering-Angriffen zu schützen, ist es wichtig, Mitarbeitenden bewusst zu machen, wie diese Angriffe ablaufen und welche Anzeichen auf einen möglichen Betrug hinweisen können. Es sollten strenge Überprüfungsverfahren für finanzielle Transaktionen eingeführt werden, wie z. B. die Überprüfung von Zahlungsanfragen durch alternative Kommunikationswege und die Validierung von Identitäten von hochrangigen Führungskräften. Es ist auch wichtig, starke Authentifizierungsmaßnahmen für E-Mails und Zugangskontrollen für sensible Informationen zu implementieren, um das Risiko von CEO Fraud und anderen Formen von Betrug zu minimieren. Im Rahmen des Projekts wurde eine CEO-Fraud-E-Mail im Namen einer Führungskraft konzipiert, die neue Änderungen der Sicherheitsrichtlinien ankündigt und die Mitarbeitenden bittet, diese schnellstmöglich zu akzeptieren (s. Abbildung 24).

Live-Hacking-Veranstaltung

Das Ziel der Live-Hacking-Veranstaltung als Bildungs- und Informationsveranstaltung besteht darin, den Teilnehmenden Einblicke in die Welt des Hackings zu geben und ihnen bewusst zu machen, wie angreifbar ihre IT-Systeme und Daten sind. Durch Demonstrationen von Live-Hacking-Techniken werden potenzielle Schwachstellen und Sicherheitslücken aufgedeckt, um ein besseres Verständnis für die Risiken zu schaffen. Die Veranstaltung trägt dazu bei, das Bewusstsein für IT-Sicherheit zu schärfen, indem sie die Teilnehmenden sensibilisiert und ihnen zeigt, wie Hackende vorgehen. Ziel ist es, die Teilnehmenden zu ermutigen, ihre eigenen Sicherheitsmaßnahmen zu überprüfen, Schwachstellen zu erkennen und Gegenmaßnahmen zu ergreifen, um ihre Systeme und den Umgang mit persönlichen Daten besser zu schützen.

Aufbau der E-Mail:

- Externer Sender
- Domain: Absender = Name des Unternehmens@supp0rt.de
- Standard Absender Name: IT Support

Mailtext

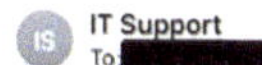

Yesterday

Wichtige Änderung unserer Sicherheitsrichtlinien

Guten Tag

ich möchte dich hiermit über eine wichtige Änderung unserer Sicherheitsrichtlinien informieren. Als Teil unserer Bemühungen, die Sicherheit unserer Daten und Systeme zu erhöhen, haben wir beschlossen, unsere Sicherheitsmaßnahmen zu verschärfen.

Um sicherzustellen, dass du über die neuen Richtlinien informiert bist und ihnen zustimmst, bitte ich dich, die aktualisierten Sicherheitsrichtlinien herunterzuladen, sorgfältig durchzulesen und auf der unten angegebenen internen Website zu akzeptieren.

Du findest die neuen Sicherheitsrichtlinien unter folgendem Link:

Ich bitte dich, die neuen Richtlinien bis spätestens [Datum einfügen] zu lesen und zu akzeptieren. Solltest du Fragen oder Bedenken haben, zögere bitte nicht, dich an mich zu wenden.

Vielen Dank!

Mit freundlichen Grüßen

Landingpage

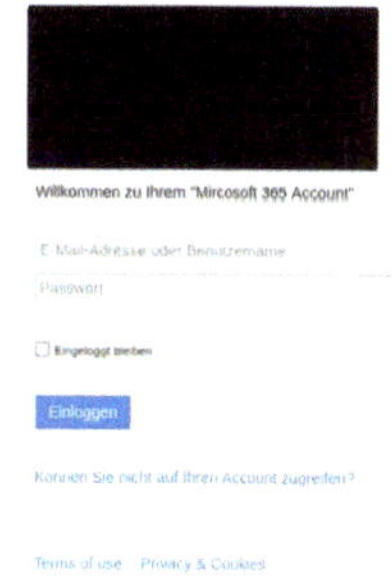

Abbildung 24: *Präparierte E-Mail im Rahmen eines CEO Fraud-Angriffs*

2.5.5 Allgemeingehaltende Ergebnisse

Wie bereits erwähnt, können aus Datenschutzgründen keine konkreten Ergebnisse der Angriffsszenarien bei unseren Pilotunternehmen veröffentlicht werden. Wir übersteigen bei den teilnehmenden Organisationen nicht die kritische Marke von > 5, sodass keine Anonymität gewährleitet werden kann.

Es lassen sich aber dennoch generalisierbare Ergebnisse aus dieser praktischen Forschungsphase ableiten. Die organisationsbezogenen Ergebnisse liefern den teilnehmenden Unternehmen wichtige Ansatzpunkte, um ein individuelles Awareness-Konzept weiter zu etablieren und die bestehenden Prozesse in den Unternehmen zu hinterfragen. Die simulierten Angriffe ermöglichen es Unternehmen, den aktuellen Ist- Stand mit dem Soll-Stand in Bezug auf die eigene Cybersecurity-Kultur zu prüfen. Wie Mitarbeitende sich im Ernstfall verhalten, zeigt sich erst, wenn dieser simuliert wird. Im Nachgang ist es aber auch hier essenziell, dass Mitarbeitende über die Ergebnisse informiert und kontinuierlich Sensibilisierungsprogramme oder Maßnahmen angeboten werden.

Die zentrale Aufgabe liegt hier auf der Managementebene der Unternehmen. Diese muss Verantwortung übernehmen und die erforderlichen Ressourcen für Awareness- Maßnahmen bereitstellen. Innerhalb des Forschungsprojekts wurde deutlich, dass die Unternehmen, die die erforderliche Zeit für die Implementierung, Durchführung und Evaluation der Angriffsszenarien investiert haben, ein umfassendes Bild des Reifegrads in Bezug auf IT-Security Awareness des eigenen Unternehmens bekommen haben und somit direkt Schwachstellen identifizieren konnten.

Der Bedarf und die Notwendigkeit, „Vor-Ort-Angriffe“ innerhalb von Awareness-Programmen einzusetzen, belegen unsere Ergebnisse und Erfahrungen innerhalb des Forschungsprojekts. Diese Szenarien können auf der einen Seite positive Belege für die langjährige und stetige Investition in die Sicherheitskultur in Unternehmen liefern und zugleich im Gegensatz dazu bei Unternehmen, die noch am Anfang einer Sicherheitskulturentwicklung stehen, wichtige Impulse und Hinweise liefern, welche relevanten Security-Bausteine verfolgt werden sollten.

Der Einsatz von „Vor-Ort-Angriffen“ ermöglicht es sowohl die technische Perspektive von Sicherheitsfachkräften innerhalb der Unternehmen mit einzubeziehen als auch die Perspektive der Endanwenderinnen und Endanwender zu berücksichtigen. IT-Fachkräfte müssen die Mitarbeitenden und Führungskräfte unterstützen und mit ihnen zusammenarbeiten, um praktikable und wirksame Sicherheitslösungen zu entwickeln, und neben Awareness-Trainings auch Prozesse und Policies auf ihre Benutzerfreundlichkeit prüfen (security by design).

2.5.6 Herausforderungen und Hindernisse

Die Relevanz von Security-Awareness-Maßnahmen wird mittlerweile nicht mehr in Frage gestellt. Nichtsdestotrotz erfordert eine gute Awareness-Strategie innerhalb der Unternehmen und Organisationen eine gute und punktuell auch teilweise zeitintensive interne Begleitung.

Im Zuge der „Vor-Ort-Angriffe" mussten sowohl technische als auch organisatorische Ressourcen bereitgestellt werden, um die Angriffsszenarien umzusetzen und die Mitarbeitenden im Vorfeld oder im Nachgang über das Szenario und die Ergebnisse aufzuklären. Sofern die gewonnenen Ergebnisse im Nachgang nicht im Rahmen der unternehmensinternen Prozesse analysiert und bewertet und ggf. ergänzende Prozesse etabliert werden, besteht die Gefahr, dass der Mehrwert durch dieses Angebot nicht verstetigt werden kann.

2.5.7 Zusammenfassung

Aus diesem Teilprojekt lassen sich wichtige Erkenntnisse ableiten, die für die weitere Entwicklung von Sensibilisierungsprogrammen relevant sind. Menschen lernen nicht nur durch klassische Formate der Wissensvermittlung, sondern profitieren von erfahrungsbasierten Lernformaten. Diese sollten sich aber nicht ausschließlich auf Phishing-Simulationen beziehen, wie es viele Anbieter von Awareness-Maßnahmen auf dem Markt suggerieren. Cyberangriffe gelingen auf unterschiedlichen Wegen und als IT-Security-Expertinnen und -Experten ist es unser Auftrag, die unterschiedlichen Einfallstore zu benennen und umfassende Handlungsanweisungen sowohl an Mitarbeitende als auch an die Geschäftsführung und IT-Verantwortliche rauszugeben. Ein umfassendes Risikoverständnis bei Mitarbeitenden lässt sich unserer Erfahrung nach am besten durch thematisch und methodisch abwechslungsreiche Kampagnen erreichen.

Als Ergebnisse der „Vor-Ort-Angriffe" in ALARM Informationssicherheit wurden Handlungsempfehlungen/Infoblätter und niederschwellige Sicherheitskonzepte für KMU erstellt.

Infoblätter/Handlungsempfehlungen

Die Infoblätter zur Erhöhung der Mitarbeitenden-Awareness sind Dokumente, die Informationen und Ratschläge enthalten, die darauf abzielen, das Bewusstsein der Mitarbeitenden eines Unternehmens für Sicherheits- und Datenschutzfragen zu stärken. Es sind Instrumente, die KMU einsetzen können, um ihre Mitarbeitenden über mögliche Bedrohungen aufzuklären und sie dabei zu unterstützen, sicherheitsbewusste Entscheidungen zu treffen. Ziel der Infoblätter ist es, die Mitarbeitenden zu befähigen, aufmerksamer und vorsichtiger zu sein, um das Risiko von Sicherheitsvorfällen zu minimieren und das Unternehmen zu schützen. Die Infoblätter zur Mitarbeitenden-Awareness decken folgende Themen ab:

- Phishing
- Mail-Check / Passwortsicherheit
- Smishing
- Tailgating
- „Black-Out Szenario" / Meldeweg
- CEO Fraud
- „Hacking" – wie kann ich mich schützen

Niederschwellige Sicherheitskonzepte

Niedrigschwellige Sicherheitskonzepte sind Sicherheitsmaßnahmen, die ohne unnötige Komplexität ein grundlegendes Maß an IT-Sicherheit beschreiben. Diese Konzepte richten sich an die Geschäftsführung und IT-Verantwortlichen von KKU/KMU und geben Hilfestellung und Tipps zur Umsetzung von effektiven Sicherheitsmaßnahmen. Niedrigschwellige Sicherheitskonzepte sind wichtig um sicherzustellen, dass Entscheiderinnen und Entscheider in Unternehmen, unabhängig von ihrem Kenntnisstand oder ihrer Erfahrung, effektive Sicherheitsmaßnahmen ergreifen oder beauftragen können. Die Themen der Sicherheitskonzepte orientieren sich an den aktuellen Szenarien, die die Bedrohungslage gut beschreiben. Es wurden folgende niederschwellige Sicherheitskonzepte bereitgestellt: Phishing, Passwörter, Smishing, Tailgating, Incident Response / Meldekette, CEO Fraud, Identifikation von Sicherheitslücken und Schwachstellen / Pentesting.

In einigen Fällen können Live-Hacking-Veranstaltungen auch von Unternehmen oder Organisationen durchgeführt werden, um ihre eigenen Sicherheitslücken zu identifizieren und zu beheben. Durch die Zusammenarbeit mit Expertinnen und Experten können sie ihre Systeme testen lassen und wertvolle Erkenntnisse gewinnen, um ihre Sicherheitsvorkehrungen zu verbessern.

Literatur

Online Lexikon für Psychologie und Pädagogik: Erfahrungsbasiertes Lernen URL: https://lexikon.stangl.eu/14476/erfahrungsbasiertes-lernen. Letzter Zugriff: 27.04.2023.

Weiter zum Kapitel 2.6

Security Self Check

2.6 Security Self Check (SeSeC) – Selbsttest zur individuellen Wissenstandsermittlung

Peter Koppatz

sudile GbR

Die sudile GbR ist ein in Potsdam ansässiges Unternehmen, das seit 2004 tätig ist. Das Unternehmen ist auf die Entwicklung und Anpassung von Lernplattformen spezialisiert und bietet Beratungsdienstleistungen zur Implementierung von E-Learning und Blended Learning an. Des Weiteren führt die sudile GbR Schulungen zu verschiedenen E-Learning-Themen durch und entwickelt didaktische Konzepte für Lernangebote.

Herr Dr. Rainer Brüggemann deckte als mathematischer Chemiker im Rahmen von ALARM Informationssicherheit Beziehungen (Matching) zwischen und innerhalb der folgenden zwei Gruppen auf: a) anonymisierten Probandinnen und Probanden und b) Cyber-Attacken. Der sogenannte Matching-Forschungsansatz hat zur Awareness-Messungen beigetragen, ermöglichte ein besseres Verständnis der Beziehungen zwischen Cyber-Attacken und betroffenen Unternehmen sowie eine Charakterisierung des Lernerfolgs.

Zwischen der Firma sudile und Frau Prof. Scholl existiert an der TH Wildau seit 2005 eine langjährige Projektpartnerschaft zu den Themen Lernplattformen und didaktische Konzepte, digitales Stationenlernen im Zirkeltraining und moderne Lehr-/Lernmethoden.

2.6.1 Security Self Check – Selbsttest

Ein Selbsttest ist eine niederschwellige Sensibilisierungsmaßnahme, die Daten generiert, den Wissenstand der Teilnehmenden ermittelt, den Vergleich mit anderen Selbsttestusern erlaubt und mit einer Sofortauswertung den Wissenstand der Teilnehmenden erweitert bzw. auffrischt. Dies wurde notwendig, weil die Festlegung von Tätigkeitsfeldern und die darauf aufbauenden Awareness-Messungen erst zu einem späteren Zeitpunkt auswertbare Ergebnisse bringen würden. So begann mit dem Selbsttest eine parallele Entwicklung, um grundsätzliche Fragen für automatisierte Empfehlungen geben zu können. Damit bilden die gesammelten Daten die Basis für wissenschaftliche Betrachtungen. Zentrales Ziel war die Ermittlung von Indikatoren und den daraus berechneten Lernpfaden bzw. Empfehlungen für zielgenaue Sensibilisierungsmaßnahmen, die sich aus den durch den Selbsttest erkennbaren Wissenslücken ergeben.

2.6.2 Entwicklungsphasen

Die Realisierung erfolgte in drei Phasen:

1. Prototyp-Entwicklung als Studierendenprojekt des 1. Semesters des dualen Studiengangs „Verwaltungsinformatik Brandenburg" im Fach „Information Security and Awareness" bei Prof. Scholl an der TH Wildau
2. Aufbau eines erweiterten Fragenkatalogs
3. Erstellung eines Web-Clients

Alle drei Phasen werden nachfolgend genauer beschrieben.

Phase 01 – Prototyp als Studierendenprojekt

Im Zeitraum vom 30.10.2020 bis 12.01.2021 wurde im Rahmen einer Projektarbeit durch eine Gruppe von Studierenden ein erster Prototyp für einen Selbsttest als Projektarbeit entwickelt.

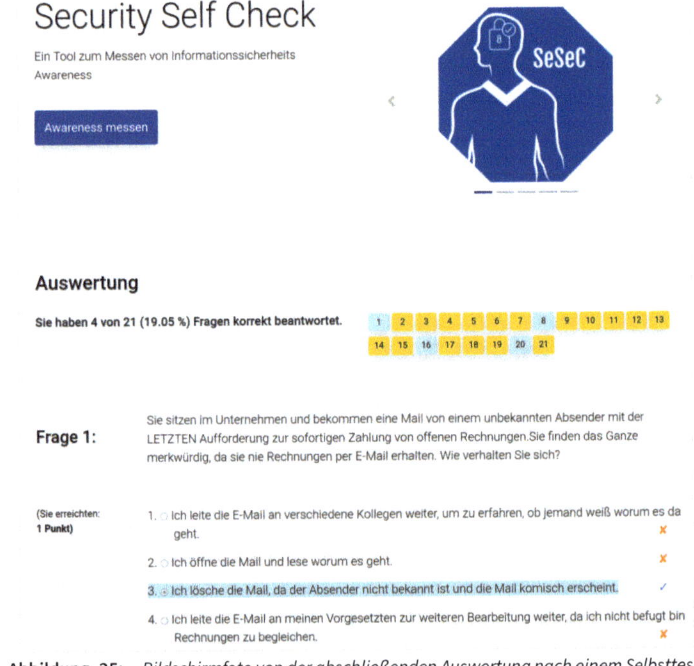

Abbildung 25: *Bildschirmfoto von der abschließenden Auswertung nach einem Selbsttest*

Die Schwerpunkte für die Projektarbeit waren: Kennenlernen neuer Technologien:

- Versionsmanagementsystem: Git
- Programmiersprache: Python
- Client-Server-Architektur: Pyramid-Anwendung
- Auszeichnungssprache: XML

Im Zentrum der Softwarenentwicklung stand das Thema „Informationssicherheit“ mit der Aufgabe, einen Fragenkatalog zu entwickeln. Ein Template bildete den Ausgangspunkt für eine Server-Client-Anwendung, welche im Laufe des Semesters 2021 die Grundlage für einen erweiterten Selbsttest werden sollte.

Das Ergebnis war ein Prototyp mit einer lauffähigen Webanwendung und einem Katalog von 20 Fragen, inklusive einer Sofortauswertung. Inhaltliches Thema war Informationssicherheit und die Teilaufgabe dafür, einen Fragenkatalog zu entwikkeln. Ausgangspunkt war ein Template für eine Server-Client- Anwendung, welche im Laufe des Semesters im Jahr 2021 die Grundlage für einen erweiterten Selbsttest werden sollte. Das Ergebnis war der Prototyp für eine lauffähige Webanwendung mit einem Katalog von 20 Fragen, inklusive einer Sofortauswertung.

Phase 02 – Aufbau eines Fragenkatalogs

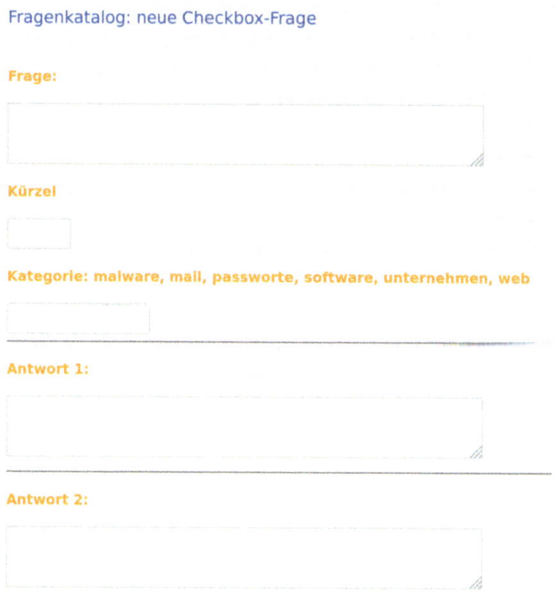

Fragenkatalog: neue Checkbox-Frage

Frage:

Kürzel

Kategorie: malware, mail, passworte, software, unternehmen, web

Antwort 1:

Antwort 2:

Abbildung 26: *Web-Formular zur Erfassung neuer Fragen*

Nachdem die Belegarbeit eingereicht wurde, bestand der studentische Fragenkatalog aus insgesamt 20 Fragen. Diese Anzahl wurde als unzureichend für eine umfassende Bewertung betrachtet. Daher fand eine Erweiterung des Fragenkatalogs in verschiedenen Workshops statt. Diese Erweiterung orientierte sich an den ersten Forschungsergebnissen zur Thematik der Tätigkeitsfelder (Tippelskirch et al. 2022). Diese Ergebnisse waren zuvor im ersten Bericht zur Informationssicherheit KMU veröffentlicht worden und beschäftigten sich mit sicherheitsrelevanten Tätigkeitsprofilen. Unabhängig von den Tätigkeitsfeldern, die mit Beginn der Entwicklung des Selbsttests noch nicht zur Verfügung standen, wurden die vorhandenen Fragen genutzt, um die Fragen diversen Kategorien zuzuordnen.

Die ursprüngliche Liste der Kategorien blieb auch nach der abschließenden Umsetzung der Tätigkeitsfelder unverändert und wies nur geringfügige Veränderungen auf. Die abweichende Strukturierung zwischen den Kategorien des Selbsttests einerseits und den Tätigkeitsfeldern andererseits wurde beibehalten, um die Entwicklung der Software und erste Auswertungen nicht zu verzögern.

Tabelle 2: *Liste der Kategorien, wie sie im Selbsttest ausgewählt werden können*

ID	Bezeichnung (kurz)	Bezeichnung (lang)
3	HE	Home Office
5	ME	Malware
7	EL	E-Mails
8	PE	Passwörter
9	NG	Social Engineering
10	SE	Software
13	WB	Web
14	RT	Recht

Die Entscheidung, den Fragenkatalog in Kategorien zu unterteilen, basierte auf den Erkenntnissen aus zahlreichen vorherigen Umfragen, die im Rahmen des Projekts durchgeführt wurden. In der praktischen Anwendung wurde deutlich, dass den Mitarbeitenden eines Unternehmens aufgrund ihrer täglichen Aufgaben nur begrenzte Zeit für zusätzliche Aktivitäten oder weiterführende Bildungsmaßnahmen zur Verfügung stehen. Um die Bereitschaft zur Teilnahme an der Umfrage aufrechtzuerhalten, wurde bewusst vermieden, einen umfangreichen Gesamttest durchzuführen, da dies abschreckend wirken könnte.

Als Richtwert wurden zehn Fragen pro Kategorie festgelegt. Eine Ausnahme bildet hierbei der Fragenkomplex der Meta- bzw. Forschungsfragen, der auf insgesamt 25 Fragen angewachsen ist.

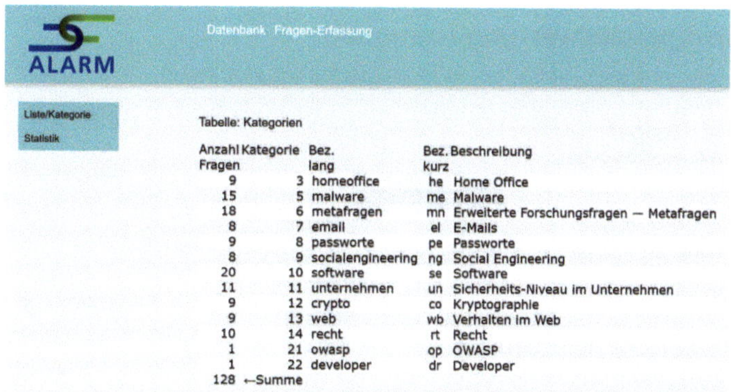

Tabelle: Kategorien

Anzahl Fragen	Kategorie	Bez. lang	Bez. kurz	Beschreibung
9	3	homeoffice	he	Home Office
15	5	malware	me	Malware
18	6	metafragen	mn	Erweiterte Forschungsfragen – Metafragen
8	7	email	el	E-Mails
9	8	passworte	pe	Passworte
8	9	socialengineering	ng	Social Engineering
20	10	software	se	Software
11	11	unternehmen	un	Sicherheits-Niveau im Unternehmen
9	12	crypto	co	Kryptographie
9	13	web	wb	Verhalten im Web
10	14	recht	rt	Recht
1	21	owasp	op	OWASP
1	22	developer	dr	Developer
128	←Summe			

Abbildung 27: *Liste der Kategorien mit dem finalen Stand der Fragen*

Phase 03 – Webbasierte Test-Anwendung

Der Entwicklung der Anwendung gingen sowohl der Prototyp der Studierenden als auch eine Webanwendung zur Erfassung neuer Fragen voraus.

2.6.3 Auswertungen

Viele Quiz-Anwendungen bieten lediglich eine sofortige Auswertung ohne Speicherung der Ergebnisse, ähnlich wie es von den Studierenden umgesetzt wurde. Für vertiefende Forschungsfragen ist jedoch die Aufzeichnung der Antworten von großer Bedeutung. Obwohl die Teilnahme am Test größtenteils freiwillig ist, stellt sich die Frage, wie die Nutzerinnen und Nutzer dazu motiviert werden können, nicht nur einen einzelnen Test, sondern möglichst alle verfügbaren Tests durchzuführen.

Um diese Motivation zu fördern, wurden zwei Maßnahmen in die Anwendung integriert. Zum einen wurden vielfältige Auswertungsmöglichkeiten angeboten, darunter die Option, sich mit der gesamten Benutzergruppe oder einer individuell definierten Gruppe zu vergleichen. Zusätzlich dazu wurde eine Gruppenauswertung implementiert.

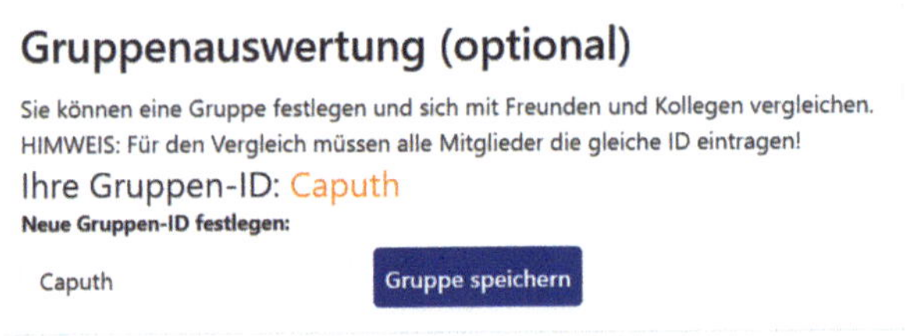

Gruppenauswertung (optional)
Sie können eine Gruppe festlegen und sich mit Freunden und Kollegen vergleichen.
HIMWEIS: Für den Vergleich müssen alle Mitglieder die gleiche ID eintragen!
Ihre Gruppen-ID: Caputh
Neue Gruppen-ID festlegen:
Caputh
Gruppe speichern

Abbildung 28: *Screenshot zur Festlegung einer Gruppe / Die Möglichkeit zur Festlegung einer Gruppe*

Auswertung nach Gruppe
Web
Korrekte Antworten
Jedem Teilnehmenden wird eine Nummer zugeordnet und dahinter erscheint die Anzahl der korrekten Antworten.
Mitglied 3: 1
Eigenes Ergebnis 7
Mitglied 1: 8

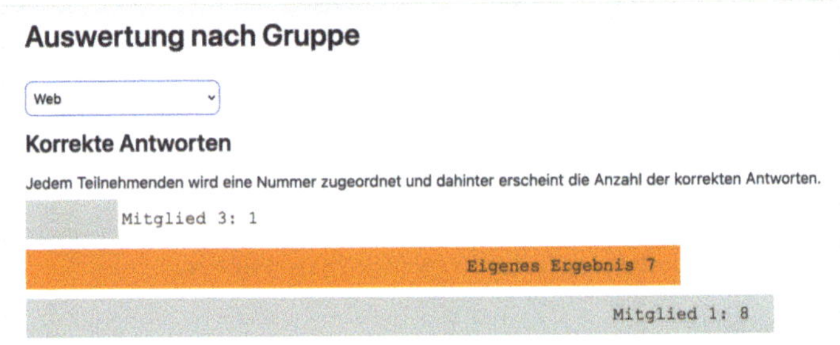

Abbildung 29: *Mögliche Auswertung für alle Gruppenmitglieder einer Kategorie*

Auswertung der Meta-Daten
Frage: Glauben Sie, dass die Daten Ihres Unternehmens sicher sind?
28%
32%
28%
12%
weiß nicht
ja
nein
keine Antwort

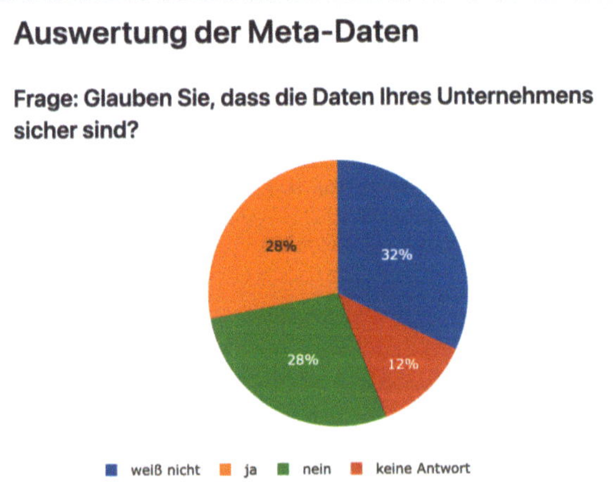

Abbildung 30: *Möglichkeit einer Auswertung der Metadaten über alle Teilnehmende*

Als Belohnung für erfolgreiche Teilnahme wird ein Kalenderblatt vergeben. Jedes dieser Kalenderblätter enthält eine kurze Geschichte aus dem Bereich der Sicherheit. Diese Geschichten dienen einerseits dazu, die Sammelleidenschaft zu wekken und so Anreize zur Durchführung weiterer Tests zu bieten. Gleichzeitig haben die Geschichten einen sicherheitsrelevanten Hintergrund, der subtil vermittelt wird, ohne dabei belehrend zu wirken.

Abbildung 31: *Beispiel mit zwei Kalenderblättern, jeder absolvierte Test stellt ein weiteres Kalenderblatt zur Verfügung*

2.6.4 Diskussion

Bevor der Fragenkatalog erstellt wurde, stand eine grundlegende Entscheidung an: Welche Art von Fragen sollen zugelassen werden, um eine automatische Auswertung und Leistungsbewertung zu ermöglichen? Es wurden verschiedene Fragetypen in Betracht gezogen, darunter klassische Typen wie Checkbox-Fragen mit Mehrfachauswahl, wie sie im studentischen Prototyp verwendet wurden, offene Freitextantworten, Zuordnungsfragen und Radiobutton-Fragen mit einer Einzelauswahl aus einer vorgegebenen Liste. Nach ersten Tests mit Checkbox-Fragen wurde letztendlich entschieden, ausschließlich den Radiobutton-Typ zu verwenden. Dieser Fragentyp wurde ausgewählt, um eine einheitliche automatische Auswertung und Bewertung der Leistung sicherstellen zu können.

Ergänzend zur Wahl des Fragetyps stellt sich die Frage nach der geeigneten Art der Fragestellung. In diesem Zusammenhang wurden verschiedene Regelwerke konsultiert und wichtige Prinzipien übernommen. Im Folgenden sind einige Überlegungen und Regeln zur Formulierung der Fragen aufgeführt:

- **Bewertende Fragen ohne ordinale Ordnung:** Statt einer einfachen ordinalen Ordnung wie „nie, selten, häufig, oft“ wurde festgestellt, dass die Qualität einer Frage mit zunehmender Präzision steigt. Ein Beispiel für eine unscharfe

Frage könnte sein: „Kenne ich den Begriff Baiting?“ Besser wäre jedoch: „Ist Baiting eine Angriffstechnik, die auch auf kleine und mittlere Unternehmen (KMU) angewendet wird?“

- **Mischung von richtigen und falschen Antworten:** Es ist empfehlenswert, richtige und falsche Antworten in den Fragen zu mischen, um die Beantwortung nicht vorhersehbar zu machen und das Lernen zu fördern.
- **Vermeiden von Wortwahl, die Reihenfolge impliziert:** Es ist wichtig, Antwortoptionen zu vermeiden, die eine bestimmte Reihenfolge suggerieren, um die Neutralität der Fragestellung sicherzustellen. Zum Beispiel sollte man bei Vorbereitung und Nachbereitung keine Antwortoption verwenden, die eine Reihenfolge vorgibt.
- **Vermeiden von Überlappungen bei Antworten:** Die Antwortmöglichkeiten sollten klar voneinander abgegrenzt sein, um Verwirrung zu vermeiden.
- **Einschluss einer Option für Nichtwissen:** Eine Antwortoption, die ein Nichtwissen oder eine Unsicherheit dokumentiert, sollte in den Fragen enthalten sein. Diese Option sollte jedoch nicht zu trivial sein, um die Integrität der Befragung zu gewährleisten.
- **Bewertung der Fragen nach Präzision:** Die Fragen sollten anhand ihrer Präzision bewertet werden, um sicherzustellen, dass sie klare und eindeutige Informationen erheben.
- **Beachten von Verneinungen:** Wenn eine Antwortoption eine Verneinung enthält, kann logischerweise keine Folgefrage gestellt werden. Zum Beispiel, wenn gefragt wird, ob Facebook genutzt wird, und die Antwort verneint wird, ergibt es keinen Sinn, weiterhin nach dem Verhalten auf Facebook zu fragen
- **Vermeiden von schwammigen Formulierungen:** Schwammige Formulierungen wie „trifft am ehesten“ sollten vermieden werden, um klare und präzise Antworten zu fördern.

Durch die Berücksichtigung dieser Überlegungen und Regeln wird eine qualitativ hochwertige und präzise Fragestellung in der Umfrage gewährleistet.

Die Schärfe einer Frage wird anhand verschiedener Überlegungen und mathematischer Ansätze definiert. Dr. Brüggemann hat einige Betrachtungen angestellt, die hier zusammengefasst werden:

1. **Zahl der Optionen - Diversität (Schärfe 1):** Dieser Ansatz vergleicht die Anzahl der Optionen in einer Frage. Dabei wird die „Schärfe“ anhand der Diversität der Antwortmöglichkeiten bewertet. Je größer die Unterschiede in den Antwortoptionen sind, desto schärfer ist die Frage.
2. **Berücksichtigung der Anzahl der Nennungen (Schärfe 2):** Hier wird die Anzahl der Nennungen der einzelnen Antwortoptionen betrachtet. Dabei wird die Schärfe berechnet, indem die maximalen und minimalen Nennungen

der Optionen miteinander verglichen werden. Je größer der Unterschied zwischen den Nennungen ist, desto schärfer ist die Frage. Eine normierte Version dieser Schärfe berücksichtigt auch die Anzahl der Optionen.

Im Rahmen des Projekts entstand die Idee eines multidimensionalen Awareness-Indikators, der das aktuelle Wissen bewertet und Empfehlungen für notwendige Schulungsmaßnahmen gibt. Der Fragenkatalog wurde entwickelt und mit Lehrlingen des Zentralen IT-Dienstleisters der Verwaltung in Brandenburg (ZIT) getestet. Die Daten wurden analysiert, um verschiedene mathematische Ansätze zu evaluieren. Zu den in Betracht gezogenen mathematischen Lösungsansätzen gehörten statistische Standardverfahren wie Korrelation nach Spearman (Gehrau et al. 2022) und Regression, Clusteranalyse, Verteilungsmaße, Faktorenanalyse, Verfahren zur Erstellung von „Composite Indicators(CI)“ (Fattore et al. 2012), Partielle Ordnungen (z. B. um CI zu berechnen), Signalanalyse (Randal 1987) für Fragen, deren Beantwortungen mit richtig/falsch (= 1/0) erfolgen, lassen sich als Signalsequenzen ansehen, Viterbi-Algorithmus (Viterbi 1967), Distanzmaße, wie z. B. Hamming-Distanz (Hamming 1950), Matching (im engeren Sinn): Bipartiter Graph (Béla Bollobás 1998), der zwei Aspekte verknüpft. Beispielsweise: Personenprofil – Anforderungsprofil, Ungarischer Algorithmus (Burkard et al. 2012), Dimensionsreduktion (Gifi 1980) (Michailidis und de Leeuw 1998), Knowledge-Markov-Chains (Doignon & Falmagne 1985), Formale Begriffsanalyse (Wille & Ganter 1996) und weitere Methoden aus der Diskreten Mathematik.

Folgende Algorithmen wurden bisher, aber ohne konkrete Daten auf ihre Eignung für die Auswertung und Analyse geprüft:

Tabelle 3: *Liste der Algorithmen, die auf ihre Eignung und Auswertung geprüft wurden*

Algorithmus	Motivation	Anmerkung
Bertin	RepGrid	verallgemeinerte Zuordnung
Partielle Ordnungen	Ranking	passt ins RepGrid Schema
Clusteranalyse	Ähnlichkeiten	passt ins RepGrid Schema
Ungarischer Algorithmus	Matching als Optimierung	in der Entwicklung
Viterbi-Algorithmus	Antworten und Reaktionen als 0-1 Bit-Schema	wahrscheinlich nicht anwendbar
Markov-Ketten	nach Doignon und Falmagne	Lernpfade
Korrelation nach Spearman	Gibt es Kausalitäten, Hypothesenbildung	
Charakterisierung nach Verteilungsmaßen		falls sinnvoll / möglich

Die Ergebnisse dieser Untersuchungen wurden in zwei Studien integriert:

Bruggemann et al. 2022

Bruggemann et al. 2023.

In der ersten Studie geht es um Computerkriminalität, die zunehmend Anlass zur Besorgnis gibt und weltweite Maßnahmen erforderlich macht, um die richtigen Antworten darauf zu finden. Eines der Instrumente, die hier eingesetzt werden können, ist der Globale Cybersicherheitsindex (GCI), ein Kontroll- und Feedback-Mechanismus, der auf einem zusammengesetzten Indikator basiert. Der GCI basiert auf einer Hierarchie von Teilindikatoren. Die Indikatoren, die für die endgültige Aggregation des CGI verwendet werden, werden als Säulen bezeichnet. Anhand von fünf Säulen werden die elf Länder eingestuft, die in einer weltweiten Studie an der Spitze der Rangliste stehen. In diesem Paper basiert unsere Rangliste auf diesen Säulen und ihre Rolle wird mithilfe der Methode der partiellen Ordnung untersucht. Es zeigt sich, dass die Säulen „Technische (Aspekte)“, „Kapazitätsaufbau“ und „Zusammenarbeit“ von besonderer Bedeutung sind. Abschließend wird eine Strategie für ein „individualisiertes Ranking“ vorgeschlagen, das für kleine und mittlere Unternehmen (KMU) oder andere Institutionen hilfreich sein kann. Dabei wenden wir das Verfahren für das Projekt „Awareness Labor KMU (ALARM) Informationssicherheit“ an und stellen unsere Ideen zur Diskussion.

Insbesondere soll die mathematische Methode auf KMU übertragen werden, um die Wirksamkeit von Sensibilisierungsmaßnahmen zu unterstützen und das Sicherheitsverhalten der Unternehmensmitarbeitenden zu verbessern.

Ziel der zweiten Studie ist es, einen mehrdimensionalen Bewusstseinsindikator zu entwickeln, der den aktuellen Wissensstand einer Person im Bereich Informationssicherheit wiedergibt und auf dessen Basis Empfehlungen für individuelle Schulungs- und Sensibilisierungsmaßnahmen abgeleitet werden können. Der Indikator wird als Teilordnung in einem Hasse-Diagramm dargestellt. Der Indikator ermöglicht es, sowohl relativ als auch absolut aufzuzeigen, wo die Defizite liegen. Die Daten erlauben es darüber hinaus, spezifische Bereiche zu identifizieren, in denen entsprechende Schulungen eingeleitet werden sollten. In der Studie wurde eine Gruppe von sieben Personen, die zehn Fragekategorien beantworteten, als Stichprobe verwendet, und die relative Bedeutung der Fragebögen wurde von acht Expertinnen und Experten gewichtet. Sowohl die Zahl der Befragten als auch die Zahl der Fragebögen und der Expertinnen und Experten kann erhöht werden, ohne die Mathematik zu gefährden. Am Ende der Studie wurde folgender Ausblick gegeben:

Sicherheit ist mehr ein Prozess als ein Zustand. Alle Maßnahmen, auch Sicherheits- und Awareness-Maßnahmen, müssen in der operativen Arbeit auf ihre Wirksamkeit hin überprüft werden, denn sonst können die Prozesse nicht gesteuert und verbessert werden. Das Projekt weicht deutlich von bisherigen erfolglosen Formen der klassischen Informationssicherheitsausbildung ab. Darüber hinaus wird deutlich, dass das Awareness-Reifegrad-KMU-Modell eine interdisziplinäre

Herausforderung und eine wissenschaftlich offene Forschungsfrage darstellt. Die Studien tragen zu diesem Bereich bei, bieten aber Raum für zukünftige Arbeiten und Untersuchungen.

2.6.5 Zusammenfassung

Über den gesamten Verlauf des Projekts hinweg wurde ein Fragenkatalog entwickelt, der als Anwendung für alle Interessierten auf der Projektwebseite frei zugänglich ist. In Begleitung dieser Entwicklung wurden in zwei Veröffentlichungen die theoretischen Aspekte der Lernfortschrittsmessung und die Möglichkeiten von Lernempfehlungen behandelt. Bedauerlicherweise konnte aufgrund des Todes des Mathematikers Rainer Brüggemann die praktische Umsetzung von Lernempfehlungen oder Lernpfaden nicht mehr realisiert werden.

Nekrolog

Dr. Rainer Brüggemann verstarb im Dezember 2022.

Wir trauern nicht nur um einen genialen Mathematiker und inspirierenden Wissenschaftler, sondern auch um einen weltoffenen und kollegialen sowie langjährigen Weggefährten und Diskutanten in vielen meiner unterschiedlichen Forschungsprojekte.

Und wir vermissen ihn als wahren Freund.

Prof. Dr. Margit C. Scholl
& Forschungsteam
TH Wildau

Literatur

Bollobás, B. (1998). Modern Graph Theory. In: Graduate Texts in Mathematics 184, Springer.

Bruggemann, R., Koppatz, P., Carlsen, L. & Scholl, M. (2023). Cyberattacks: An Attempt to Obtain a Multidimensional Awareness Indicator. doi: 10.13140/RG.2.2.29494.88642.

Bruggemann, R., Koppatz, P., Scholl, M. & Schuktomow, R. (2022). Global Cybersecurity Index (GCI) and the Role of its 5 Pillars. Social Indicators Research 159, 125–143. doi: 10.1007/s11205-021-02739-y.

Burkard, R.E., Dell'Amico, M. & Martello, S. (2012). Assignment Problems (Revised reprint). SIAM, Philadelphia PA. ISBN: 978-1-611972-22-1.

Doignon, J.-P. & Falmagne, J.-C. (1985). Spaces for the assessment of knowledge, Int. J. Man Mach. Stud. 23, 175–196.

Doignon, J.-P. & Falmagne, J.-C. (1999). Knowledge Spaces. Berlin, Heidelberg: Springer.

Fattore, M., Maggino, F. & Colombo, E.(2012). From Composite Indicators to Partial Orders: Evaluating Socio-Economic Phenomena Through Ordinal Data, 41–68. Dordrecht: Springer Netherlands.

Gehrau, V., Maubach, K. & Fujarski, S. (2022). Korrelationen, Einfache Datenauswertung mit R: Eine Einführung in uni- und bivariate Statistik sowie Datendarstellung mit RStudio und R Markdown, Springer Fachmedien Wiesbaden, 271–317. ISBN: 978-3-658-34285-2, doi: 10.1007/978-3-658-34285-2_11.

Gifi, A. (1980). Niet-Lineaire Multivariate Analyse [Nonlinear Multivariate Analysis]. Leiden, The Netherlands: Department of Data Theory FSW/RUL. http://www.stat.ucla.edu/~deleeuw/janspubs/1980/books/gifi_B_80.pdf.

Hamming, R. W. (1950). Errordetecting and errorcorrecting codes. In: Bell System Technical Journal, XXIX (2), 147–160.

Bruggemann, R., Koppatz, P., Carlsen, L. & Scholl, M. (2023). Cyberattacks: An Attempt to Obtain a Multidimensional Awareness Indicator. https://www.researchgate.net/publication/376185998_Cyberattacks_An_Attempt_to_Obtain_a_Multidimensional_Awareness_Indicator. doi: 10.13140/RG.2.2.29494.88642.

Michailidis, G. & de Leeuw, J. (1998). The Gifi System of Descriptive Multivariate Analysis. Statistical Science, 13(4), 307–336. http://www.jstor.org/stable/2676814.

Randall, R. B. (1987). Frequency Analysis. Bruel & Kjaer, Kopenhagen, ISBN: 87-87355-07-8.

Viterbi, A. (1967). Error bounds for convolutional codes and an asymptotically optimum decoding algorithm. In: IEEE Transactions on Information Theory. Band 13, Nr. 2, ISBN: 0018-9448, S. 260–269, doi: 10.1109/TIT.1967.1054010.

von Tippelskirch, H., Schuktomow, R., Scholl, M. & Walch, M. C. (2022). Report zur Informationssicherheit in KMU. Sicherheitsrelevante Tätigkeitsprofile. Report 1: Ergebnisse einer Umfrage im Rahmen des Projektes Awareness Labor KMU (ALARM) Informationssicherheit. Wildau, Technische Hochschule Wildau. doi: 10.13140/RG.2.2.35695.51363.

Wille, R. & Ganter, B. Formale Begriffsanalyse. Springer Berlin, Heidelberg. ISBN: 978-3-540-60868-4, doi: 10.1007/978-3-642-61450-7.

Weiter zum Kapitel 2.7

Awareness-Training und Lessons Learned

2.7 Awareness-Trainings und Lessons Learned in Pilotunternehmen

Hubertus von Tippelskirch, Regina Schuktomow und Margit Scholl

2.7.1 Awareness Trainings

Da Informationssicherheit eine Kombination aus Menschen, Prozessen und Technologien ist, stellen Sensibilisierungsprogramme zur Erhöhung des Informationssicherheitsbewusstseins der Mitarbeitenden einen wesentlichen Bestandteil der Sicherheitsstrategie von Unternehmen dar, um allgemeinen Bedrohungen und insbesondere Cyber-Angriffen wirksam entgegenzuwirken (s. Alkhazi et al. 2022). Dabei sollten solche Programme in Unternehmen so gestaltet sein, dass sie die Mitarbeitenden positiv beeinflussen und sie dazu motivieren, betriebliche Sicherheitspraktiken in ihre täglichen Aktivitäten zu integrieren (Alkhazi et al. 2022). Eine reine und alleinige Wissensvermittlung in einer betrieblichen Maßnahme zur Erhöhung der Awareness der Mitarbeitenden gilt als gescheitert (Bada et al. 2015). Vielmehr dürfte ein Mix aus verschiedenen Methoden mehr Mitarbeitende der unterschiedlichen Zielgruppen ansprechen und auch nachhaltiger wirken.

Internationale Untersuchungen zeigten schon vor Jahren, dass Gruppen, die an gemischten Schulungsmethoden teilnahmen, mehr einprägsame Informationen über ein Thema erhielten und behielten (Abawajy, 2014). Alshaikh et al. (2018) identifizieren drei Herausforderungen in den betrieblichen Trainingsprogrammen zur Erhöhung des Informationssicherheitsbewusstseins:

- das Fehlen motivierender Aspekte in einem solchen Programm,
- den Wettbewerb, um die Aufmerksamkeit der Mitarbeitenden zu erringen, und
- die Schwierigkeit, die Wirksamkeit solcher Maßnahmen zu messen.

Darüber hinaus ist bekannt, dass die Verknüpfung der Informationssicherheit mit dem Privatleben der Mitarbeitenden motivierend wirkt (Alshaikh et al. 2018). Weiterhin legen internationale Studienergebnisse nahe, dass informelle Methoden zur Steigerung des Sicherheitsbewusstseins der Mitarbeitenden effektiv und kostengünstig sind und Maßnahmen zur Förderung des Beratungsaustauschs zu einer verbesserten Sicherheitslage führen können (Farshadkhah et al. 2023).

Die Studie von Farshadkhah et al. (2023) zeigt zudem, dass die Einstellung der Mitarbeitenden eine wichtige Rolle bei der Bereitschaft spielt, Sicherheitsratschläge mit Kollegen zu teilen. Noch wichtiger ist, dass der Wunsch, sich einen guten Ruf zu verdienen, einen starken Einfluss auf die Einstellung der Individuen hat. Wenn Manager diese Bemühungen von Mitarbeitenden schätzen, können sie die Weitergabe von Ratschlägen stärken und das Engagement dieser Mitarbeiter in verschiedenen Gruppen und Abteilungen fördern (Farshadkhah et al. 2023).

2.7.2 Impressionen eines Awareness-Trainings

Im Oktober 2021 wurde im Rahmen des Forschungsprojekts „ALARM Informationssicherheit" ein erstes Awareness-Training in einem Pilotunternehmen mit analogen Serious Games durchgeführt. Ziel dieses Trainings war es, die Mitarbeiterinnen und Mitarbeiter für mehr Informationssicherheit zu sensibilisieren. Das Training umfasste die ersten zwei analogen Lernszenarien des Projekts (s. Abbildung 5, Kapitel 2.3) sowie weitere Schulungsszenarien aus früheren Projekten.

Die Durchführung erfolgte in zwei Durchgängen, jeweils mit einer Dauer von drei Stunden und war damit länger als konzeptionell vorgesehen. Die Lernszenarien sind zwar mit fünf Minuten Einführung, fünf Minuten Aktivphase und 5 Minuten Nachbereitung (5-5-5 Methode) konzipiert, was ein stringentes Zeitmanagement der Moderation bedeutet und beispielsweise im Rahmen eines „Zirkeltrainings" mit mehreren Lernstationen gut einsetzbar ist, doch können sie auch flexibel intensiviert und zeitlich verlängert werden. So stellte sich schon beim internen Testen durch das Forschungsteam heraus, dass mindestens 10 Minuten pro Phase (10-10-10) angedacht werden sollten, um ein intensiveres Informations- und Diskussionspotenzial auszuschöpfen. Eines der komplexeren Szenarien, wie CEO-Fraud (s. Abbildung 5, Kapitel 2.3), wäre komplett selbst für versierte Teilnehmende kaum schneller spielbar, bietet jedoch die Möglichkeit eines kürzer spielbaren Bestandteils, in dem nur verdächtige E-Mails korrekt identifiziert werden müssen. Die Einschätzung mehr Zeit für das Durchspielen der analogen Serious Games zu geben, sollte sich auch durch das Feedback der Probanden und Probandinnen bestätigen, welche sich trotz der 10-10-10 Konzeption keinen Abbruch der wertvollen Diskussionen wünschten.

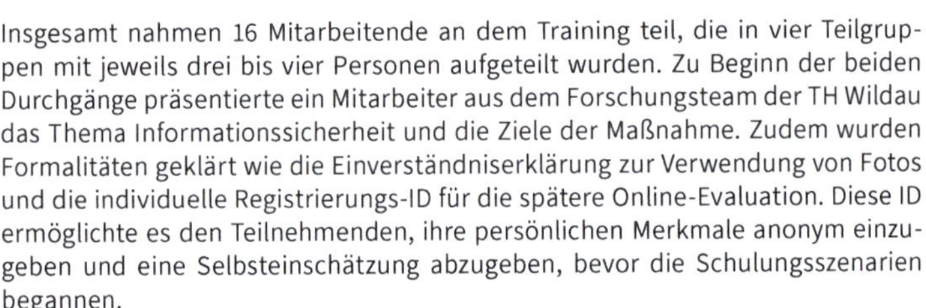

Insgesamt nahmen 16 Mitarbeitende an dem Training teil, die in vier Teilgruppen mit jeweils drei bis vier Personen aufgeteilt wurden. Zu Beginn der beiden Durchgänge präsentierte ein Mitarbeiter aus dem Forschungsteam der TH Wildau das Thema Informationssicherheit und die Ziele der Maßnahme. Zudem wurden Formalitäten geklärt wie die Einverständniserklärung zur Verwendung von Fotos und die individuelle Registrierungs-ID für die spätere Online-Evaluation. Diese ID ermöglichte es den Teilnehmenden, ihre persönlichen Merkmale anonym einzugeben und eine Selbsteinschätzung abzugeben, bevor die Schulungsszenarien begannen.

Außerdem erhielten die Teilnehmenden bereits zu Beginn jeweils eine Tasche mit Give-Aways. Dies war organisatorisch bedingt, denn der Beginn war der einzige Zeitpunkt, an dem alle Teilnehmenden zusammentrafen. Die Tasche enthielt daher auch die Namensschilder und die Einverständniserklärung. Es gab kein Wettbewerbscharakter der Gruppen bei der Durchführung und auch kein gemeinsames Abschlusstreffen – weitere Gelegenheiten dafür, GiveAways als „Belohnung" einzusetzen (vgl. Eyal 2019), was wissenschaftlich betrachtet durchaus förderlich in Sensibilisierungskampagnen sein kann. Dies war vom Forschungsteam allerdings nicht gewollt, da dieses das geplante Feedback verzerren könnte.

Da die GiveAways vorab ausgegeben wurden, unabhängig davon, ob eine Person kooperiert oder bis zum Ende teilgenommen hat, und unsererseits keine Vorteilsgewährung vorlag, denn die Mitarbeitenden wurden uns unabhängig von GiveAways zugeteilt und unsere Kleinstgeschenke wurden auch transparent zur Firmenleitung ausgegeben, sehen wir im konkreten Fall keine Verzerrung der Messergebnisse. Kritischer kann es allerdings bei Veranstaltungen in öffentlichen Einrichtungen werden, die strikte Richtlinien auch bei Kleinstgeschenken haben. Zudem bleiben Geschenke auch in Bezug auf die Versteuerung kritisch. Allerdings sind unsere GiveAways tatsächlich als Lehr-/Lernmaterial zu verstehen und deren Wirkung sollte nicht überbewertet werden. Ein Durchführungsteam sollte im Vorfeld einer solchen Veranstaltung die konkreten Bedingungen klären.

Nachdem die analogen Lernszenarien (Serious Games) praktisch durchgeführt wurden, konnten die Teilnehmenden ihre Erfahrung direkt nach der Durchführung mitteilen. Die moderierenden Personen des Trainings machten sich bereits während der Durchführung eigene Notizen, die später in ein Begleitprotokoll überführt wurden. Solche Protokolle dienten der Dokumentation und Auswertung der Trainings. Die gesamte Evaluation der analogen Serious Games basierte somit auf dem anonym online gesammelten Feedback sowie den gemeinsamen Diskussionen und Beobachtungen in der Praxis. Diese Evaluation stellte Bewertung und Weiterentwicklung der Maßnahme daher auf ein breites Fundament.

Das Training fand während der COVID-19-Pandemie statt, was besondere Vorkehrungen erforderte, um die Gesundheit und Sicherheit der Teilnehmenden zu gewährleisten. Zu diesem Zeitpunkt galten strenge Regelungen der Teilnahme, wie die 2G-Regel (nur Geimpfte oder Genesene), offizielle Test-Zertifikate, Maskenpflicht in den Korridoren, Handdesinfektion und die regelmäßige Belüftung der Räumlichkeiten. Diese Maßnahmen wurden sorgfältig beachtet und umgesetzt, um das Risiko von Infektionen zu minimieren. Die Räumlichkeiten für das Training waren angemessen ausgestattet. Die Begrüßung der Teilnehmenden fand in einem medial ausgestatteten Aufenthaltsraum oder in der Küche statt. Für die Schulung wurden zwei Trainingsräume genutzt, die über gut nutzbare Konferenztische, ausreichend Platz und gute Lüftungsmöglichkeiten verfügten (s. Abbildung 32). Dadurch wurde sichergestellt, dass die Teilnehmenden während des Trainings keine Masken tragen mussten, was die Kommunikation und Interaktionen erleichterten.

Die Zusammenarbeit mit dem Team des Pilotunternehmens verlief äußerst kooperativ und unterstützend. Eine enge Kooperation mit dem Unternehmen kann durch Aktivitäten wie Warm-Ups gefördert werden, um eine positive und offene Arbeitsatmosphäre zu schaffen und das Engagement der Teilnehmenden zu steigern. Allerdings erwies sich das Zeitmanagement während des Awareness-Trainings als herausfordernd, insbesondere zu Beginn: Es gab Verzögerungen beim Einfinden der Teilnehmenden, der Namensnennung und dem Umgang mit den Einverständniserklärungen.

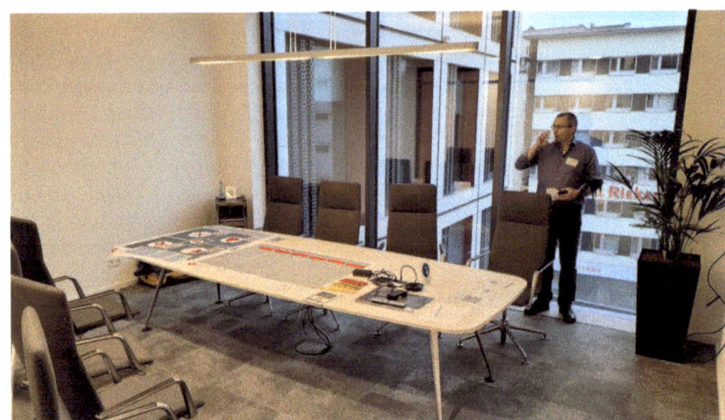

Abbildung 32: *Awareness-Training im Pilotunternehmen – eine der genutzten Räumlichkeiten.*

Die geplanten Trainings- und Evaluationsblöcke von jeweils 35 Minuten pro Durchgang variierten zwischen 20 und 50 Minuten, wobei die Evaluation im Durchschnitt 6–8 Minuten in Anspruch nahm. Der erste Durchgang hatte einen Verzug von 10 Minuten, während der zweite Durchgang pünktlich abgeschlossen werden konnte. Es wurden jeweils 15 Minuten für den Raumwechsel und 30 Minuten Mittagspause zwischen den Durchgängen eingeplant. Trotz des Zeitmangels wurde das Zeitmanagement insgesamt positiv bewertet.

Um das Zeitmanagement zu optimieren, wird empfohlen, ausreichend Pufferzeit für die Durchführung, Vor- und Nachbereitung des Awareness-Trainings einzuplanen, um auf eventuelle zeitliche Störungen flexibel reagieren zu können. Es wird vorgeschlagen, eine gut sichtbare Uhr im Raum und einen ausgedruckten Zeitplan zu verwenden, um das Zeitfenster von insgesamt 35 Minuten (10 Minuten Teilnehmende „abholen“ + 10 Minuten „spielen“ + 10 Minuten „Nachbesprechung“) und eine Feedback-Schleife optimal einzuhalten. Flexibilität ist – wie gesehen – wichtig, um auf die Bedürfnisse der Teilnehmenden und unterschiedliche Gruppendynamiken einzugehen, dennoch sollte der grobe Durchführungsplan vorab strukturiert sein und in Blick auf die gesamt zur Verfügung stehende Zeit am Ende des Tages eingehalten werden.

Es ist entscheidend, eine positive und offene Atmosphäre zu schaffen, in der die Teilnehmenden bereit sind, sich dem Sicherheitsthema zu öffnen und Inhalte aufzunehmen. Die Materialien für die Lernszenarien sowie Workshop-Materialien waren vollständig und konnten in einem großen Trainingskoffer problemlos transportiert werden. Es gehört zur sorgfältigen Vorbereitung, den Trainingskoffer im Voraus zu prüfen, um sicherzustellen, dass alle benötigten Utensilien vorhanden und leicht zugänglich sind sowie ausreichend Platz haben. Dies trägt zur reibungslosen Durchführung des Trainings bei.

Die Umfragen wurden mithilfe von zwei Umfrage-Links des Tools „Quamp Survey Solutions" der TH Wildau durchgeführt. Die Teilnehmenden konnten die Links problemlos über QR-Codes auf ihren eigenen Smartphones öffnen. Für Feedback-Runden kann eine einfache anonymisierte ID verwendet werden, um den Zugang zu erleichtern. Um eine höhere Anzahl von Feedbacks zu erhalten, wird empfohlen, die Zugänge und Verlinkungen so einfach wie möglich zu gestalten und die Komplexität der Umfragen zu reduzieren. Die technische Umsetzung muss benutzerfreundlich implementiert sein.

Der geplante Impulsvortrag musste aus Zeitgründen verkürzt werden, teilweise wurde er durch Worte der betrieblichen Kontaktperson ergänzt. Die Teilnehmenden haben dies motiviert aufgenommen. Die Diskussionen zeigten viele Unsicherheiten zu den Sicherheitsthemen auf und verdeutlichten teilweise das Bedürfnis nach mehr Hilfestellungen, da es beispielsweise für das Internet keinen Führerschein gäbe, um ein Mindestmaß an Verhaltensregeln und Sicherheit zu gewährleisten. Es wird empfohlen, ausreichend Zeit für das Einfinden der Teilnehmenden und die Übergänge zwischen den Lernszenarien einzuplanen und bei Bedarf, ebenfalls zusätzliche Zeit für Diskussionsrunden oder Nachfragen der Teilnehmenden bereitzustellen.

Ein erfolgreiches Awareness-Training setzt eine gute Organisationsplanung und eine intensive Vorbereitung der Moderatorinnen und Moderatoren sowie ein klares Zeitmanagement während der Durchführung voraus. Die Moderierenden sollten gleichzeitig genügend Flexibilität für ausgelöste Diskussionen erhalten, denn diese sind für die Sensibilisierung zu wertvoll, um einfach abgebrochen zu werden. Wird die Gruppe nicht als Ganzes vom zusätzlichen Diskussionsthema mitgerissen oder entfernt sich die aufkommende Diskussion vom eigentlichen Sicherheitsthema zu weit weg, so müssen die Moderatoren dies ggf. erkennen und zur Not auf später vertrösten. Solche Erfahrungsaustausche sind jedoch generell sehr wichtig, um mehr Achtsamkeit zu erzeugen.

Die Teilnehmerinnen und Teilnehmer wurden von den moderierenden Personen des Forschungsteams als kooperativ und professionell eingestuft. Sie hatten unterschiedliche Ansprüche und Fähigkeiten, wobei einige Gruppen skeptischer waren als andere und unterschiedliche Grade an Motivation und Kooperation zeigten. Dennoch war die Grundstimmung stets kollegial. Die Teilnehmenden waren in Teilgruppen aufgeteilt, die sich in ihrer Einstellung zur Technik und in ihrer Herangehensweise unterschieden, z.B. zwischen „konservativen Analogen" und „Technikenthusiasten". Die Vorbefragung, an der alle 16 Testpersonen teilgenommen haben, ergab eine vielfältige Zusammensetzung. Neun der Teilnehmenden waren Mitarbeitende, drei waren Mitglieder der Geschäftsleitung und zwei kamen aus dem mittleren Management. Die Teilnehmenden stammten aus verschiedenen Bereichen wie Finanzwesen, Sekretariat, Marketing, Personalwesen und vor allem Vertrieb. Die meisten hatten weniger als zwei Jahre in der Firma verbracht, während nur eine Person mehr als 20 Jahre dabei war. Die Geschlechterverteilung war ausgeglichen, mit sechs weiblichen und acht männlichen Teilnehmenden.

Das Alter verteilte sich gleichmäßig auf die Altersgruppen von 25–34 Jahren und 35–50 Jahren, wobei es jeweils eine Person gab, die jünger oder älter war. Die Teilnehmenden hatten unterschiedliche Meinungen zum Wettbewerbscharakter in Lernszenarien, von Zustimmung bis Ablehnung, meist jedoch neutral. Erfahrungen mit analogen Lernszenarien hatten fünf Personen, während elf Personen Erfahrungen mit digitalen Lernszenarien hatten und zwei mit hybriden Formen. Die Selbsteinschätzung im Bereich Informationssicherheit vor dem Awareness-Training war bei den meisten Teilnehmenden als „sicher“ eingestuft, gefolgt von „neutral“, „sehr sicher“ und vereinzelt „unsicher“.

2.7.3 Beispiel eines Awareness-Trainings und einer Evaluation des analogen Serious Games „Sicher zuhause wohnen und arbeiten“

In der Nachbefragung zum Serious Game „Sicher zuhause wohnen und arbeiten“ (s. Abbildung 5, Kapitel 2.3, und Abbildung 33, Abbildung 34) zeigte sich, dass der Anteil positiver Antworten in Bezug auf die Titelwahl, das Design und den Spielcharakter am höchsten war (85 Prozent). Die Bewertungen für die Spieldauer und den Spaßfaktor waren dagegen am niedrigsten (62 Prozent). Ein auffälliger Anteil der Probandinnen und Probanden (im Vergleich mit anderen Lernszenarien oder im Anteilsverhältnis zu den anderen Antworten) empfand das Szenario als „zu kurz“ in Bezug auf die knappe Spieldauer (31 Prozent) und „zu leicht“ in Bezug auf den Schwierigkeitsgrad (31 Prozent). Unter positive Antworten fallen die Beurteilungen „angemessen“, „gut“ bzw. „sehr gut“ oder eine tendenzielle bzw. volle Zustimmung. Einige Teilnehmende bewerteten den Spaßfaktor als „mangelhaft“ (9 Prozent). Zudem stimmten einige Teilnehmende „überhaupt nicht“ oder „eher nicht“ zu, wenn es um Eigenschaften wie interessante Inhalte (zusammen 15 Prozent), Anwendbarkeit im Berufsalltag (zusammen 23 Prozent) oder Trainingseignung („überhaupt nicht“ 15 Prozent) ging.

Abbildung 33: *Awareness-Training im Pilotunternehmen, analoges Serious Game „Sicher zuhause wohnen und arbeiten“ (Thema „Homeoffice“).*

Im freien Feedback wurden positive Aspekte wie Aktivität, Verknüpfung von Spiel und Lernen, Reflexion und Selbstständigkeit hervorgehoben. Negativ wurden Aspekte wie langwierige Gruppenspiele, Überschneidungen in den Inhalten, unzureichende Zeit für Diskussionen, zeitliche Unruhe und Assoziationen mit Grundschulaktivitäten genannt. Als Änderungsvorschläge wurden klarere und tiefere Inhalte, eine stärkere Verknüpfung mit dem geschäftlichen Umfeld sowie eine vereinfachte oder kürzere Darstellung des Textes vorgeschlagen. Das ist bei diesem Testteam, das bereits professionell mit Sicherheitsthemen im Sinne eines höheren Reifegrads umgeht, nicht verwunderlich. Vielmehr verdeutlichen die Ausführungen in den Kapiteln 2.1 und 2.9 dieser Projektdokumentation, dass eine Diversifizierung von Schulungsinhalten mit steigendem Awareness-Reifegrads sinnvoll ist.

Der Workshop wurde von der moderierenden Person selbst protokolliert. Die Moderation begann am Anfang des Tages etwas unsicher, wurde im Verlauf jedoch stabiler. Bei der vierten Wiederholung des Workshops fiel die Moderation jedoch auf Grund der hohen Wiederholungsrate schwieriger. Es sollten daher zu viele Wiederholungen einzelner Lernszenarien an einem Tag vermieden und ggf. auf drei Durchläufe begrenzt werden.

Obwohl Zeitdruck spürbar war, konnte noch gut damit umgegangen werden. Die Einleitung und Phase 1, die das Ablegen der orangenen Gefährdungskarten beinhaltete, blieben größtenteils innerhalb des Zeitrahmens. Phase 2, bei der die grünen Abwehrkarten abgelegt wurden, benötigte in dieser speziellen Moderationsvariante aufgrund des direkten Vorlesens des Textes geringfügig mehr Zeit.

Abbildung 34: *Awareness Training im Pilotunternehmen, Mitarbeitende bei der Diskussion des Serious Games „Sicher zuhause wohnen und arbeiten“ (Thema „Homeoffice“)*

Die Besprechungen nach den Phasen waren knapp bemessen und benötigten im Durchschnitt doppelt so viel Zeit wie ursprünglich geplant. Dies führte dazu, dass Diskussionen abgekürzt werden mussten. Das Lernszenario selbst dauerte durchschnittlich 27 Minuten. Die Aufgaben wurden meist zuerst einzeln gelöst, bevor die übrigen Karten gemeinsam besprochen wurden. Die Reaktionen der Teilnehmenden zu Beginn und während der Maßnahme waren in den verschiedenen Gruppen uneinheitlich – einige waren reserviert, während andere offener waren. Die Nutzung des Raumes (s. Abbildung 34) war ebenfalls unterschiedlich, wobei einige Teilnehmende während des Workshops saßen (außer bei der Kartenablage) und andere die meiste Zeit standen.

Die Beteiligung der Teilnehmenden war jedoch durchwegs umfassend. Es gab Nachfragen von einigen oder allen Teilnehmenden und Diskussionen entstanden in allen Testgruppen. Diese Diskussionen wurden durch lehrreiche Einwürfe Einzelner, humorvolle Kontroversen bezüglich der Technikaffinität oder Technikaversion sowie den Austausch kleiner Geschichten angeregt. Das Serious Game wurde von den Teilnehmenden als vom Schwierigkeitsgrad her entweder zu leicht oder angemessen empfunden. Es fiel auf, dass oft nicht der gesamte Inhalt der Karten beachtet wurde, sondern Zuordnungen eher auf Schlagworten basierten, und längere Texte nicht direkt aufgenommen wurden. Ein bemerkenswerter Punkt war die HbbTV-Karte, deren Begriff niemandem bekannt war. Die moderierenden Personen haben markante Äußerungen der Teilnehmenden protokolliert. Die Kritikpunkte bezogen sich auf die räumliche Enge beim Ablegen der Karten (bedingt durch die Pandemie-Situation), die als zu gering empfundene Zeit, die langen Texte auf den Karten, die zu Unübersichtlichkeit führten, sowie das Fehlen von inhaltlicher Tiefe. Lob und Anregungen bezogen sich auf den Raum, der wertvolle Diskussionen ermöglichte, die ansprechende Gestaltung des Workshops sowie den Wunsch nach Vertiefung des Themas Passwörter und der Einbeziehung von mobiler Arbeit.

2.7.4 Beispiel eines Awareness-Trainings und Evaluation des analogen Serious Game „CEO Fraud“

In der Nachbefragung zum komplexen analogen Serious Game „CEO Fraud“ (s. Abbildung 5, Kapitel 2.3) zeigte sich, dass die Titelwahl am höchsten (91 Prozent), während die Spieldauer mit 45 Prozent am niedrigsten bewertet wurde, obwohl die Mindestspieldauer bereits verdoppelt worden war (s. Abbildung 35). Ein auffälliger Anteil der Probandinnen und Probanden (insgesamt 45 Prozent) empfand das Szenario hinsichtlich der Spieldauer als entweder „zu kurz“ oder „viel zu kurz“. Der Schwierigkeitsgrad wurde von einigen Teilnehmenden als „zu schwierig“ empfunden (36 Prozent) und vereinzelt wurde die Spielbarkeit als „mangelhaft“ bewertet (9 Prozent). Ansonsten gab es vorwiegend Zustimmung ohne signifikante Ausreißer. Im freien Feedback wurden als neue positive Aspekte die Art und Weise des Spiels, die ansprechende Grafik und das „Prozessmodell“ genannt. Als negative Punkte wurden mehrfach Uneindeutigkeiten bei der Kartenzuordnung und ebenfalls mehrfach nicht ausreichende Zeit genannt.

Als mögliche Änderungen wurden unter anderem eine stärkere Betonung des Phasenverlaufs, eine Präzisierung der Karteninhalte oder des Textes und eine vorherige Klärung der verwendeten Begriffe vorgeschlagen.

Abbildung 35: *Awareness Training im Pilotunternehmen, Serious Game „CEO Fraud".*

Die Moderation verlief zu Beginn des Tages noch unsicher, stabilisierte sich jedoch im Laufe der Zeit. Bei der vierten Wiederholung des Workshops zeigte sich eine gewisse Überanstrengung seitens der moderierenden Person. Auch die Konzentration der Probanden und Probandinnen nahm beobachtbar ab, je näher der Feierabend rückte oder noch offene Aufgaben zu erledigen schienen. Der Zeitdruck war spürbar, aber noch in einem handhabbaren Rahmen. Die Einleitung des Workshops konnte weitestgehend im Zeitrahmen durchgeführt werden. Phase 1, in der die Ablage und Ordnung der Prozessschritte erfolgte, sowie die dazugehörige Besprechung benötigten durchschnittlich doppelt so viel Zeit wie ursprünglich geplant.

Die Diskussionen kamen aufgrund der Zeitknappheit zu kurz. Phase 2, in der Bonuskarten mit E-Mails verwendet wurden, wurde verkürzt nachgeschoben. Dabei erwies sich das Zuordnen der Karten zu den verschiedenen Phasen oder Prozessen als eine mögliche und lehrreiche Ergänzung. Das Lernszenario nahm durchschnittlich 30 Minuten in Anspruch, jedoch nur nach wiederholten, teilweise entschiedenen Abbrüchen von laufenden Diskussionen. Die Aufgaben wurden meist zuerst einzeln gelöst, während die übrigen Karten und die Besprechung der Reihenfolge gemeinsam bearbeitet wurden. Ein Team arbeitete sogar kontinuierlich gemeinsam.

Die Reaktionen der Teilnehmenden waren überwiegend interessiert, sportlich, aufgelockert und agil, gelegentlich auch angestrengt. Die Raumgestaltung variierte, wobei sich die meisten Teilnehmenden frontal gruppierten. Einige saßen gestreut oder verteilten sich an drei Seiten des Raums. Die Teilnehmenden beteiligten sich umfassend und zeigten eine sehr kommunikative Haltung. Einige Teilnehmende stellten Nachfragen. Diskussionen zwischen den Teilnehmenden entwickelten sich sehr unterschiedlich, sie entstanden teils weniger intensiv oder führten zu lebhaften Gesprächen.

Das Schwierigkeitsniveau des Szenarios wurde als „angemessen" bis „zu anspruchsvoll" wahrgenommen, was dazu führte, dass häufig Unterstützung benötigt wurde. Die Störkarten, wie z. B. die „Postkarte", erwiesen sich als erschwerend und erforderten immer wieder moderierende Unterstützung.

Besonders auffällig waren Schwierigkeiten mit Karten, die in Verbindung mit anderen Karten gebracht werden mussten, um sie richtig zuzuordnen, wie beispielsweise „Profiling via Social Media" oder „an Buchhalter senden". Andererseits wurde die Karte „Daten Sammeln" als zu allgemein empfunden. Mitarbeitende im Bereich Akquise fanden den Begriff „Akquise" am Anfang des Szenarios unpassend und schlugen Alternativen wie „Auswahl" vor. Auch die Phasenbezeichnung „Kontaktpflege" wurde mehrfach hinterfragt, da es aus ihrer Sicht mehr um den Aufbau von Vertrauen ging. Die vermeintlich „ungefährliche" Bonuskarte mit der Paypal-E-Mail führte aufgrund des Links oft zu Diskussionen über ihre potenzielle Gefährlichkeit.

Kritikpunkte bezogen sich auf die begrenzte Zeit für anspruchsvolle Inhalte und produktive Diskussionen. Die Zuordnung der Karten wurde als „effizienter" gestaltbar angesehen und es gab Wünsche nach klareren Begrifflichkeiten. Positives Feedback betraf die gesteigerte Anregung von Diskussionen, die herausfordernde Natur des Spiels und das nachhaltige Bewusstsein für die verschiedenen Phasen.

Es gab kontroverse Meinungen zur Gestaltung des Spielfeldrandes. Einige Teilnehmende empfanden ihn als störend oder irritierend, da er ohne Quellenangaben und Datierung war, während andere ihn als informativ schätzten. Das Thema des Szenarios wurde vereinzelt in Frage gestellt, jedoch größtenteils als wichtig erachtet und begrüßt.

Es ist für alle im Projekt „ALARM Informationssicherheit" durchgeführten Bewertungen zu betonen, dass die Aussagen nicht als repräsentativ angesehen werden können.

So auch beim Serious Game „CEO Fraud". Dennoch wurde das Training im Allgemeinen positiv aufgenommen, trotz vereinzelter Kritik und anfänglicher Skepsis. Die Durchführung des Trainings in vier Wiederholungen stellte eine Herausforderung dar, sowohl für die konstante Moderationsleistung als auch für das Unternehmen, das den tagesfüllend aufgebauten Trainingsblock als betriebliche Belastung empfand. Die Inhalte wurden größtenteils als relevant erachtet und führten zu Diskussionen. Es wurde festgestellt, dass bestimmte Details in den Lernszenarien, wie unklare Begriffe oder als zu lang empfundene Texte auf den Karten, ins Auge fielen. Eine wiederkehrende Kritik an den analogen Lernszenarien war die als zu knapp empfundene Zeit für Diskussionen, obwohl bereits mehr Zeit für die einzelnen Lernszenarien (durchschnittlich 30 Minuten) zur Verfügung stand als die anfänglich konzipierten 15 Minuten.

In Zeiten des Zeitdrucks wurden die Zuordnungsprozesse verkürzt, wodurch Inhalte oft nur durch Moderation und/oder Diskussion vermittelt werden konnten, was der Sensibilisierung abträglich ist. Die Ergebnisse der Vorbefragung zeigten, dass vor dem Training eine Person sich „unsicher" fühlte, während die Hälfte sich „sicher" fühlte und 14 Prozent sich sogar „sehr sicher" fühlten. Nach dem Training verbesserte sich dieses Selbstbewusstsein im Durchschnitt der Befragungen nach den einzelnen Spielszenarien auf „sicher" (55 Prozent) und „sehr sicher" (27 Prozent), wobei niemand mehr „unsicher" angab.

2.7.5 Awareness Training mit weiterem Pilotunternehmen an der TH Wildau

Das weitere Awareness-Training, das im August 2022 im ViNN:Lab der TH Wildau durchgeführt wurde, zeigt einige interessante Erkenntnisse. An diesem Training nahmen nur vier Teilnehmende teil, darunter Mitarbeitende aus verschiedenen Ebenen des Pilotunternehmens (Geschäftsführung, IT, Digitalisierungsbeauftragte und Auszubildende im Bereich der Entwicklung). Die Auswahl der Teilnehmenden betonte die Schwierigkeiten, die bei KMU auftreten können, wenn es darum geht, genügend Teilnehmende für Sensibilisierungsmaßnahmen zu finden. Gleichzeitig verdeutlichte die Selektion, wie wichtig es ist, eine breite Palette von Mitarbeitenden aus verschiedenen Ebenen und mit IT-Affinität zu erreichen. Dies kann jedoch in KMU eine Herausforderung darstellen, insbesondere angesichts der begrenzten Ressourcen und der zusätzlichen Schwierigkeiten, wie sie durch Pandemie und geopolitische Unsicherheiten vorlagen.

Die Probanden und Probandinnen reagierten durchweg positiv und konstruktiv auf die durchgeführten analogen Lernszenarien. Die Themen der Szenarien umfassten Passwort-Datenschutz-Cloud, mobile Kommunikation, Apps und Software sowie Social Engineering & Wirtschaftsspionage. Die Diskussionen während des Trainings waren lebendig und ähnlich wie in vielen anderen Unternehmen wurden auch hier Sicherheitsvorfälle aus der eigenen Erfahrung der Teilnehmenden geteilt. Beispiele für solche Vorfälle waren infizierte E-Mail-Anhänge, die zu lokalen Computerproblemen führten, oder der Verlust von Dateien durch Verschlüsselungssoftware. Die während des Trainings geäußerten Aussagen der Teilnehmenden spiegelten das Bewusstsein für Sicherheitsrisiken wider, wie beispielsweise die Offenheit des Personalbüros oder die Bedeutung von Unternehmensdaten auf dem Server. Es wurde betont, wie wichtig Sensibilisierung ist und wie schnell sich Bedrohungen entwickeln können. Diese Erkenntnisse zeigen, dass Awareness-Trainings in verschiedenen Organisationen positive Resonanz finden können und dazu beitragen können, das Bewusstsein für Informationssicherheit zu stärken.

Abbildung 36: *Awareness Training in Rämlichkeiten der TH Wildau mit einem Pilotunternehmen am analogen Serious Game „Mobile Kommunikation, Apps und Software".*

2.7.6 Lessons Learned

Die KMU werden immer digitaler, mobiler und benötigen Sensibilisierung und Schulungen. Ein Ziel im Projekt „ALARM Informationssicherheit“ war es, durch „simuliertes authentisches Lernen“ nahe an der realen Aufgabe zu bleiben (Maor 1999) und somit Profilgruppen mit ähnlichen Bedürfnissen zu erforschen, weil es auch den Mitarbeitern erleichtern soll, an Schulungen teilzunehmen, die von einem praktischen Verständnis der Inhalte geleitet sind. Der Bezug zur realen Welt ist eines der wesentlichen Elemente des authentischen Lernens (Lombardi 2007).

Informationssicherheitstraining wird für jedes Berufsprofil in deutschen KMU benötigt. Wie im Kapitel 2.2 detaillierter dargestellt, wurde dafür eine Online-Befragung durchgeführt und deskriptiv ausgewertet (von Tippelskirch et al. 2022). Zu den Fragen gehörten die Nutzung der technischen Infrastruktur und externe Interaktionen, das Arbeitsumfeld, Sicherheitsmaßnahmen sowie die Häufigkeit und der Bedarf an Schulungen zur Informationssicherheit. Korrelationen zwischen Berufsprofilen, Streudiagrammen mit Nutzungsmerkmalen und ein Vergleich des Nutzungsverhaltens bestätigen weitgehend den dringenden Sensibilisierungsbedarf. Helfen kann der „Profilbogen“ (Abbildung 3), der in jedem Unternehmen zu finden ist und als Orientierungshilfe für authentische Lernansätze dient (von Tippelskirch et al. 2022). Die Zwänge des KMU-Umfelds, wie kurze Zeiträume mit begrenzten Ressourcen, und die Auswirkungen der Pandemie müssen auch zukünftig stärker erörtert und beachtet werden (von Tippelskirch und Scholl 2022).

Die im Projekt „ALARM Informationssicherheit“ durchgeführten tiefenspychologischen Interviews (Kapitel 2.1) und Online-Umfragen (Kapitel 2.2) ergaben, dass eine angedachte Diversifizierung der Sicherheitsthemen für die zu entwickelten Lernszenarien beim derzeitigen überwiegend geringen Reifegrad der KMU noch nicht sinnvoll ist. Die Kapitel 2.1 und 2.9 dieser Projektdokumentation verdeutlichen jedoch, dass eine Diversifizierung von Schulungsinhalten mit steigendem Awareness-Reifegrads sehr wohl angebracht ist und entsprechend konzipiert und etabliert werden sollte. Dies wird durch die Feedbacks der Testgruppen bestätigt, die bereits in KMU mit professioneller Sicherheitskultur arbeiten.

2.7.7 Zusammenfassung

Die positive Resonanz auf die durchgeführten Awareness-Trainings zeigt, dass die gewählten Lernszenarien als Prototypen gut anwendbar waren. Es ist bemerkenswert, dass das erste Pilotunternehmen bereits eine etablierte Sicherheitskultur hatte, die sich in einer gewissen positiven Offenheit gegenüber den Trainingsmethoden und Sicherheitsinhalten zeigte, obwohl es vereinzelte Skepsis seitens einiger Beteiligter gab. An der TH Wildau waren die Teilnehmenden freiwillig dabei und daher von vornherein motiviert.

Die Planung und Terminierung der Trainings mit den KMU stellte sich als Herausforderung dar.

Während die KMU-Mitarbeitenden vor Ort mit zusätzlichen Evaluierungsbefragungen keine Probleme zu haben schienen, merkten einige von ihnen dies gegenüber dem Management im Verlauf weiterer Evaluationen – auch zu den digitalen Serious Games – als zusätzliche und damit nicht mehr tragbaren Belastung an. Dies führte zu einem erhöhten Aufwand für die Geschäftsleitung. In Folge dieser gesammelten Erkenntnisse wurden spätere Awareness-Trainings in den Nachmittag verlegt, außerhalb der normalen Geschäftszeiten, um die Belastung für das Tagesgeschäft zu minimieren. Die Trainings wurden zudem sowohl inhaltlich als auch zeitlich kleiner gehalten und saisonal geplant, um ruhigere Zeiten im Unternehmen zu nutzen.

Diese Erfahrungen betonen die Bedeutung einer sorgfältigen Planung und Abstimmung, um die Teilnahmebereitschaft der Mitarbeitenden, der Führungskräfte und der Geschäftsleitung zu gewinnen bzw. sicherzustellen, so dass die Trainings in den betrieblichen Ablauf passen.

Die insgesamt positive Resonanz zeigt jedoch auch abschließend, dass Awareness-Trainings einen wertvollen Beitrag zur Stärkung des Bewusstseins für Informationssicherheit in KMU leisten können.

Literatur

Abawajy, J. (2014). User preference of cyber security awareness delivery methods. Behav. Inf. Technol., 33 (3), 237_248.

Alkhazi, B., Alshaikh, M., Alkhezi, S. & Labbaci, H. (2022). Assessment of the Impact of Information Security Awareness Training Methods on Knowledge, Attitude, and Behavior. IEEE Access, 10, 132132-132143.

Alshaikh, M., Maynard, S. B., Ahmad, A. & Chang, S. (2018). An exploratory study of current information security training and awareness practices in organizations. Proceedings of the 51st Hawaii International Conferenceon System Sciences 2018, 5085-5094. http://hdl.handle.net/10125/50524 ISBN: 978-0-9981331-1-9 (CC BY-NC-ND4.0).

Bada, M., Sasse, A. M. & Nurse, J.R.C. (2015). Cyber Security Awareness Campaigns: Why do they fail to change behaviour? In: International Conference on Cyber Security for Sustainable Society, International Conference on Cyber Security for Sustainable Society (ICT4SS), 2015. 2. Aufl.

Eyal, N. (2019). Hooked. Wie Sie Produkte erschaffen, die süchtig machen. 5. Aufl. München/Ann Arbor, Michigan, Redline Verlag; ProQuest.

Farshadkhah, S., Maasberg, M., Ellis, T. S. & Van Slyke, C. (2023). An Empirical Examination of Employee Information Security Advice Sharing. Journal of Computer Information Systems, 1-16. doi: 10.1080/08874417.2023.2176947 Letzter Zugriff: 01.8.2023.

Lombardi, M. M. (Mai 2007). Authentic Learning for the 21st Century. An Overview. Educause Learning Initiative (1). https://www.researchgate.net/publication/220040581_Authentic_Learning_for_the_21st_Century_An_Overview. Letzter Zugriff: 28.07.2022.

Maor, Dorit (August 1999). Teachers-as-learners: The role of a multimedia professional development program in changing classroom practice. Australian Science Teacher's Journal 45(3).

von Tippelskirch, H., Schuktomow, R., Scholl, M. & Walch, M. C. (2022). Report zur Informationssicherheit in KMU – Sicherheitsrelevante Tätigkeitsprofile (Report 1), p. 111. Wildau: TH Wildau. https://alarm.wildau.biz/static/3b60581edae4d016e4c20290c0936f55/220623_alarm_report1_web.pdf, doi: 10.13140/RG.2.2.35695.51363. Letzter Zugriff: 11.11.2023.

von Tippelskirch, H. & Scholl, M. (2022). Target groups in German SMEs for information security training. The use and limits of job profiles in designing training units. Journal of Internet Technology and Secured Transactions (JITST) 10 (1), 787–795. doi: 10.20533/jitst.2046.3723.2022.0097.

Weiter zum Kapitel 2.8

Awareness-Messungen

2.8 Awareness-Messungen: Möglichkeiten zur Messung von Informationssicherheitsbewusstsein

Margit Scholl und Regina Schuktomow

Die Lageberichte des BSI zur IT-Sicherheit in Deutschland der letzten Jahre (BSI o. D.) zeigen einen stetigen Zuwachs einer bereits hohen Bedrohung durch Cyberkriminalität. Mit den Worten des BSI für die Lage im Berichtszeitraum 2022: Die bereits zuvor angespannte IT-Sicherheitslage spitzt sich weiter zu. Jedes Unternehmen kann zum Ziel von Hackern werden (DIHK, 2022). Die aktuelle gemeinsame Studie der Firmen DriveLock SE und techconsult GmbH anhand der Befragung von 201 Unternehmen zur Lage der IT-Sicherheit im deutschen Mittelstand zeigt, dass auch deutsche KMU auf die zugespitzte Bedrohungslage reagiert haben (Drivelock SE 2023). 70 Prozent der befragten Unternehmen sehen die IT-Security als einen wichtigen Bestandteil der Unternehmensstrategie an, so dass die Autoren schlussfolgern, das Bewusstsein für IT-Sicherheit sei heute deutlich stärker ausgeprägt als dies bei ihrer letzten Studie vor vier Jahren der Fall war (Drivelock SE 2023). Allerdings setzen 21 Prozent der befragten Unternehmen IT-Sicherheitsmaßnahmen nur punktuell um, weitere 8 Prozent werden sogar erst dann aktiv, wenn ein Sicherheitsvorfall aufgetreten ist und für 1 Prozent ist IT-Sicherheit kein Thema (Drivelock SE 2023). Eine erste Frage die sich dabei stellt ist, ob diese ermittelten Umfragezahlen tatsächlich eine Aussage zum IT-Sicherheits-Bewusstsein in deutschen KMU darstellen.

Bereits vor Jahrzehnten wurde angenommen, dass die verschiedenen Informationssicherheitsmaßnahmen einen positiven Einfluss auf die deutsche Unternehmenskultur und das sicherheitsrelevante Verhalten von Mitarbeitenden hätte — die Wirkung dieser Maßnahmen hielt jedoch nicht an (Zerr, 2007; Bada et al. 2019). Auch neuere wissenschaftliche Untersuchungen zeigen, dass das Bewusstsein der Mitarbeitenden für Cybersicherheit zwar ein wichtiger Bestandteil der Prävention von Cyberkriminalität ist, jedoch herkömmliche Programme zur Sensibilisierung für Cybersicherheit hier nicht sehr erfolgreich sind (von Solms et al. 2023). Die Rolle der Menschen beim Schutz der Unternehmensressourcen wird immer bedeutender und die Rollenidentität im Bereich Informationssicherheit wird durch Selbstansichten und soziale Beziehungen (Erwartungen anderer, soziale Unterstützung) geprägt, aber es besteht dabei häufig eine Kluft zwischen den Erwartungen der Organisation bzw. des Managements an die Informationssicherheitsrolle des digital agierenden Endnutzers bzw. der Endnutzerin und seiner/ihrer funktionalen Rolle (Ogbanufe 2020).

Die jetzigen Studienergebnisse von DriveLock SE und techconsult zeigen, dass eine konsequente Umsetzung und vor allem die Bedeutung von mehrschichtigen Sicherheitsmaßnahmen erkannt werden muss, denn die Stärkung der IT-Sicherheit reicht über Technologie hinaus, da der Mensch als das schwächste Glied in der Sicherheitskette gilt (Pinnow et al. 2023). Unserer Trainingserfahrung nach können die Mitarbeitenden an ihrem Arbeitsplatz als letzte Bastion zur größten

Chance gegen viele gängige Cyberangriffe für Unternehmen werden, wenn sie kontinuierlich sensibilisiert und geschult werden. Internationale Untersuchungen bestätigen dies: kontinuierliche Bemühungen, insbesondere im Hinblick auf die Persönlichkeit und menschlichen Eigenschaften, führen zu einem besseren Bewusstsein für Informationssicherheit (Upadhyay et al. 2022).

Laut der aktuellen Studie der Deutschen Industrie- und Handelskammer e.V. haben deutsche Unternehmen zwar die Gefahren vielfältiger Cyberangriffe erkannt und technische Vorkehrungen getroffen, allerdings gab es keinen nennenswerten Anstieg in organisatorischen Maßnahmen für Informationssicherheit (DIHK, 2022). Zu den organisatorischen Maßnahmen gehört u.a. die Förderung der Sensibilisierung und Schulung von Führungskräften und Mitarbeitenden. Es zeigen sich somit Widersprüche in den Befragungen hinsichtlich des Stellenwerts von Informationssicherheit und eines entsprechenden Bewusstseins (Awareness). Daher ist für deutsche KMU von einem Paradoxon auszugehen (Scholl 2023), mit einem offensichtlichen Mangel an kontinuierlicher und nachhaltiger Umsetzung von Sensibilisierungs- und Schulungsmaßnahmen für Mitarbeitende und damit einem Defizit an ganzheitlichen technischen und organisatorischen Maßnahmen (TOM). Das dürfte allerdings keineswegs eine deutsche Problematik sein, denn auch in Untersuchungen anderer Länder wie beispielsweise in Großbritannien gibt es die Erkenntnis, dass KMU zwar einige grundlegende Cybersicherheitsmaßnahmen zur Minderung von Cyberrisiken anwenden, es jedoch allgemein an Cybersicherheitsbewusstsein sowie Prozessen und Tools zur Verbesserung von Cybersicherheitspraktiken mangelt (Erdogan et al. 2023).

Eine ganzheitliche Herangehensweise sieht sowohl das BSI in seinen Standards (BSI 2017) und dem IT-Grundschutz-Kompendium (BSI 2023a) als auch internationale Normen wie die ISO/IEC-Familie 2700x (ISO/IEC 2018) vor. Unter der Baustein-Kategorie „ORP Organisation und Personal“ (BSI 2023b) findet sich der Baustein „ORP.3: Sensibilisierung und Schulung zur Informationssicherheit“ (BSI 2023c) und darin werden als Anforderung der Standardabsicherung die Messung und Auswertung des Lernerfolgs definiert, die durch die Personalabteilung einer Institution durchgeführt werden sollen, ohne allerdings auf die diesbezüglichen Herausforderungen einzugehen – das ist den Institutionen selbst überlassen. Konkret wird in der Anforderung ORP.3.A8 des IT-Grundschutz-Kompendiums vom BSI ausgeführt (BSI 2023c):

„Die Lernerfolge im Bereich Informationssicherheit SOLLTEN zielgruppenbezogen gemessen und ausgewertet werden, um festzustellen, inwieweit die in den Sensibilisierungs- und Schulungsprogrammen zur Informationssicherheit beschriebenen Ziele erreicht sind. Die Messungen SOLLTEN sowohl quantitative als auch qualitative Aspekte der Sensibilisierungs- und Schulungsprogramme zur Informationssicherheit berücksichtigen. Die Ergebnisse SOLLTEN bei der Verbesserung des Sensibilisierungs- und Schulungsangebots zur Informationssicherheit in geeigneter Weise einfließen.

Der Informationssicherheitsbeauftragte SOLLTE sich regelmäßig mit der Personalabteilung und den anderen für die Sicherheit relevanten Ansprechpartnern (Datenschutz, Gesundheits- und Arbeitsschutz, Brandschutz etc.) über die Effizienz der Aus- und Weiterbildung austauschen."

Diese Formulierung wird der Problematik nicht gerecht, dass wir durch Sensibilisierung eine bewusste Verhaltensänderung der Mitarbeitenden benötigen.

Vielmehr scheint es, als ob das BSI immer noch auf Wissensabfragen setzt und die vielfältigen Forschungsergebnisse ignoriert, wonach Wissen nur eine gewisse Basis, aber allein eben nicht zu einer Verhaltensveränderung führt. Sicherheitsbewusstsein ist das Zusammenspiel von Wissen und Fähigkeiten, Absicht, Bedeutung und Gewohnheiten im Zusammenhang mit einem bestimmten Informationssicherheitsverhalten (Schütz, 2018). Herkömmliche Programme zur Sensibilisierung für Cybersicherheit [meist nur wissensbasiert, Anmerk. d.V.] sind jedoch nicht sehr erfolgreich und ein Ansatz, der nur die technischen Aspekte betont, funktioniert nicht (s. a. von Solms et al. 2023). Ziel von Sensibilisierungsmaßnahmen ist es, Mitarbeitende zu einem Verhalten zu ermutigen, das den Regeln und Vorschriften zur Informationssicherheit entspricht (Schütz et al., 2020). Der Grad der Sensibilisierung einer Person wird auch als Information Security Awareness (ISA) bezeichnet; ob sich Menschen informationssicherheitskonform verhalten, hängt maßgeblich von ihrem Informationssicherheitsbewusstsein ab (Schütz & Fertig 2023). Allen Beteiligten ist klar zu machen, dass das Bewusstsein für Informationssicherheit tatsächlich Teil ihres täglichen Arbeits- und Lebensumfeldes ist.

Allerdings treten bei dem Versuch das Informationssicherheitsbewusstsein zu messen erhebliche Herausforderungen zu Tage. Zum einen ist es nachweislich, dass das, was Menschen sagen, dass sie tun werden (z. B. auf Cyber-Risiken reagieren), und dass, was sie tatsächlich tun, unterschiedlich sein kann (Sheeran & Webb 2016 nach Erdogan et al. 2023). Außerdem sind Probanden eher zurückhaltend bei der Aussage, dass sie über ein ausgeprägtes Bewusstsein für Cybersicherheit verfügen, verglichen mit der Beurteilung des Bewusstseinsgrads ihrer KMU, was bedeuten kann, dass sie auf die Cybersicherheitskompetenz in anderen Teilen des Unternehmens, von anderen Personen oder von Diensten Dritter vertrauen (Erdogan et al. 2023). Und es ist offensichtlich berechtigt davon auszugehen, dass die Wahrnehmung der KMU hinsichtlich ihres eigenen Cybersicherheitsbewusstseins etwas optimistischer ist, als sie sein sollte, verglichen mit jüngsten Cybersicherheitsrisikoberichten (Erdogan et al. 2023). Eine zweite Frage die sich dabei stellt ist, was wir eigentlich messen bzw. messen können.

Für die im Projekt „ALARM Informationssicherheit" entwickelten vielfältigen Sensibilisierungsmaßnahmen, die sowohl die Informationssicherheitskultur in KMU positiv prägen als auch das Informationssicherheitsbewusstsein der Mitarbeitenden stärken sollen, waren daher von Beginn an kontinuierliche Awareness-Messungen vorgesehen. Um dieses Ziel zu erreichen, war die Entwicklung eines Konzepts erforderlich, das Aufschluss darüber gibt, wie effektiv und langfristig die im

Rahmen des Forschungsprojekts durchgeführten Sensibilisierungsmaßnahmen auf die Mitarbeitenden wirken. Aufgrund der einerseits anfänglichen Verzögerungen und anschließend immer wieder neuen Herausforderungen durch die Corona-Pandemie und andererseits der Überlastung der Pilot-KMU und den vielfältigen unerwarteten Personalwechsel im Projekt verzögerte sich auch die Konzeption und Durchführung diese Messungen.

Die letztlich von uns durchgeführten (nicht repräsentativen) Messungen erfolgten in einer veränderten Art und Weise als sie ursprünglich geplant waren. Die angepasste Konzeption wurde im gesamten Forschungsteam diskutiert und von der ehemaligen Mitarbeiterin, Stefanie Gube, verantwortlich durchgeführt und ausgewertet. Unter Nennung dieser Quelle für die Abbildungen haben wir dieses Kapitel eigenständig geschrieben und unabhängig zu verantworten.

2.8.1 Was sind Awareness-Messungen und ihre Herausforderungen?

Awareness-Messungen im Bereich der Informationssicherheit sind im Allgemeinen Methoden und Verfahren, mit denen Organisationen die Wirksamkeit ihrer Bemühungen zur Sensibilisierung und Schulung ihrer Mitarbeiterinnen und Mitarbeiter in Bezug auf Informationssicherheit bewerten möchten. Die Bewertung dient auch als Nachweis der investierten finanziellen Mittel bzw. als Begründung für weitere Investitionen. Diese Messungen sollen inhaltlich nachweisen, dass die Mitarbeitenden sich der Cyber-Bedrohungen und Risiken sowie der Best Practices im Bereich der Informationssicherheit bewusst sind und angemessen darauf reagieren.

Einige Ansätze und Methoden gelten als gängig für Awareness-Messungen in der Informationssicherheit, die jedoch nicht als alleinige Maßnahme verstanden werden sollten. Zudem sind Awareness-Messungen individuell an das jeweilige Unternehmen bzw. die Organisation anzupassen und spezifisch zu gestalten. Folgende Methoden und Ansätze kommen i. d. R. zum Einsatz:

Fragebögen und Umfragen: Organisationen können regelmäßig Umfragen und Fragebögen an die Mitarbeiterinnen und Mitarbeiter senden, um deren Kenntnisse, Einstellungen und Verhaltensweisen in Bezug auf Informationssicherheit abzufragen und auszuwerten. Fragen können sich beispielweise auf die Themen Passwortsicherheit, Phishing-Erkennung, sichere Datenfreigabe und Datenschutzpraktiken beziehen.

Die systematische Literaturrecherche von Fertig & Schütz (2020) verdeutlicht, dass ISA hauptsächlich über Fragebögen gemessen wird. Ihre Ergebnisse zeigen jedoch, dass die Antworten der Teilnehmenden in Fragebögen häufig aufgrund falscher Wahrnehmung oder sozialer „Erwünschtheitsvoreingenommenheit" von der Wahrheit abweichen (Fertig & Schütz 2020). Sie verdeutlichen, dass weder durch klassische Befragungen mit Fragebögen die Realität noch ISA durch

Wissensmessung widergespiegelt wird und schlussfolgern, dass, um ISA sinnvoll messen zu können, Verhalten der Mitarbeitenden gemessen werden muss und daher Kennzahlen für die Quantifizierung menschlichen Verhaltens benötigt werden (Fertig & Schütz 2020). Weitergehende Forschung ist somit notwendig.

Simulierte Phishing-Angriffe: Organisationen können gezielte Phishing-E-Mails an ihre Mitarbeiterinnen und Mitarbeiter senden, um deren Fähigkeit zur Erkennung von Phishing-Angriffen zu testen. Die Reaktionen der Mitarbeiterinnen und Mitarbeiter auf diese simulierten Angriffe können gemessen und bewertet werden, wobei „Schwellenwerte“ den Schulungsbedarf definieren.

Allerdings weisen Volkamer et al. (2020) darauf hin, dass neben den potentiellen Security-Problemen und den rechtlichen Herausforderungen solche Phishing-Kampagnen auch einen negativen Einfluss auf das Betriebsklima, die Vertrauens- und Fehlerkultur in der Organisation haben können. Wie im Kapitel 2.5 zu unseren unterschiedlichen „Vor-Ort-Angriffen“ dargestellt, müssen deshalb alle simulierten Angriffe in einer vertrauensvollen Zusammenarbeit sehr intensiv und mit Respekt sowie in intensiver Absprache mit der Geschäftsführung vorbereitet werden.

Schulungsabschlüsse / Personenzertifizierungen: Die Registrierung der Teilnahme an Informationssicherheitsschulungen und vor allem das eigene Bestreben nach einer Personenzertifizierung kann Aufschluss darüber geben, wie engagiert die Mitarbeiterin bzw. der Mitarbeiter hinsichtlich der Themen Informationssicherheit und Datenschutz ist. Das muss aber nicht so sein. Ein Absitzen von (verpflichteten) Schulungszeiten führt nicht zwingend zu mehr Bewusstsein und die Motivation für eine Personenzertifizierung kann auch nur in der danach möglichen Höhergruppierung bestehen.

Simulierte Sicherheitsübungen: Die Durchführung von simulierten Sicherheitsübungen im Sinne eines Assessments, bei denen Mitarbeiterinnen und Mitarbeiter auf verschiedene Sicherheitsvorfälle reagieren müssen, kann eine umfassendere Beurteilung einer Person liefern sowie deren Reaktionsfähigkeit und Wissen über Einzelthemen wie z B. Sicherheitsprotokolle messen. Dazu werden erhebliche Ressourcen benötigt und es müssten Kennzahlen zur Bewertung definiert werden.

Im kleineren Rahmen unserer gamifizierten Lernszenarien können durch Teamdiskussionen und Beobachtungen zwar Einschätzungen resultieren, die aber noch keine tatsächliche Aussagefähigkeit haben. In dem kontrollierten Experiment von Alkhazi et al. (2022) wurde beispielweise deutlich, dass die Übermittlung derselben Botschaft in verschiedenen Schulungsformaten, also auf verschiedene Arten, die Einstellung der Mitarbeitenden zur Bedeutung von Sicherheitsmaßnahmen wirksamer verändert hat als die nur einmalige Übermittlung. Das spricht für einen von uns schon mehrfach angesprochenen Methoden-Mix und für die Kontinuität von Maßnahmen.

Interne Sicherheitsvorfälle: Die Erfassung von internen Sicherheitsvorfällen und Verstößen gegen Sicherheitsrichtlinien kann auf potenzielle Lücken in der ISA hinweisen. Es könnten aber auch eher stressbesetzte Arbeitssituationen, mangelnde Integration von Sicherheit in den Prozessabläufen, Defizite im Meldesystem oder nicht alltagstaugliche und lebbare Sicherheitsrichtlinien etc. die wahre Ursache sein.

Schulungsevaluierungen: Nach Schulungen zur Informationssicherheit können Organisationen Feedback von den Teilnehmenden einholen, um die Qualität der Schulungen und die Wissensvermittlung zu bewerten. Inwieweit solche Bewertungen tatsächlich aussagefähig über eine gewisse Nachhaltigkeit und vor allem über ISA sein könnten, muss weiterer Forschung überlassen werden.

Messung der Sicherheitskultur: Die Organisation könnte über Reifegradmodelle (s. Kapitel 2.9) die allgemeine Sicherheitskultur in der Belegschaft bewerten, um festzustellen, ob die Mitarbeitenden ihr Sicherheitsbewusstsein und -verhalten in den Arbeitsalltag integrieren. Ist bereits ISA eine komplexe Forschungsangelegenheit, so ist die Kulturentwicklung zur Informationssicherheit in Organisationen ein noch weit größeres Unterfangen mit völlig unzureichender Datenlage und muss daher als noch offenes Forschungsfeld angesehen werden.

Wenn es im Speziellen darum geht, die verschiedenen Verhaltensweisen zu verstehen und zu unterscheiden, so bietet die aktuelle Forschung nach Hengstler et al. (2022) wenig Klarheit für Sicherheitsexperten. Daher zielt beispielsweise die Forschung von Hengstler et al. (2022) darauf ab, eine Taxonomie zu entwickeln, um verschiedene Arten von Verhalten bei der Nichteinhaltung von Informationssicherheitsrichtlinien überhaupt erst einmal zu klassifizieren.

2.8.2 Idealistische Zielsetzungen von Awareness-Messungen

Die verschiedenen idealistischen Ziele von Awareness-Messungen im Bereich der Informationssicherheit bestehen darin, anhand der Ergebnisse, Bereiche mit Verbesserungsbedarf zu identifizieren, Schulungs- und Sensibilisierungsprogramme anzupassen und sicherzustellen, dass die Mitarbeiterinnen und Mitarbeiter besser für die Bewältigung von Informationssicherheitsrisiken gerüstet sind.

Identifizierung von Sicherheitslücken: Durch Awareness-Messungen können Schwachstellen und Sicherheitslücken in den Kenntnissen, Einstellungen und Verhaltensweisen der Mitarbeiterinnen und Mitarbeiter erkannt werden. Die ermöglicht der Organisation, gezielte Schulungen und Schulungsprogramme zu entwickeln, um die Defizite zu schließen.

Evaluierung von Schulungsprogrammen: Organisationen können die Effektivität ihrer Sicherheitsschulungsprogramme bewerten, indem sie die Teilnahmequoten, den Wissenserwerb und die Verhaltensänderungen der Mitarbeitenden aktiv begleiten. Dies ermöglicht es, Schulungsprogramme zu optimieren und anzupassen.

Risikominderung: Awareness-Messungen tragen dazu bei, das Risiko von Sicherheitsvorfällen zu reduzieren, indem sie sicherstellen, dass die Mitarbeitenden die Risiken und Bedrohungen verstehen und angemessen darauf reagieren können.

Förderung der Sicherheitskultur: Messungen unterstützen die Entwicklung einer positiven Sicherheitskultur in der Organisation, bei der Sicherheitsbewusstsein und -verhalten integraler Bestandteil des Arbeitsalltags sind.

Steigerung des Bewusstseins: Awareness-Messungen sollen das Bewusstsein der Mitarbeitenden für die Bedeutung von Informationssicherheit erhöhen und sie dazu ermutigen, proaktiv zur Sicherheit der Organisation beizutragen.

Messung der Compliance: Organisationen können mit Awareness-Messungen die Einhaltung von Sicherheitsrichtlinien und -verfahren durch die Mitarbeitenden überwachen und sicherstellen.

Bereitstellung von Benchmark-Daten: Die Messungen bieten Benchmarks und Vergleichsdaten, die es der Organisation ermöglichen, ihre Leistung im Bereich der Informationssicherheits-Awareness mit anderen Unternehmen oder Branchen zu vergleichen.

Frühzeitige Erkennung von Bedrohungen: Ein gut geschultes und sensibilisiertes Personal kann dazu beitragen, Bedrohungen wie Phishing-Angriffe frühzeitig zu erkennen und darauf zu reagieren, bevor sie zu größeren Sicherheitsvorfällen führen.

Verbesserung der Reaktionsfähigkeit: Awareness-Messungen helfen dabei, die Fähigkeit der Mitarbeitenden zur angemessenen Reaktion auf Sicherheitsvorfälle zu bewerten und zu verbessern.

Förderung der Zusammenarbeit: Sie können dazu beitragen, eine Kultur der Zusammenarbeit und des Informationsaustauschs in Bezug auf Sicherheitsbedenken zu fördern, was dazu beiträgt, Sicherheitsbedrohungen schneller zu bewältigen.

Insgesamt dienen Awareness-Messungen nach den idealistischen Zielsetzungen dazu, die Gesamtsicherheit einer Organisation zu stärken, indem sie sicherstellen, dass die Mitarbeitenden gut informiert und engagiert sind sowie proaktiv in Bezug auf Informationssicherheit agieren.

2.8.3 Modellannahmen der eigenen „Awareness-Messungen“

Im Rahmen des Forschungsprojekts wurde ein umfassender Ansatz verfolgt, der die entwickelten Maßnahmen als Grundlage für Awareness-Messungen in Zusammenarbeit mit Pilotunternehmen und Studierenden verwendet hat. Das Awareness-Messungskonstrukt umfasste einen Pre-Test in Form einer Online-Umfrage, Awareness- Schulungen mittels analoger Serious Games, Awareness-Schulungen mittels digitaler Serious Games und einen Post-Test nach 90 Tagen in Form einer erneuten Online-Umfrage (Abbildung 37).

Als Grundlage für die Interpretation und Durchführung unserer, den Umständen des Projekts angepassten, Awareness-Messungen verwenden wir die Kombination zweier Modelle in einer erweiterten Form. Zum einen das dreistufige KAB-Modell (Knowledge, Attitude, Behavior) (Kruger & Kearney 2006), welches also die Konstrukte Wissen, Einstellung und Verhalten einschließt. Dieses Modell ist nach unseren eigenen Literaturrecherchen (Scholl et al. 2018) – und auch nach neueren Untersuchungen – das international häufig verwendete Interpretationsmodell. Zum anderen nutzen wir zusätzlich das im deutschsprachigen Raum weit verbreitete Modell (Wissen, Wollen und Können) (Helisch & Pokoyski 2009) – in der englischen Übersetzung somit KVC-Modell genannt: Knowledge ("being informed"), Volition ("being willing") und Capacity ("being able") (Scholl, 2023).

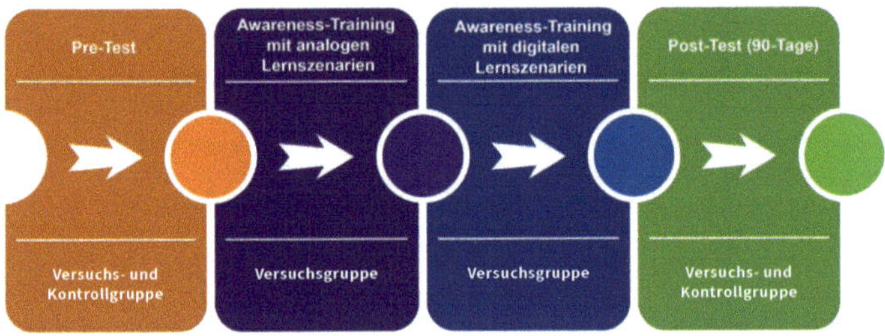

Abbildung 37: *Vorgehen der angepassten Awareness-Messungen im Forschungsprojekt „ALARM Informationssicherheit"; Quelle: Stefanie Gube (ehemalige Projektmitarbeiterin).*

Zusätzlich integrieren wir das Konstrukt „Organisatorische Möglichkeit", das organisatorische Maßnahmen beschreibt, die sicherheitskonformes Verhalten unterstützen (Helisch 2009).

Unsere Herangehensweise wurde durch Forschungsergebnisse aus dem Gesundheitsbereich inspiriert, die nahelegen, dass eine gesteigerte Risikowahrnehmung zu verstärktem Schutzverhalten führt (Gaube et al. 2019). Außerdem ist bekannt, dass das KAB-Modell allein für sich betrachtet als wissenschaftlich schwach gilt (Baranowski et al. 2003, Fertig & Schütz 2020). Trotzdem basieren rund 40 % der eingesetzten Fragebögen als Messmethode auf diesem Wissens-Einstellungs-Verhaltensmodell [KAB] (Fertig & Schütz 2020). Eine Analyse von Assenza et al. (2019) auf der Grundlage des KAB-Modells legt nahe, dass keine Einzelmethode alle Aspekte der Awareness vollständig abdeckt.

In Abbildung 38 ist das angepasste Awareness-Modell des Forschungsteams der TH Wildau dargestellt, das im Projekt „ALARM Informationssicherheit" angewendet wurde. Die Herausforderung bei Awareness-Messungen beginnt somit bereits bei der Auswahl der Methoden, sei es durch das Monitoring von Sicherheitsvorfällen, die Verwendung von Fragebögen und der Modelle.

Die Abbildung 38 zeigt, dass das KAB-Modell von einer direkten Beziehung von Wissen über Einstellung zum Verhalten ausgeht, die aber nicht zwingend gegeben ist. Trotzdem gibt es Forschungsergebnisse, die darauf hindeuten, dass Wissen über Cybersicherheit das Bewusstsein für Cybersicherheit und den Schutz vor Verhaltensentscheidungen im gewissen Rahmen „vorhersagen“ kann (Limna et al. 2022). Zudem wird von diesen Autoren festgestellt, dass insbesondere das Bewusstsein für Informationssicherheit als indirekter Vermittler zwischen Offenheit und der Absicht, Datenschutzeinstellungen zu überprüfen, fungierte (Limna et al. 2022). Letztlich wird von Limna et al. (2022) aber gezeigt, dass Wissen und Bewusstsein über Cybersicherheit für eine Verhaltensänderung zwar notwendig, aber nicht ausreichend waren und mit anderen Einflussstrategien kombiniert werden müssen.

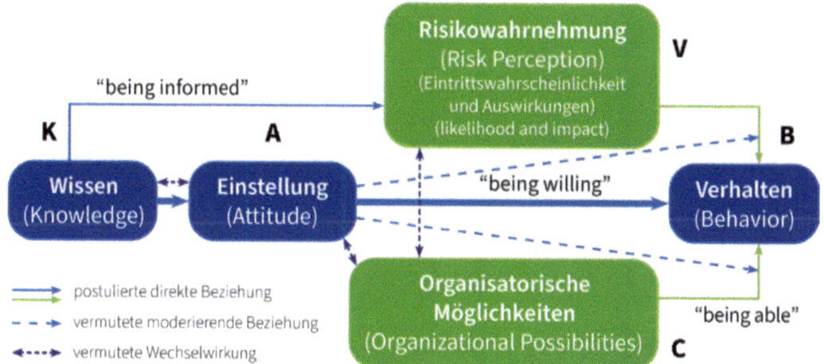

Abbildung 38: *Das Modell der angepassten Awareness-Messung des Forschungsteams der TH Wildau im Projekt „ALARM Informationssicherheit“; Quelle: Margit Scholl. Das KAB-Modell geht von einer direkten Beziehung von Wissen über Einstellung zum Verhalten aus, die aber nicht zwingend gegeben ist. Das KVC-Modell kommt von „being informed“ über „being willing“ sowie „being able“ zu den notwendigen Verhaltensänderungen. In Kombination mit den organisatorischen Möglichkeiten innerhalb der Institution verdeutlicht es, dass die Risikowahrnehmung des Individuums und die Bereitstellung der Möglichkeiten für das Individuum durch das Management vermutlich entscheidende Aspekte für die Verhaltensänderung sein können.*

Das KVC-Modell in Abbildung 38 kommt von „being informed“, einer Wissensförderung mit meist klassischen, aber auch modernen Lehr-/Lernmethoden, über „being willing“, eine Adressierung an emotionale Faktoren mit klassischen bis innovativen Marketing-Instrumenten, und „being able“, einer Entwicklung von sicherheitskonformen Handelns durch systemische Kommunikation, zu den notwendigen Verhaltensänderungen.

In Kombination mit den organisatorischen Möglichkeiten innerhalb der Institution verdeutlicht das KVC-Modell, dass die Risikowahrnehmung des Individuums und die Bereitstellung der Möglichkeiten für das Individuum durch das Management vermutlich entscheidende Aspekte für die Verhaltensänderung sein können. Darüber hinaus gibt es sicherlich noch Wechselwirkungen zwischen Einstellung und Wissen, Einstellung und Risikowahrnehmung sowie Einstellung und organisatorischen Möglichkeiten und letztlich auch zwischen Risikowahrnehmung und organisatorischen Möglichkeiten, deren zukünftige wissenschaftliche Untersuchung allerdings nur mit verzahnter psychologisch basierter Forschung durchgeführt werden sollte.

2.8.4 Ausgewählte Durchführungsergebnisse

Insgesamt wurden vier Versuchsgruppen für die angepassten Awareness-Messungen im Projekt „ALARM Informationssicherheit" gebildet. Sowohl vor als auch nach den Awareness-Trainings in jeder Gruppe wurden von Frau Gube Umfragen mittels Online-Fragebögen durchgeführt (Tabelle 4).

Tabelle 4: *Datenlage der angepassten Awareness-Messung im Forschungsprojekt „ALARM Informationssicherheit" (Quelle: Frau Stefanie Gube, ehemalige Projektmitarbeiterin).*

	Prä-Awareness-Messung	Post-Awareness-Messung	Vergleichbarkeit
Versuchsgruppe 1	√4	√3	√1
Kontrollgruppe 1	–	–	–
Versuchsgruppe 2	√9	–	–
Kontrollgruppe 2	√13	–	–
Versuchsgruppe 3	√27	√42	√18
Versuchsgruppe 4	√15	–	–

„Kontrollgruppen" sind in Awareness-Messungen von entscheidender Bedeutung, da sie als Vergleichsgruppen fungieren und dazu dienen, die Effektivität von Awareness-Interventionen oder Schulungsmaßnahmen zu bewerten. Kontrollgruppen bieten eine Basis bzw. einen Referenzpunkt, gegen den die Ergebnisse der „Interventionsgruppen" verglichen werden können.

Dies soll in unserem Bezugsthema ermöglichen, festzustellen, ob und inwieweit sich das Sicherheitsbewusstsein der Teilnehmenden oder das individuelle Verhalten nach einer Intervention (Sensibilisierungsmaßnahme) geändert hat.

Kontrollgruppen sollen dabei helfen, kausale Schlussfolgerungen zu ziehen. Ob kausale Schlussfolgerungen in diesem behandelnden Metier überhaupt möglich sind, sei derzeit erst einmal dahingestellt.

Mit dem Vergleich der Ergebnisse zwischen Vergleichsgruppen/Interventionsgruppen und Kontrollgruppen soll festgestellt werden, ob die Intervention tatsächlich die beobachteten Veränderungen verursacht hat, oder ob andere Faktoren dafür verantwortlich sind. Die Verwendung von Kontrollgruppen soll zudem die Bewertung der Effektivität ermöglichen. Dabei wird vermutet: Wenn die Awareness in den Interventionsgruppen im Vergleich zu den Kontrollgruppen signifikant gesteigert wird, kann dies als Hinweis darauf dienen, dass die Intervention erfolgreich war.

Durch den Vergleich von Gruppen mit ähnlichen Merkmalen, aber ohne die Intervention, soll sichergestellt werden, dass die beobachteten Veränderungen tatsächlich auf die Intervention und nicht auf andere Faktoren zurückzuführen sind.

Wenn sich eine Intervention in verschiedenen Kontexten und Populationen als effektiv erweist, könnte dies darauf hinweisen, dass sie in ähnlichen Situationen erfolgreich angewendet werden kann.

Zusammengefasst sollen Kontrollgruppen in Awareness-Messungen dazu dienen, die Gültigkeit und Verlässlichkeit der Ergebnisse sicherzustellen und bestätigen, dass beobachtete Veränderungen tatsächlich auf die durchgeführten Interventionen zurückzuführen sind. Sie werden daher meist als ein wesentlicher Bestandteil des wissenschaftlichen Ansatzes zur Beurteilung von Awareness-Programmen und Schulungsmaßnahmen angesehen.

Die von Frau Gube durchgeführten Online-Umfragen vor und nach den Awareness-Trainings mit den im Projekt entwickelten Serious Games sind identisch. Die Umfragen des jeweiligen Post-Tests mit den jeweiligen Probanden (s. Abbildung 37) erfolgte ca. drei Monaten nach den entsprechenden Sensibilisierungsmaßnahmen. Ein Ausschnitt des Fragebogens zeigt die Abbildung 39.

Im Folgenden werden einige Auswertungen dieser angepassten Awareness-Messungen in Diagrammform ausgewählt dargestellt. Wir fokussieren uns dabei auf die Versuchsgruppe 3, da sie in allen drei Kategorien der Tabelle 4 immerhin eine zweistellige Anzahl von Teilnehmenden aufweist.

In Abbildung 40 ist der direkte Vergleich der Versuchsgruppe 3 (s. Tabelle 4) mit ihrer Prä- und Post-Awareness-Messung zu sehen. Das Auswertungsdiagramm verdeutlicht die Prä- und Postantworten der Probanden des Online-Fragebogens anhand einer Fünf-Punkte-Likert-Skala.

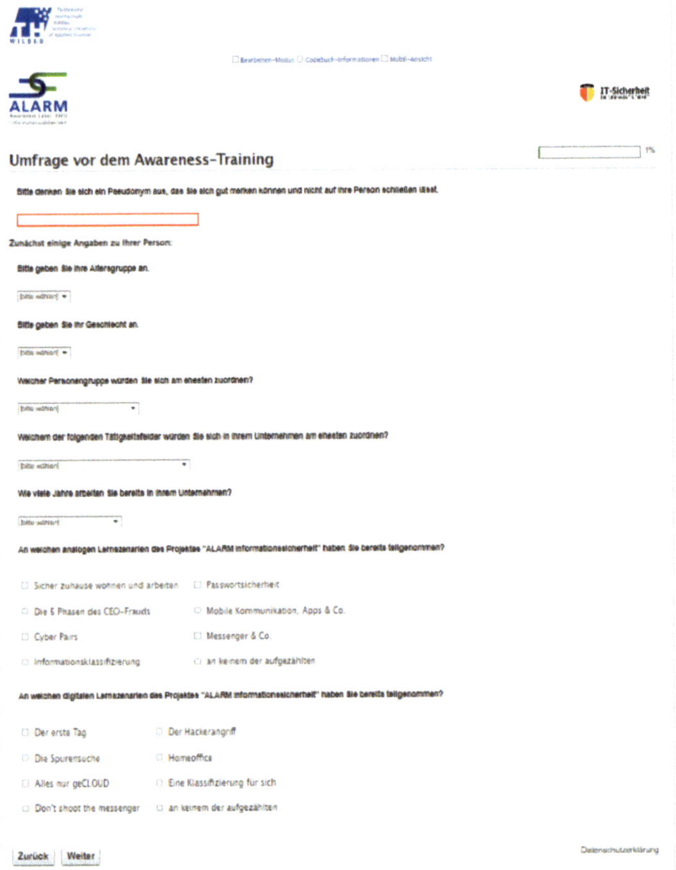

ALARM

IT-Sicherheit

Umfrage vor dem Awareness-Training

Bitte denken Sie sich ein Pseudonym aus, das Sie sich gut merken können und nicht auf Ihre Person schließen lässt.

Zunächst einige Angaben zu Ihrer Person:

Bitte geben Sie Ihre Altersgruppe an.

[bitte wählen]

Bitte geben Sie Ihr Geschlecht an.

[bitte wählen]

Welcher Personengruppe würden Sie sich am ehesten zuordnen?

[bitte wählen]

Welchem der folgenden Tätigkeitsfelder würden Sie sich in Ihrem Unternehmen am ehesten zuordnen?

[bitte wählen]

Wie viele Jahre arbeiten Sie bereits in Ihrem Unternehmen?

[bitte wählen]

An welchen analogen Lernszenarien des Projektes "ALARM Informationssicherheit" haben Sie bereits teilgenommen?

- Sicher zuhause wohnen und arbeiten
- Passwortsicherheit
- Die 5 Phasen des CEO-Frauds
- Mobile Kommunikation, Apps & Co.
- Cyber Pairs
- Messenger & Co.
- Informationsklassifizierung
- an keinem der aufgezählten

An welchen digitalen Lernszenarien des Projektes "ALARM Informationssicherheit" haben Sie bereits teilgenommen?

- Der erste Tag
- Der Hackerangriff
- Die Spurensuche
- Homeoffice
- Alles nur geCLOUD
- Eine Klassifizierung für sich
- Don't shoot the messenger
- an keinem der aufgezählten

Zurück Weiter

Datenschutzerklärung

Abbildung 39: *Ausschnitt aus dem Fragebogen mit der Auswahlmöglichkeit von vorformulierten Antworten zur angepassten Awareness-Messung im Projekt „ALARM Informationssicherheit“, erstellt und durchgeführt von Frau Stefanie Gube (ehemalige Projektmitarbeiterin).*

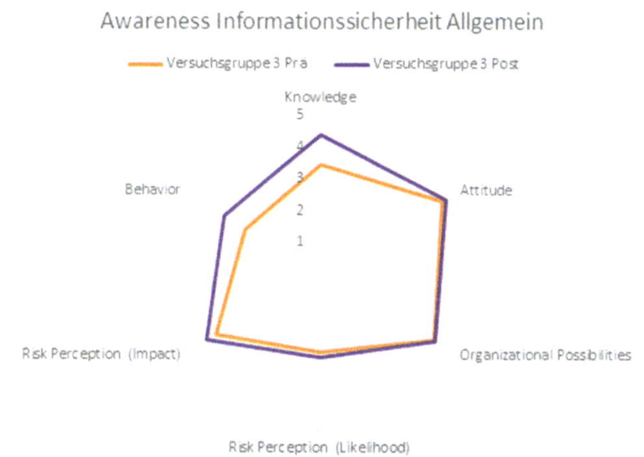

Abbildung 40: *Durchführungsergebnis der angepassten Awareness-Messung im Projekt „ALARM Informationssicherheit" für die Versuchsgruppe 3. Die Befragung erfolgte über einen Online-Fragebogen. Das Auswertungsdiagramm verdeutlicht die Prä- und Postantworten der Probanden anhand einer Fünf-Punkte-Likert-Skala. Quelle: Stefanie Gube (ehemalige Projektmitarbeiterin).*

Abbildung 40 verdeutlicht als ein Ergebnis, dass Versuchsgruppe 3 mit bereits selbsteingeschätztem hohen Wissenstand und vor allem hoher eigener Haltung zum Thema Informationssicherheit nach dem Awareness-Training mit Serious Games sogar noch einen Zuwachs im Wissen und Verhalten sich selbst attestierte. Wir können vermuten, dass sich diese Gruppe nach dem Awareness-Training einfach sicherer in Fragen zur allgemeinen Informationssicherheit fühlte. Ihre Selbsteinschätzung zeigt einen Zuwachs des eigenen Wissens und des eigenen Verhaltens um jeweils einen Likert-Punkt. Keine Veränderungen sind bei den beiden Kenngrößen Einstellung (Attitude) und Organisatorische Möglichkeiten (Organisational Possibilities) zu erkennen. Wie in Abbildung 38 angedeutet, wird die Risikowahrnehmung i.d.R. anhand von Eintrittswahrscheinlichkeit des Risikos und der möglichen Schadensauswirkung des Risikos beurteilt. Daher wird die Risikowahrnehmung in Abbildung 40 und in den folgenden beiden Abbildungen als zwei Kenngrößen dargestellt: Risk Perception (Likelihood) und Risk Perception (Impact). Abbildung 40 zeigt zu den Fragen zur allgemeinen Informationssicherheit für die Versuchsgruppe 3 nur minimale Veränderungen.

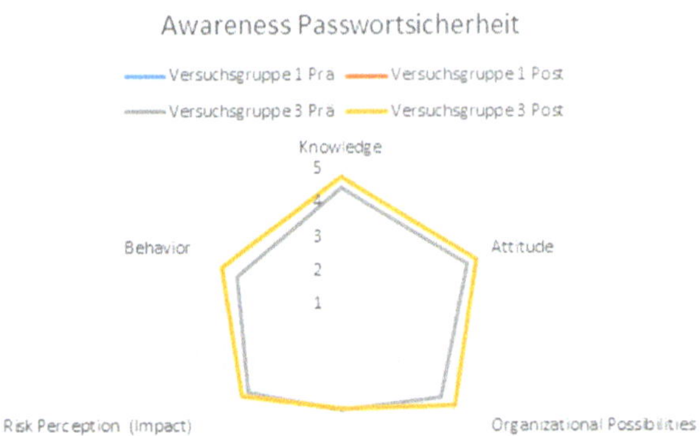

Abbildung 41: *Durchführungsergebnis der angepassten Awareness-Messung im Projekt „ALARM Informationssicherheit“ für die Versuchsgruppe 1 und 3 zum Thema Passwortsicherheit. Die Befragung erfolgte über einen Online-Fragebogen. Quelle: Stefanie Gube (ehemalige Projektmitarbeiterin).*

In Abbildung 41 zeigen die Antworten von zwei Versuchsgruppen zum Thema Passwortsicherheit (und keine Kontrollgruppe). Aus der Abbildung geht hervor, dass die beiden Versuchsgruppen 1 und 3 (vgl. Tabelle 4) vor und nach dem

Awareness-Training quasi gleiche Werte in Bezug auf die 6 Kenngrößen der Diagramme haben. Die selbsteingeschätzte Ausgangslage zu Wissen, Einstellung, Verhalten und organisatorischen Möglichkeiten ist hier bereits als ausgeprägt bis hoch zu bezeichnen. Trotzdem scheinen die Sensibilisierungsmaßnahmen mit den im Projekt entwickelten Serious Games noch eine leichte Verbesserung erzielen zu können.

Hinsichtlich der Risikowahrnehmung wird jedoch keine tatsächliche Verbesserung selbsteingeschätzt erreicht. Abbildung 42 zeigt ein ähnliches Antwortbild der Probanden bezogen auf das Thema Social Engineering. Allerdings scheint die gamifizierte Sensibilisierungsmaßnahme den Zuwachs vor allem in dem selbsteingeschätzten zukünftigen Verhalten deutlich erhöht zu haben.

Es gibt daher einige Indizien dafür, dass die Serious Games tatsächlich das so wichtige Verhalten der Menschen beeinflussen können. Allerdings müssten wissenschaftliche Untersuchungen in den alltäglichen Stresssituationen am Arbeitsplatz folgen, um darüber tatsächlich eine Aussage treffen zu können.

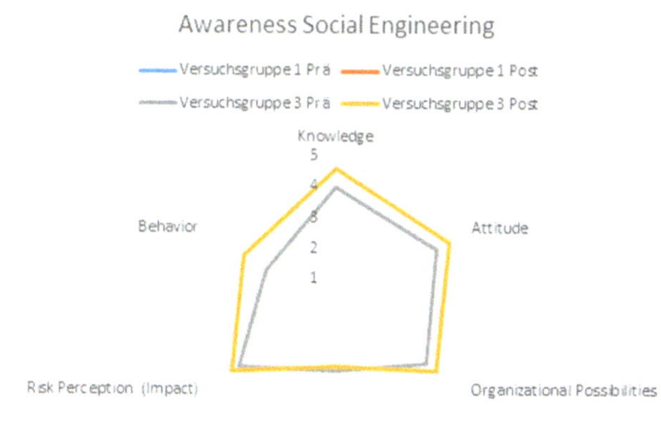

Abbildung 42: *Durchführungsergebnis der angepassten Awareness-Messung im Projekt „ALARM Informationssicherheit" für die Versuchsgruppe 1 und 3 zum Thema Social Engineering. Die Befragung erfolgte über einen Online-Fragebogen. Das Auswertungsdiagramm verdeutlicht die Prä- und Postantworten der Probanden anhand einer Fünf-Punkte-Likert-Skala.*

Es ist abschließend hervorzuheben, dass unsere Erfahrungen und die Rückmeldungen in und nach den von dem gesamten Forschungsteam der TH Wildau durchgeführten Sensibilisierungsmaßnahmen mit den entwickelten Serious Games in allen Gruppen, ob mit Pilotunternehmen, Gästen oder Studierenden umfassend positiv waren und den „Nerv" der Teilnehmenden getroffen haben.

Zu bemerken bleibt, dass Frau Gube die Absicht hat, die Daten der von ihr durchgeführten Awareness-Messungen umfassend in einer Masterarbeit darzustellen.

2.8.5 Zusammenfassung

Die Durchführung von Awareness-Messungen erwies sich im Projekt „ALARM Informationssicherheit" sowohl konzeptionell und methodisch als auch organisatorisch mit wirtschaftlich agierenden Pilotunternehmen als eine äußerst komplexe Aufgabenstellung mit vielen Herausforderungen.

Ob letztlich die gamifizierten Sensibilisierungsmaßnahmen eine tatsächlich nachhaltige Erhöhung des individuellen Informationssicherheitsbewusstseins oder gar die Verbesserung der betrieblichen Sicherheitskultur bewirken, lässt sich anhand dieser angepassten Tests nicht beantworten. Dazu müsste ein neues, eigenständiges Forschungsprojekt mit einem zeitlich deutlich längeren Horizont und inhaltlich mit einem Fokus nur auf die Bewältigung der genannten Herausforderungen von Awareness-Messungen bewilligt werden.

Literatur

Assenza, G., Chittaro, A., De Maggio, M. C., Mastrapasqua, M. & Setola, R. (2019). A Review of Methods for Evaluating Security Awareness Initiatives. European Journal for Security Reasearch.

Bada, M., Sasse, A.M. & Nurse, J.R. (2019). Cyber Security Awareness Campaigns: Why do they fail to change behaviour? ArXiv, abs/1901.02672.

Baranowski T., Cullen, K. W. Nicklas, T. Thompson D. & Baranowski, J. (2003). Are Current Health Behavioral Change Models Helpful in Guiding Prevention of Weight Gain Efforts?. Obesity Research 11, (S10), 23–43.

BSI (Bundesamt für Sicherheit in der Informationstechnik) (Hrsg.) (o. D.). https://www.bsi.bund.de/DE/Service-Navi/Publikationen/Lagebericht/lagebericht_node.html#It-Sicherheitslage%20spitzt%20sich%20zu. Letzter Zugriff: 26.10.2023.

BSI (Hrsg. 2017). Standards. https://www.bsi.bund.de/DE/Themen/Unternehmen-und-Organisationen/Standards-und-Zertifizierung/IT-Grundschutz/BSI-Standards/bsi-standards_node.html. Letzter Zugriff: 27.10.2023.

BSI (Bundesamt für Sicherheit in der Informationstechnik) (Hrsg. 2023a). IT-Grundschutz-Kompendium. https://www.bsi.bund.de/DE/Themen/Unternehmen-und-Organisationen/Standards-und-Zertifizierung/IT-Grundschutz/IT-Grundschutz-Kompendium/it-grundschutz-kompendium_node.html. Letzter Zugriff: 27.10.2023.

BSI (Bundesamt für Sicherheit in der Informationstechnik) (Hrsg. 2023b). IT-Grundschutz-Kompendium Baustein-Kategorien / Überblick Bausteine / Baustein-Kategorie „ORP: Organisation und Personal“. https://www.bsi.bund.de/DE/Themen/Unternehmen-und-Organisationen/Standards-und-Zertifizierung/IT-Grundschutz/IT-Grundschutz-Kompendium/IT-Grundschutz-Bausteine/Bausteine_Download_Edition_node.html. Letzter Zugriff: 27.10.2023.

BSI (Bundesamt für Sicherheit in der Informationstechnik) (Hrsg. 2023c). Baustein „ORP.3: Sensibilisierung und Schulung zur Informationssicherheit“. https://www.bsi.bund.de/SharedDocs/Downloads/DE/BSI/Grundschutz/Kompendium_Einzel_PDFs_2021/02_ORP_Organisation_und_Personal/ORP_3_Sensibilisierung_und_Schulung_Editon_2021.pdf?__blob=publicationFile&v=2. Letzter Zugriff: 27.10.2023.

DIHK—Deutscher Industrie- und Handelskammertag e. V. (Ed.) (2022). Zeit für den digitalen Aufbruch: Die IHK-Umfrage zur Digitalisierung, https://www.ihk.de/blueprint/servlet/resource/blob/5488158/8d01cc3ef58c3a251d6520f2ac4653b2/ergebnisse-der-ihk-digitalisierungsumfrage-data.pdf Letzter Zugriff: 28.10.2023.

Drivelock SE (Hrsg.) (2023). https://www.drivelock.com/de/de/lp-studie-it-sicherheit-im-mittelstand. Letzter Zugriff: 26.10.2023.

Erdogan, G., Halvorsrud, R., Boletsis, C., Tverdal, S. & Pickering, J. B. (2023). Cybersecurity Awareness and Capacities of SMEs. https://sintef.brage.unit.no/sintef-xmlui/bitstream/handle/11250/3056514/116096.pdf?sequence=1, https://sintef.brage.unit.no/sintef-xmlui/handle/11250/3056514, https://hdl.handle.net/11250/3056514. Letzter Zugriff: 12.8.2023.

Fertig, T. & Schütz, A. (2020). About the measuring of information security awareness: a systematic literature review. Proceedings of the 53rd Hawaii International Conference on System Sciences, 6518-6527. https://hdl.handle.net/10125/64540 978-0-9981331-3-3 (CC BY-NC-ND 4.0).

Gaube, S., Lermer, E. & Fischer, P. (2019). The Concept of Risk Perception in Health-Related Behavior Theory and Behavior Change. In: Raue, M., Streicher, B., Lermer, E. (eds) Perceived Safety. Risk Engineering. Springer, Cham. doi: 10.1007/978-3-030-11456-5_7.

Helisch, M. (2009). Definition von Awareness, Notwendigkeit und Sicherheitskultur. In: Helisch, M. & Pokoyski, D. (Hrsg.), Security Awareness – Neue Wege zur erfolgreichen Mitarbeiter- Sensibilisierung, Wiesbaden: Vieweg + Teubner, 9-28.

Helisch, M. & Pokoyski, D. (Hrsg.) (2009). Security Awareness – Neue Wege zur erfolgreichen Mitarbeiter- Sensibilisierung. Wiesbaden: Springer Vieweg.

Hengstler, S., Nickerson, R. C. & Trang, S. (2022). Towards a taxonomy of information security policy non-compliance behavior. Proceedings of the 55th Hawaii International Conference on System Sciences, 4826-4835. https://hdl.handle.net/10125/79925 978-0-9981331-5-7 (CC BY-NC-ND 4.0).

ISO/IEC 27000 (2018(E)). Information technology — Security techniques — Information security management systems — Overview and vocabulary. INTERNATIONAL STANDARD ISO/IEC 27000, fifth edition 2018-02. https://www.iso.org/standard/73906.html. Letzter Zugriff: 14.05.2020.

Kruger, H. A. & Kearney, W. D. (2006). A prototype for assessing information security awareness. Computers & Security, 25(4), 289–296.

Limna, P., Kraiwanit, T. & Siripipattanakul, S. (2022). The Relationship between Cyber Security Awareness, Knowledge, and Behavioural Choice Protection among Mobile Banking Users in Thailand. International Journal of Computing Sciences Research.

Ogbanufe, O. (2020). Information Security Is Not Really My Job: Exploring Information Security Role Identity in End-Users. Proceedings of the 53rd Hawaii International Conference on System Sciences. https://hdl.handle.net/10125/64263, 978-0-9981331-3-3, (CC BY-NC-ND 4.0).

Pinnow & Partner Unternehmens- und Technologieberatungsgesellschaft mbH (Hrsg.) (2023). Webseite datensicherheit.de (2020). https://www.datensicherheit.de/kmu-studie-it-sicherheit-huerdenlauf-mittelstand. Letzter Zugriff:: 26.10.2023.

Pokoyski, D., Matas, I. & Haucke, A. (2021). Qualitative Wirkungsanalyse Security Awareness in KMU: Tiefenpsychologische Grundlagenstudie im Projekt Awareness Labor KMU (ALARM) Informationssicherheit. Scholl, M. (Hrsg), Technische Hochschule Wildau, Wildau. https://alarm.wildau.biz/static/d6490e49f8d31adfa35259134b8d1b9d/220316-alarm-studie-final.pdf Letzter Zugriff: 05.09.2023.

Scholl, M (2023). Sustainable Information Security Sensitization in SMEs: Designing Measures with Long-Term Effect. (University of Hawai'i at Manoa), Proceedings of the 56th Hawaii International Conference on System Sciences, 6058- 6067. https://hdl.handle.net/10125/103369, (CC BY-NC-ND 4.0).

Scholl, M. C., Fuhrmann, F. & Scholl, L. R. (2018). Scientific knowledge of the human side of information security as a basis for sustainable trainings in organizational practices. Proceedings of the 51st Hawaii International Conference on System Sciences, 2235-2244. http://hdl.handle.net/10125/50168, ISBN: 978-0-9981331-1-9, (CC BY-NC-ND 4.0).

Schütz, A. E. (2018). Information security awareness: It's time to change minds! Proceedings of International Conference on Applied Informatics Imagination, Creativity, Design, Development - ICDD 2018.

Schütz, A. E., Weber, K. & Fertig, T. (2020). Assessing the information security awareness of university students. PACIS 2020 Proceedings. https://aisel.aisnet.org/pacis2020/54. Letzter Zugriff: 28.10.2023.

Schütz, A. & Fertig, T. (2023). The Forgotten Model–Validating the Integrated Behavioral Model in Context of Information Security Awareness. Proceedings of the 56th Hawaii International Conference on System Sciences, 6841-6850. https://hdl.handle.net/10125/103462 978-0-9981331-6-4 (CC BY-NC-ND 4.0).

Upadhyay, R. K., Singh, A. & Singh, B. M. (2022). Human side of cybersecurity: an empirical study. International Journal of Business Information Systems, 41(3), 408-422.

Volkamer, M., Sasse, M. A. & Boehm, F. (2020). Phishing-Kampagnen zur Steigerung der Mitarbeiter-Awareness: Analyse aus verschiedenen Blickwinkeln–Security, Recht und Faktor Mensch. Datenschutz und Datensicherheit-DuD 44, 518-521. https://link.springer.com/content/pdf/10.1007/s11623-020-1317-x.pdf Letzter Zugriff: 27.10.2023.

von Solms, S. H., du Toit, J. & Kritzinger, E. (Juli 2023). Another Look at Cybersecurity Awareness Programs. In International Symposium on Human Aspects of Information Security and Assurance, 13-23. Cham: Springer Nature Switzerland. doi: 10.1007/978-3-031-38530-8_2.

Zerr, K. (2007). Security-Awareness-Monitoring. DuD Datenschutz und Datensicherheit 31. Wiesbaden: Springer Gabler.

Weiter zum Kapitel 2.9

Awareness-Reifegrad-Modelle

2.9 Awareness-Reifegrad deutscher KMU zur Informationssicherheit

Margit Scholl und Dietmar Pokoyski

Es gibt Reifegradmodelle für alle betrieblichen Fachdisziplinen, sei es Qualitätsmanagement, Projektmanagement, Prozessmanagement oder IT-Management, aber auch für spezifische Fragestellungen wie z. B. die Software- und Systementwicklung, den digitalen Wandel im Controlling oder in der Mitarbeiterführung. Bekannte Reifegradmodelle sind beispielsweise die CMMI (Capability Maturity Model Integration) und SPICE (Software Process Improvement and Capability Determination) (Grande 2013). Reifegradaussagen sollen möglichst auch in der Informationssicherheit etabliert werden, um deren Anforderungen in hoher Qualität in den Institutionen zu erfüllen. Innerhalb des IT-Grundschutzes bezieht sich ein Reifegradmodell auf das zu etablierende Informationssicherheitsmanagementsystem (ISMS), insbesondere auf die Strukturierung und Steuerung des gesamten Informationssicherheitsprozesses und gehört innerhalb der IT-Grundschutzvorgehensweise in den Bereich der kontinuierlichen Verbesserung (BSI o. D. a). Bezogen auf die Ziele des Projekts „ALARM Informationssicherheit“ und mit Blick auf innovative Managementaspekte interessieren uns jedoch vor allem Aussagen sowohl zum Informationssicherheitsbewusstsein der Mitarbeitenden und Führungskräfte als KMU-Belegschaft als auch zur gelebten Informationssicherheitskultur innerhalb der Organisation – dies bezeichnen wir als „Awareness-Reifegrad“.

2.9.1 Was sind Zweck und Ziel von einem „Reifegradmodell“?

Reifegradmodelle haben generell den Zweck, die entsprechende Qualität der Dienstleistung oder des Produktergebnisses eines Unternehmens zu verbessern, um letztlich die Kundenanforderungen fokussierter zu erfüllen.

Reifegradmodelle haben daher das Ziel, das betrachtete fachliche betriebliche Thema (z. B. das Management der Prozesse) im Ist-Zustand zu bewerten und den optimalen Soll-Zustand zu postulieren sowie jeweils Aussagen über deren Qualität aufzuzeigen.

Mit definierten stufenweisen „Reifegraden“ (meist in 5 oder 6 Stufen bzw. „Level“) wird die Entwicklungsmöglichkeit mit Kenngrößen („Dimensionen“) aufgezeigt. Neben solchen „Stufenmodellen“ existieren auch kontinuierliche Modelle, in denen sich die einzelnen Dimensionen in unterschiedlichen Reifegraden befinden können. Aufgrund der zunehmenden betrieblichen Komplexität entstanden in den letzten Jahren Reifegradmodelle, die auf bestimmte Branchen oder Unternehmensbereiche spezialisiert sind, so z. B. auch für das Controlling und die digitale Transformation (Hess et al. 2022).

Reifegradaussagen sind Teil des betrieblichen Anforderungsmanagements (Grande 2013). Unter sowohl betriebswirtschaftlichen als auch kundenorientierten Aspekten muss die Gesamtheit aller Anforderungen an eine Dienstleistung oder an ein Produkt dazu führen, dass die gewünschte Qualität bzw. Funktionalität tatsächlich entsteht. Sind alle Anforderungen der aktuellen Stufe des Reifegradmodells im Ist-Zustand erfüllt, so wird das nächst höhere Level erreicht und der Ist-Zustand ist entsprechend verbessert.

Reifegradmodelle stellen beispielsweise für ein KMU ein wichtiges Instrument dar, weil sie die Positionierung der eigenen Organisation im Wettbewerb ermöglichen und Entwicklungsperspektiven aufzeigen (vgl. Becker et al. 2009). Letztlich geht es um eine Kategorisierung des betrieblichen Zustandes hinsichtlich des betrachteten Themas in diesen definierten 5 oder 6 Reifegraden. Es wurden beispielsweise über hundert Reifegradmodelle zur Unterstützung des IT-Managements entwickelt (Becker et al. 2009), wobei nach Ansicht dieser Autoren mit dieser Menge und der oft lückenhaften Dokumentation die Gefahr einer zunehmenden Beliebigkeit in ihrer Entwicklung einhergeht.

Im Rahmen des IT-Grundschutzes des BSI ist der Maßstab für die „Reife" des ISMS einer Institution der Grad der Strukturierung und der systematischen Steuerung des Informationssicherheitsprozesses (s. BSI o. D. b). Das BSI geht dabei von einem sechsstufigen Reifegradmodell aus, das in Tabelle 5 dargestellt ist:

Tabelle 5: *Reifegradmodell für ein Informationssicherheitsmanagementsystem (ISMS) nach IT-Grundschutz. Quelle: BSI (o. D. b).*

Reifegrad-Stufe	Kennzeichen / Beschreibung
0	Es existiert kein Informationssicherheitsprozess, es gibt auch keine Planung hierzu.
1	Es gibt Planungen zur Etablierung eines Informationssicherheitsprozess, jedoch keine Umsetzungen.
2	Teile des Informationssicherheitsprozess sind umgesetzt, es fehlt jedoch an systematischer Dokumentation.
3	Der Informationssicherheitsprozess ist vollständig umgesetzt und dokumentiert.
4	Der Informationssicherheitsprozess wird darüber hinaus auch regelmäßig auf Effektivität überprüft.
5	Zusätzlich sind Maßnahmen zur kontinuierlichen Verbesserung vorhanden.

Ziel der Anwendung des Reifegradmodells nach Tabelle 4 ist es, die Qualität aller Teilbereiche des ISMS einer Institution zu erhöhen. Die Themenfelder eines ISMS sind dabei (BSI, o. D. b):

- Konzepte und Vorgehensweisen
- Organisation und Personal
- (Software-) Anwendungen
- IT-Systeme
- Netze und Kommunikation
- Infrastruktur
- Detektion und Reaktion
- Betrieb.

Anhand dieser Aufzählung wird deutlich, warum bei Reifegradmodellen von Dimensionen und nicht nur von Kennzahlen gesprochen wird: Jedes einzelne genannte Themenfeld eines ISMS ist selbst komplex und enthält etliche spezifische Aspekte. Durch regelmäßige Analysen können (und müssen) die Verantwortlichen überprüfen, welche Prozesse noch unzureichend gesteuert sind. In der folgenden Abbildung 43 wird beispielhaft die erreichten Reifegrade eines fiktiven Ist-Zustandes der verschiedenen Themenfelder eines ISMS in einer Institution dargestellt. Je niedriger der dargestellte Reifegrad ist, umso mehr besteht ein besonderer Handlungs- und Verbesserungsbedarf. Reifegradmodelle können folglich auch in der Informationssicherheit dabei unterstützen, Schwerpunkte für die Weiterentwicklung des institutionellen ISMS bzw. in den einzelnen Themenbereichen zu setzen.

Die Herausforderungen liegen u. a. in der dokumentierten Datenlage sowie in der

Reifegrade von Themenfeldern der Informationssicherheit

Organisation und Personal
Konzepte und Vorgehensweisen
Betrieb
Detektion und Reaktion
Infrastruktur
Netze und Kommunikation
IT-Systeme
Anwendungen
5
4
3
2
1
0

Abbildung 43: *Beispielhafte Darstellung der erreichten Reifegrade eines fiktiven Ist-Zustandes der Themenfelder eines ISMS einer Institution. Quelle: BSI (o. D. b).*

Definition und effizienten Bestimmung der zugrundeliegenden relevanten Kenngrößen. Nachteile von Reifegradmodellen werden im #leanmagazin genannt wie folgt benannt (vgl. Lean Knowledge Base 2023):

- Die Implementierung eines Reifegradmodells und die Einführung neuer Praktiken erfordert Zeit und Ressourcen.
- Die Schulung von Mitarbeitern, die Überarbeitung von Prozessen und die Einführung neuer Tools können die finanziellen Ressourcen belasten.
- Die Einführung eines Reifegradmodells kann auf Widerstand von Mitarbeitenden und Führungskräften stoßen.
- In einigen Fällen kann es zu einer übermäßigen Bürokratie führen.
- Für Kleinstunternehmen sind Reifegradmodelle eventuell nicht geeignet.

2.9.2 Awareness-Reifegradmodelle zur Informationssicherheit

Im Hinblick auf den Reifegrad einer Organisation hinsichtlich des Informationssicherheitsbewusstseins beginnen die Institutionen oft mit der Implementierung eines Programms: Informationssicherheitsschulungen und Bewusstseinstrainings (information security training and awareness, ISTA). Anfangs geht es meist um die Einhaltung von Basisanforderungen, wie z. B. die Sicherheitsrichtlinien, um später das Programm zu verbessern und schließlich eine Sicherheitskultur aufzubauen (Alshaikh et al. 2018). Der Reifegrad des ISTA-Programms selbst wird davon beeinflusst, wie lange die Organisation das ISTA-Programm und ein engagiertes Team implementiert hat: Je länger ISTA-Aktivitäten durchgeführt werden und je mehr aus früheren Erfahrungen gelernt wird, welche Techniken funktioniert haben und welche nicht, desto wahrscheinlicher ist es, dass das ISTA-Programm „reift" (Alshaikh et al. 2018). Das steht im Einklang mit der Schlussfolgerung von Manifavas et al. (2014), dass „die Reife des Programms eine wesentliche Rolle für seine Wirksamkeit spielen kann; letzteres kann in den ersten Einsatzjahren nicht gewährleistet werden".

Wie bereits in der Studie 2 des Projekts „ALARM Informationssicherheit" ausgeführt (Pokoyski & Hauke 2022), existieren im Bereich von praxisorientierter Forschung und betrieblicher Anwendung bisher relativ wenige Ansätze für die Bewertung nach Security Awareness-Reifegraden. Bei vorhandenen Modellen werden verschiedene, oftmals nur rudimentär definierte Ausprägungen von Wissen, Kommunikationskultur, Strategie und quantitativen Evaluationen miteinander kombiniert. Diese Kombinationen zielen im Wesentlichen auf die Intention eines sicherheitskonformen Verhaltens ab, wie es oben mit der Vermittlung von Sicherheitsrichtlinien beschrieben ist. Eine entsprechende Entwicklung einer lebendigen, aktiv modellierten Sicherheitskultur, die auch Erfahrungen oder Entwicklungsperioden beinhaltet wie im Projekt „ALARM Informationssicherheit" intendiert, korrespondiert in den meisten Modellen erst mit einem höheren Reifegrad.

Als Beispiele werden nachfolgend einige der Reifegrad-Modelle ohne Anspruch auf Vollständigkeit zusammengefasst vorgestellt.

KnowBe4: Security Culture Maturity

Der Security Awareness-Plattform-Anbieter KnowBe4 hat im Jahr 2022 das sogenannte „Security Culture Maturity"-Modell vorgestellt (KnowBe4, 2022). Hierbei wird der Reifegrad mehr oder weniger mit so genannter „Security-Culture" gleichgesetzt, d. h. es handelt sich im Wesentlichen um eine Balanced Score Card, innerhalb der Security-Awareness-Faktoren auf bis zu fünf verschiedenen Stufen einer Sicherheitskulturmatrix mit einem Gesamtpunktehöchstwert von maximal 100 festgeschrieben sind.

Dieses Stufenmodell, das neben Awareness auf weiteren sicherheitsrelevanten Faktoren basiert, weist 5 Stufen (Ebenen/Levels) aus, die in Tabelle 6 dargestellt sind.

Tabelle 6: *„Security Culture Maturity"-Modell; Quelle: KnowBe4, 2022*

Reifegrad-Stufe	Kennzeichen / Beschreibung
1	**Basic Compliance:** Minimum an Training, begrenzte quantitative Metriken.
2	**Security-Awareness-Foundation:** mindestens ein jährliches Training und Onboarding-Schulungen, gelegentliche Phishing-Simulationen, inhaltliche Vielfalt .
3	**Programmatic-Security-Awarness & Behavior:** strategisches Sensibilisierungsprogramm mit integrierten Tools, vierteljährlichen Trainings mit simuliertem Phishing, Intention ist ein sicherheitsbewusstes Verhalten.
4	**Security-Behavior-Management:** kontinuierliche Schulungen über verschiedene Informationskanäle / Methoden und für unterschiedliche Zielgruppen, verstärkter Einsatz integrierter Tools zur Kommunikation der Trainingsstrategie, Intention ist eine „echte" Verhaltensänderung.
5	**Sustainable Security Culture:** etabliertes Programm, das die Sicherheitskultur misst, formt und stärkt; unterschiedliche Methoden eines verhaltensbasierten „Encouragement", Kenngrößen (KPI), die die Organisationskultur ganzheitlich betreffen.

SANS Institute: Security Awareness Maturity Model

Einen ähnlichen Ansatz verfolgt bereits seit 2011 ein weiterer großer Dienstleistender im Bereich Security Awareness: das SANS™ Institute, unter dem Titel „Security Awareness Maturity Model" (SANS™ Institute, 2023). Das entsprechende Reifegradmodell wird in Tabelle 7 zusammengefasst.

Tabelle 7: *„Security Awareness Maturity Model"; Quelle: SANS™ Institute (2023).*

Reifegrad-Stufe	Kennzeichen / Beschreibung
1	**Nonexistent:** Eine Awareness-Programm existiert nicht.
2	**Compliance Focused:** pragmatische Awareness, um Compliance- oder Audit-Anforderungen zu erfüllen.
3	**Promoting Awareness & Behavior Change:** Ausdifferenzierung von Zielgruppen und Themen.
4	**Long-Term Sustainment & Culture Change:** langfristiger Awareness-Zyklus mit Programm, Ressourcen & Management
5	**Metrics Framework:** ausgereiftes Programm mit Metrik.

Im „Security Awareness Maturity Model" des SANS™ Institute (Tabelle 7) bedeutet der erste Reifegrad, dass es Mitarbeitenden nicht bewusst ist, ein Angriffsziel darzustellen, und auch nicht, dass ihr Verhalten direkte Auswirkungen auf die Sicherheit des Unternehmens hat. Da die Mitarbeitenden die Unternehmensrichtlinien nicht kennen oder befolgen, sind sie leichte Angriffsopfer für Cyberkriminelle.

Im zweiten Reifegrad (Tabelle 7) werden Trainings anlassbezogen angeboten, allerdings beschränkt auf jährliche Events. Mitarbeitende haben immer noch kein oder kaum Bewusstsein in Bezug auf Unternehmensrichtlinien und/oder ihrer Rolle beim Informationsschutz.

Über jährliche Pflichtveranstaltungen hinaus bietet der dritte Reifegrad (Tabelle 7) kontinuierliche Verstärkung an. Die Inhalte werden auf ansprechende, positive Weise kommuniziert, die zu Verhaltensänderungen anregen soll. Jetzt verstehen und befolgen die Mitarbeitenden die betrieblichen Richtlinien und erkennen bzw. melden Vorfälle, die sie auch zu verhindern versuchen.

Im vierten Reifegrad (Tabelle 7), der einen langfristigen Awareness-Lebenszyklus gewährleistet und sowohl Prozesse und Ressourcen als auch explizit die Aufmerksamkeit des Managements umfasst, ist eine jährliche Überprüfung verbunden. Schulungsinhalte zu Awareness sind aktuell, ansprechend aufbereitet und ein etablierter Bestandteil der betrieblichen Sicherheitskultur. Diese umfasst außerdem Veränderungen in Bezug auf Verhalten, Überzeugungen, Einstellungen und Wahrnehmungen.

Der fünfte Reifegrad (Tabelle 7), mit einem ausgereiften Programm und robusten Metriken für jede Phase, beinhaltet auch eine kontinuierliche Verbesserung mit dem Nachweis eines Return on Investment (ROI) als Mehrwert.

TreeSolution: Capabilty Maturity Model und Security Awareness Radar

Der Schweizer Gründer und Inhaber der TreeSolution Security Awareness AG, Dr. Thomas Schlienger, hat ein Reifegradmodell in Anlehnung an das CMM (Capabilty Maturity Model) entwickelt (TreeSolution o. D.) und seit 2005 zum Ziel-Framework seiner quantitativen Messmethode „Security Awareness Radar" erhoben (TreeSolution 2023). Das CMM selbst wurde bereits Ende der 80er Jahre am Software Engineering Institute als Ergebnis einer von der US Air Force finanzierten Studie entwickelt, um die Arbeit von Subunternehmen zu bewerten (Guru99 2023).

Das TreeSolution-Modell erinnert dabei stark an das oben bereits skizzierte Modell des SANS™ Institute, ist aber offenbar das ältere von beiden. Es ist in Tabelle 8 dargestellt.

Das Tool von TreeSolution misst im Rahmen eines so genannten „Informationssicherheits-ABC" (Awareness, Behavior, Culture) sowohl „starke" als auch „schwache Punkte" in den Bereichen Bewusstsein, Verhalten und Kultur (TreeSolution 2023).

Tabelle 8: *„Security Awareness Radar"; Quelle: TreeSolution (o. D.)*

Reifegrad-Stufe	Kennzeichen / Beschreibung
1	**Beginnend:** Eine Awareness-Programm existiert nicht.
2	**Wiederholbar:** Auf Compliance fokussiert.
3	**Definiert:** Fördert Bewusstsein und Veränderung.
4	**Gesteuert:** Langfristige Perspektive
5	**Optimierend:** Messungs-Rahmenwerk.

In der aktuellen Broschüre werden folgende Dimensionen für den „Security Awareness Radar" angegeben (TreeSolution 2023): Arbeits- und Technologiegestaltung, Schulung, Organisationskultur, Organisationsstruktur, Kommunikation, Vorbildfunktion, Problemmanagement, Einstellung, Motivation, Wahrnehmung, Werte und Wissen. Mit dem Tool sollen die Entwicklung und Wirkung der Awareness-Maßnahmen, die langfristige und kontinuierliche Weiterentwicklung der Maßnahmen sowie die Verankerung in der spezifischen Unternehmenskultur aufgezeigt werden.

Prof. Konrad Zerr: Security Awareness Index (SAI)

Im deutschsprachigen Raum existiert eine weitere Messmethode hinsichtlich Security Awareness, die ebenfalls z.B. Branchen-Benchmarks auf Basis von Kenngrößen erlaubt und mithilfe eines standardisierten Fragebogens evaluiert werden. Entwickelt wurde dieses Messkonzept von Prof. Konrad Zerr an der Hochschule Pforzheim.

Analysiert werden „implementierte Security Awareness-Maßnahmen, Organisationsstruktur, vorhandene Sicherheitsregelungen, Sicherheitskultur“ (Zerr 2009). Auf Grundlage der grundsätzlichen Zielsetzung der Security-Policy und der durchzuführenden Messung des Sicherheitsbewusstseins wird „ein Erhebungskonzept“ entwickelt. Dieses definiert die zu beantwortenden zentralen Fragen, die zu betrachtenden Organisationseinheiten und die einzusetzenden Erhebungsinstrumente. Das Erhebungskonzept wird [...] im Rahmen von Expertengesprächen validiert und geht danach in die operative Umsetzung (Zerr 2009). Am Ende stehen die Auswertung und Interpretation der gewonnenen Einsichten und die Ableitung von Handlungsempfehlungen.

Ein zentraler Bestandteil dieses Erhebungskonzepts ist häufig ein teilstandardisierter Fragebogen, der neben offenen Antwortmöglichkeiten auch die Ableitung standardisierter Kenngrößen, hier „Security Awareness Index“ (SAI) genannt, auf unternehmensrepräsentative Weise ermöglicht.

Dieser Fragebogen besteht aus teils standardisierten, teils kundenindividuell entwickelten Fragestellungen. Die standardisierten Fragen sind deduktiv, d.h. theoriegeleitet entwickelt und im Rahmen mehrerer Praxis-Projekte auf ihre Reliabilität hin überprüft. Die individuellen Fragen werden spezifisch und kontextbezogen mittels Expertengesprächen entwickelt (Zerr 2009).

Die zur Ermittlung des SAI herangezogenen Dimensionen umfassen unter anderem „Verantwortlichkeit“, „Einfluss auf die Aufgabenbewältigung“, „Unternehmenskultur“, „Management Attention“ und „Einstellung zur Sicherheit“.

Hochschule für angewandte Wissenschaften Würzburg-Schweinfurt

An einem abweichenden, äußerst komplexen Reifegrad-Modell, das auch die Intention eines sicherheitskonformen Verhaltens berücksichtigt, forscht seit einigen Jahren das Team um Professorin Kristin Weber an der Hochschule für angewandte Wissenschaften Würzburg-Schweinfurt. Security Awareness wird, basierend auf dem integrierten Verhaltensmodell von Montaño & Kasprzyk (2015), als Gesamtheit aus „Wissen und Fähigkeiten”, „Verhaltensabsicht”, „Salienz” (Auffälligkeit) und „Gewohnheit” definiert. Deren Zusammenspiel passiert in der Absicht, ein sicherheitskonformes Verhalten anzustreben, das durch so genannte „Einschränkungen aus dem Umfeld“ gestört wird. Tiefenpsychologisch könnte man hinter der Hilfskonstruktion „Einschränkungen aus dem Umfeld“ eine Entsachlichung kognitiver und rationaler Absichten und damit ein „menschliches Eröffnen“ vermuten. Diese Entsachlichung würde helfen, so genannte „Fehlleistungen“ zu erklären.

Solche „Fehlleistungen" sind beispielsweise für paradoxe Verhältnisse typisch, die entstehen, wenn Informationssicherheit die Schaffung eines komplett abgedichteten Schutzraums anstrebt, der jedoch bei konsequenter Zuspitzung alles Menschliche, alles Lebendige im Keim erstickt und abtötet und so unbewusste Reaktionen bei den Handelnden, den Menschen, provoziert.

Hinsichtlich der Methodik des Reifegrad-Modells, eine Diskrepanz („abstraktes Delta") zwischen dem Wunsch und dem Ist-Zustand berechnen zu wollen, nutzt dieses Forschungsteam (Fertig et al. 2023) das so genannte „Rasch Modell" (Rasch 1993), mit einer integrierten Maximum-Likelihood-Methode. Es wurde von dem dänischen Statistiker Georg Rasch entwickelt und u.a. im Einsatz bei der Bewertung von Probanden und Probandinnen im Rahmen der PISA Studien angewandt. Das Hochschulteam nutzt die Items (Fragegruppen) „Messung", „Förderung", „Prozesse" und „Organisation und Management" zur Berechnung von Reifegradaussagen in insgesamt fünf Stufen. In diesem Forschungsmodell wird auch ein so genannter Awareness-„Wunsch" berücksichtigt. Gemeint sind vermutlich u.a. Intention, Absicht und Zweck. Dies unterscheidet das Modell von den anderen, hier dargestellten erheblich. Es entspricht dabei durchaus unseren Beobachtungen, Interviews und Gruppendiskussionen, insbesondere hinsichtlich eines möglichen (unbewussten) Boykotts von proaktiver Entwicklung einer Sicherheitskultur durch eine Begrenzung der Beschäftigten-Autonomie, z.B. am digitalen Alltag überhaupt teilzuhaben.

Dieses komplexe Awareness-Reifegradmodell (Fertig et al. 2023) hat sicherlich die größte Tiefe von den hier vorgestellten Modellen, dafür sind viele Items terminologisch und semantisch jedoch erklärungsbedürftig und zu präzisieren.

Reifegrad auf Basis des Layer-Modells von known_sense

Im Kapitel 2.8.3 wurde bereits auf Layer-Modell Wissen, Wollen und Können (Helisch & Pokoyski 2009; Pokoyski et al. 2021) hingewiesen. Aufgrund der englischen Begriffe und Bedeutung Knowledge ("being informed"), Volition ("being willing") und Capacity ("being able") nennen wir dieses Layer-Modell auch KVC-Modell (Scholl 2023). Abbildung 44 zeigt das 3-Layer-Modell in Verbindung mit 5 definierten Awareness-Reifegradstufen, die in Tabelle 9 erläutert werden.

Mit diesem Modell kann für KMU ein vereinfachtes Positionierungs-Modell skizziert werden. Das wichtige Merkmal ist, dass das Layer-Modell von known_sense (Abbildung 44) Awareness nicht nur auf Training begrenzt, sondern über die Lerntheorie hinaus auch Marketing-Faktoren, psychologische Dimensionen und solche der systemischen Kommunikation zu integrieren versucht. Dieses Modell berücksichtigt daher auch die Intention eines „Enabling" von Mitarbeitenden hinsichtlich digitaler Werkzeuge im Sinne einer Botschaft wie „Nutze jede technische Innovation, die dir nützt, aber bitte sicher" (Pokoyski & Hauke 2022). Das entsprechende Awareness-Stufenmodell inklusive der damit verbundenen Aufgaben für eine produktive Implementierung von Security Awareness und spielebasierter Lernszenarien (LS) ist der Tabelle 8 zu entnehmen. In diesem Modell wird deutlich,

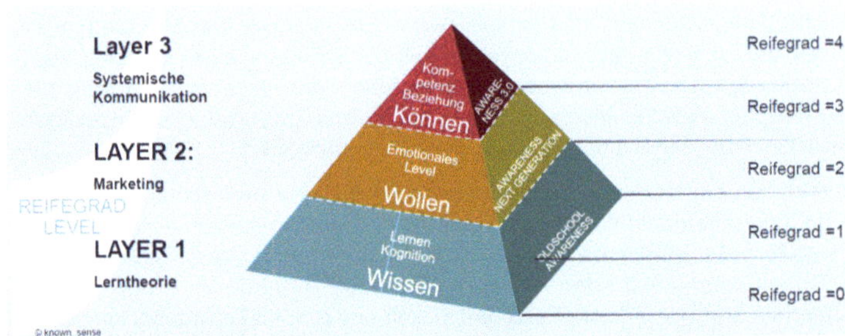

Abbildung 44: *Layer-Modell Wissen, Wollen und Können (dt.: WWK)/Knowlege, Volition und Capacity (en.: KVC) von known_sense. Quelle: D. Pokoyski (2022).*

dass die Sicherheitskultur einer Organisation, so auch bei den KMU, einem komplexen Lern- und Erfahrungsprozess unterliegt, indem sich gemeinsame Ziele, Interessen, Normen, Werte und Verhaltensmuster herausbilden und daher als ein Teil der Unternehmenskultur zu verstehen ist, an der sichtbar wird, wie Beschäftigte mit den unterschiedlichen Herausforderungen und vielfältigen Risiken im Kontext Informationssicherheit umzugehen pflegen.

Tabelle 9: *„Layer-Modell" von known_sense; Quelle: Podoyski & Hauke (2022)*

Reifegrad-Stufe	Kennzeichen/ Beschreibung des Awareness-Reifegrads	Aufgaben einer produktiven Implementierung von Security Awareness
0	Die Organisation ist so restriktiv und in Bezug auf Digitalisierung wenig agil aufgestellt, dass die Bezugspunkte für Awareness-Maßnahmen komplett fehlen (oder Awareness ist aus anderen Gründen vollständig mit Reaktanz belegt).	Keine, denn der Organisation fehlt der kulturelle Grip für Security Awareness vollständig. Wer abdichtet, legt jede Form einer durch Awareness intendierten Weiterentwicklung lahm.
1	In der Organisation wurden bisher keine Awareness-Maßnahmen durchgeführt, es ist jedoch geplant, Maßnahmen einzuführen	Die Organisation verfügt über keine Sensibilisierungserfahrung – bei einer beabsichtigten Nutzung ist auf LS mit geringer Komplexität zu achten bei gleichzeitiger Einführung von lerntheoretischen Maßnahmen und – in einem weiteren Schritt – von Awareness-Marketingmitteln.

Reifegrad-Stufe	Kennzeichen / Beschreibung des Awareness-Reifegrads	Aufgaben einer produktiven Implementierung von Security Awareness
2	In der Organisation existieren Awareness-Maßnahmen auf „niedrigem“ Niveau einer reinen Wissensvermittlung (Layer 1: Lerntheorie)	Die Organisation verfügt über Sensibilisierungserfahrung per Lerntheorie – bei einer beabsichtigten Nutzung ist auf LS mit geringer Komplexität zu achten bei gleichzeitiger Einführung von Awareness-Marketingmitteln.
3	In der Organisation existieren Change- bzw. Awareness-Maßnahmen auf „mittlerem“ Niveau, die z. B. neben einem reinen Wissensvermittlung auch werbliche Aspekte berücksichtigt (Layer 2: Marketing) “being informed” & “being willing”	Die Organisation verfügt über Sensibilisierungserfahrung per Lerntheorie; bei einer beabsichtigten Nutzung von gamifizierten Methoden ist auf LS bis mittlerer Komplexität zu achten, bei gleichzeitiger Einführung von Awareness-Marketingmitteln, um mit einer „Emotionalisierung“ der Themen auch die Motivation der Mitarbeitenden zu fördern.
4	In der Organisation existieren bereits Change- bzw. Awareness-Maßnahmen auf einem „höheren“ Niveau, die z. B. neben reiner Wissensvermittlung und werblichen Aspekten diskursive Settings und/oder Gamification als Kommunikationsbeschleuniger berücksichtigt (Layer 3: systemische Kommunikation) “being informed” & “being willing” & “being able”	Die Organisation verfügt über Sensibilisierungserfahrung per Lerntheorie, Marketing und systemischer Kommunikation – einer beabsichtigten Nutzung von LS, auch mit hoher Komplexität, steht nichts im Weg.

2.9.3 Zusammenfassende Betrachtung eines Awareness-Reifegrads

Die hier skizzierten Awareness-Reifegradmodelle sind jeweils als eine Option unter vielen möglichen Ansätzen zu betrachten. Die Disziplinen Informationssicherheit und Security Awareness verfügen über zahlreiche Optionen zur Definition von bzw. zur Bewertung durch Kenngrößen/Key Performance Indicators (KPIs), die am Ende als eine ganzheitlich designte „Balanced Scorecard" (vgl. Abbildung 43) den Reifegrad einer Organisation oder sogar deren bewertete Sicherheitskultur darstellen. Sämtliche quantitative Ansätze müssen jedoch am Ende auf Wirksamkeit und andere Faktoren hin interpretiert und in zielführende Maßnahmen in den KMU übersetzt werden.

Eine Aussage, ob mit dieser quantitativen Betrachtung tatsächlich ein Mehrwert hinsichtlich des Kerns von Security Awareness, nämlich der Intention, das Bewusstsein der Mitarbeitenden zu stärken, geschaffen wird, kann an dieser Stelle nicht getroffen werden. Gleichwohl muss anerkannt werden, dass eine Messung mit Ergebniswerten eine gewisse Aufmerksamkeit für die Belange der Informationssicherheit schafft. Vielen Unternehmen fällt es schwer, die Information Security Awareness (ISA) gezielt zu schärfen (Fertig et al. 2023). Allein der Prozess der Fragebögen-Implementierung und die Veröffentlichung der evaluierten KPIs tragen zur Imagebildung der Informationssicherheit bei.

KPIs sind zwar kein primäres Awareness-Instrument, sensibilisieren jedoch mindestens das (Top)Management einer Organisation auf einer Awareness-Metaebene, nämlich vor allem in Bezug auf das bereit zu stellende Budget für Security-Awareness-Maßnahmen und idealerweise hinsichtlich einer Positionierung der eigenen Organisation im Umfeld vergleichbarer Unternehmen mithilfe von Benchmarks. Eine Koppelung mit einem höheren Awareness-Reifegrad ist jedoch bislang nicht unmittelbar nachweisbar.

Abgesehen von einigen erklärungsbedürftigen Unterscheidungen in den Modellen wie beispielweise zwischen „echten" und der somit inhärenten Logik nach „unechten" Verhaltensänderungen, sind Ansätze zur Darstellung eines Awareness-Reifegrads dann weitgehend ungeeignet, wenn die Sensibilisierung beinahe ausschließlich auf Trainings basieren, die nur auf Lerntheorie mit reiner Wissensvermittlung abzielen. Es müssen weitere Faktoren wie Marketing, Psychologie bzw. systemische Kommunikation berücksichtigt und in innovative Lernmaterialien und Lernumgebungen transferiert werden. Es müssen diskursive Settings geschaffen und teambasierte Interaktionen ermöglicht werden.

Ausgehend von den Ergebnissen der Gruppendiskussionen im Kontext der Erfahrungen im Projekt „ALARM Informationssicherheit" sowie Vorgängerprojekten und Studien scheint zudem insbesondere eine Dimension wie „Management Attention" im SAI-Modell von Prof. Zerr durchaus geeignet, den Reifegrad zu beeinflussen. Gemeint ist damit die Aufmerksamkeit von Führungskräften in Bezug auf Sicherheitsthemen, vor allem aber auch die Unterstützung der Mitarbeitenden infolge der Vorbildfunktion des Managements.

Auch der Awareness-„Wunsch" im komplexen Forschungsmodell der Hochschule Würzburg-Schweinfurt ist bemerkenswert, da hiermit versucht wird, „Unbewusstes" einzufangen. Hinzu kommt, dass „Design Science" als Forschungsparadigma verwendet wird, wodurch die kontinuierliche Entwicklung eines Artefakts durch mehrere Iterationen unterstützt und damit das Reifegradmodell verbessert wird (Fertig et al. 2023). Allerdings muss angezweifelt werden, dass solche Dimensionen sich allein aus subjektiven Zustimmungen auf fragebogengestützten Thesen vergleichbar aufrechnen lassen.

Neben den hier genannten Awareness-Reifegradmodellen gibt es noch weitere aktuelle Entwicklungen, wie beispielsweise die von Kő et al. (2023), die ein Reifegradmodell für Informationssicherheitsbewusstsein auf Basis wissenschaftlicher Literatur, Experteninterviews und Feedback bereitstellen wollen. Außerdem gibt es eine Vielzahl von internationalen Untersuchungen, die beispielsweise die Auswirkungen mehrerer Interventionsstrategien auf Wissen, Einstellung und Verhalten testen (s. z. B. Alkhazi et al. 2022). Ebenso werden Technological-Organisational-Individual (TOI) Frameworks konzipiert, um Faktoren, die das Sicherheitsverhalten beeinflussen, auf aktuelle Praktiken der Organisation abzubilden, diese zu analysieren und die Modelle zu verbessern (Topa & Karyda 2019). Letztlich soll auch ein gutes Sicherheitsverhalten der Mitarbeitenden bei sich permanent veränderten Bedingungen erreicht werden (Topa & Karyda 2023).

Diese Untersuchungen zeigen, dass alle Organisationen mit großen Herausforderungen im Informationssicherheitsmanagement zu tun haben, worauf wiederum die angewandte Forschung versucht, Antworten, Hilfestellungen und Lösungen zu liefern. Nach Johnston (2022) ist dabei vor allem der ganzheitliche Blick auf das Sicherheitsprofil einer Organisation von Bedeutung, damit der Kontext des spezifisch zu untersuchenden Phänomens überhaupt verstanden werden kann. Dabei ist die Bildung einer achtsamen Organisation von Nöten.

Achtsame Organisationen sind solche, die sich mit dem Scheitern beschäftigen, sich vor Vereinfachungen sträuben, auf Abläufe achten, sich auf Resilienz konzentrieren und in der Lage sind, von hierarchischen Entscheidungsstrukturen abzuweichen, um Probleme an die Experten zu verlagern, die für die Problemlösung am besten geeignet sind (Levinthal & Rerup, 2006). Im Kontext der Cybersicherheit manifestiert sich nach Johnston (2022) die Beschäftigung mit Fehlern in der Entschlossenheit einer Organisation, Sicherheitsvorfälle in lehrreiche Momente zu verwandeln, in denen sie aus ihren Fehlern lernen können. Eine Zurückhaltung gegenüber Vereinfachungen bezieht sich auf das Beharren einer Organisation darauf, Fehler aus mehreren Perspektiven zu betrachten, während Aufmerksamkeit für den Betrieb sich auf die Konzentration einer Organisation auf die Abläufe des Unternehmens und deren Rolle bei Fehlern in der Informationssicherheit bezieht (Johnston 2022). Der Fokus einer Organisation auf Resilienz bezieht sich auf ihre Neigung, auf Angriffe zu reagieren, sobald sie auftreten, während sich die Verlagerung von Entscheidungen auf Fachwissen auf ihre Fähigkeit bezieht, von hierarchischen Entscheidungsstrukturen abzuweichen und Probleme an die entsprechenden Experten zu verlagern (Johnston 2022).

Die Einbeziehung von bzw. die Problemverlagerung auf Expertinnen und Experten sollte im Kontext des Informationssicherheitsbewusstseins aber nicht bedeuten, dass das Top-Management bzw. die Geschäftsführenden das Budget für Sensibilisierungsmaßnahmen, die Führungskräfte Ihre Vorbildfunktion und Mitarbeitende ihr aktives Sicherheitsverhalten vernachlässigen. Vielmehr müssen alle Mitarbeitenden die Sicherheitsziele der eigenen Institution und die relevanten Gefährdungen kennen, zudem bereits sein, die Sicherheitsmaßnahmen umzusetzen, die dafür verständlich formuliert werden müssen. Alle Mitarbeitenden sind daher kontinuierlich und auf eine nachhaltige Art und Weise zu sensibilisieren. Das bedeutet für KMU ein intensiver Lernprozess mit viel Erfahrungsaustausch, um alle Beteiligten zu befähigen, adäquat mit den sich auch ändernden Herausforderungen und Risiken im Kontext Informationssicherheit umzugehen und so eine gemeinsam getragene Sicherheitskultur zu entwickeln.

Literatur

Alkhazi, B., Alshaikh, M., Alkhezi, S. & Labbaci, H. (2022). Assessment of the Impact of Information Security Awareness Training Methods on Knowledge, Attitude, and Behavior. IEEE Access, 10, 132132-132143.

Alshaikh, M., Maynard, S.B., Ahmad, A. & Chang, S. (2018). An exploratory study of current information security training and awareness practices in organizations.

Bada, M., Sasse, A. M., & Nurse, J. R. (2019). Cyber security awareness campaigns: Why do they fail to change behaviour?. arXiv preprint arXiv:1901.02672.

Becker, J., Knackstedt, R. & Pöppelbuß, J. (2009). Entwicklung von Reifegradmodellen für das IT-Management. Wirtschaftsinformatik, 3(51), 249-260.

BSI (Hrsg.) (o. D. a) IT-Grundschutzwebkurs. Lerneinheit 9: Aufrechterhaltung und Verbesserung. https://www.bsi.bund.de/dok/10990056. Letzter Zugriff: 30.10.2023.

BSI (Hrsg.) (o.D. b) Lerneinheit 9.4: Reifegradmodelle. https://www.bsi.bund.de/dok/10990312. Letzter Zugriff: 30.10. 2023.

Fertig, T., Schütz, A. & Weber, K. (2023). Developing a Maturity Model for Information Security Awareness Using a Polytomous Extension of the Rasch Model. Proceedings of the 56th Hawaii International Conference on System Sciences 2023, 6831-6840. https://hdl.handle.net/10125/103461 978-0-9981331-6-4 (CC BY-NC-ND 4.0).

Grande, M. (2013). Reifegradmodelle. 100 Minuten für Konfigurationsmanagement: Kompaktes Wissen nicht nur für Projektleiter und Entwickler, Springer Vieweg Wiesbaden, https://link.springer.com/chapter/10.1007/978-3-8348-8135-9_15. Letzter Zugriff: 29.10.2023.

Guru99 (Martin, M.) (2023) https://www.guru99.com/de/capability-maturity-model-cmm-cmm-levels-a-fool-s-guide.html. Letzter Zugriff: 30.10.2023.

Helisch, M. & Pokoyski, D. (Hrsg.) (2009). Security Awareness – Neue Wege zur erfolgreichen Mitarbeiter-Sensibilisierung. Wiesbaden: Springer Vieweg.

Hess, C., Stierle, A.-L. & Weber, S. (2022). Reifegradmodell für den digitalen Wandel im Controlling eines Krankenhauses. Ein Ansatz für die systematische Erhöhung des digitalen Reifegrads. In Hastenteufel, J., Weber, S. & Röhm, T. (Hrsg.). Digitale Transformation im Controlling. Springer Gabler, 91-108. ISBN 978-3-658-38224-7, ISBN 978-3-658-38225-4 (eBook), doi: 10.1007/978-3-658-38225-4.

Johnston, A. C. (2022). A closer look at organizational cybersecurity research trending topics and limitations. Organizational Cybersecurity Journal: Practice, Process and People, 2(2), 124-133.

KnowBe4 (Hrsg.) Webseite (2023). https://www.knowbe4.com/security-culture-maturity-model. Letzter Zugriff: 30.10.2023.

Kő, A., Tarján, G. & Mitev, A. (2023). Information security awareness maturity: conceptual and practical aspects in Hungarian organizations. Information Technology & People, 36(8), 174-195.

Lean Knowledge Base UG (Hrsg.) #leanmagazin (Webseite). https://leanbase.de/publishing/post/die-pro-und-contras-von-reifegradmodellen-in-der-o. Letzter Zugriff: 30.10.2023.

Levinthal, D. & Rerup, C. (2006). "Crossing an apparent chasm: bridging mindful and less-mindful perspectives on organizational learning", Organization Science, 17 (4), 502-513.

Manifavas, C., Fysarakis, K., Rantos, K. & Hatzivasilis, G. (2014). DSAPE – Dynamic Security Awareness Program Evaluation. In T. Tryfonas, I. Askoxylakis (Eds.) Human Aspects of Information Security, Privacy, and Trust, Springer International Publishing, 258-269.

Montaño, D. E. & Kasprzyk, D. (2015). Theory of reasoned action, theory of planned behavior, and the integrated behavioral model. In: Glanz, K., Rimer, B. K., Vishwanath, K.: Health behavior: Theory, research, and practice. 70(4). Hoboken: Jossey-Bass.

Pokoyski, D. (2022). Security Awareness Reifegrad & -KPIs. Interne Präsentation von known_sense für Kundengespräche.

Pokoyski, D., Matas, I. & Haucke, A. (2021). Qualitative Wirkungsanalyse Security Awareness in KMU: Tiefenpsychologische Grundlagenstudie im Projekt Awareness Labor KMU (ALARM) Informationssicherheit. Scholl, M. (Hrsg), Technische Hochschule Wildau, Wildau. https://alarm.wildau.biz/static/d6490e49f8d31adfa35259134b8d1b9d/220316-alarm-studie-final.pdf Letzter Zugriff: 05.09.2023.

Pokoyski, D. & Haucke, A. (2022). Enabling vs. Entmündigung: Qualitativer Konzepttest analoger Security Awareness-Lernszenarien für KMU im Projekt Awareness Labor KMU (ALARM) Informationssicherheit. Scholl, M. (Hrsg), Technische Hochschule Wildau, Wildau. https://alarm.wildau.biz/static/c0e4d00beefe1dc5fac9b50b6087265f/studie-2-master-final.pdf Letzter Zugriff: 05.09.2023.

Rasch, G. (1993). Probabilistic models for some intelligence and attainment tests. MESA Press. Kimbark Ave., Chicago, IL 60637; www.rasch.org; tele.

SANS™ Institute (Hrsg.), Webseite (2023). https://www.sans.org/security-awareness-training/resources/maturity-model/. Letzter Zugriff: 30.10.2023.

Scholl, M (2023). Sustainable Information Security Sensitization in SMEs: Designing Measures with Long-Term Effect. (University of Hawai'i at Manoa), Proceedings of the 56th Hawaii International Conference on System Sciences. Honolulu, 6058-6067. HI: University of Hawai'i at Manoa, Hamilton Library. https://hdl.handle.net/10125/103369, (CC BY-NC-ND 4.0).

Topa, I. & Karyda, M. (2019). From theory to practice: guidelines for enhancing information security management. Information & Computer Security, 27(3), 326-342.

Topa, I., & Karyda, M. (2023). Addressing Organisational, Individual and Technological Aspects and Challenges in Information Security Management: Applying a Frame-work for a Case Study. Proceedings of the 56th Hawaii International Conference on System Sciences | 2023 URI: https://hdl.handle.net/10125/102687 978-0-9981331-6-4 (CC BY-NC-ND 4.0), 470-479.

TreeSolution Security Awareness AG (Hrsg.) (2023). Abgerufen über: https://www.treesolution.com/downloads/security-awareness-radar. Letzter Zugriff: 30.10.2023.

Zerr, K. (2007). Security-Awareness-Monitoring. DuD Datenschutz und Datensicherheit 31. Wiesbaden: Springer Gabler.

Zerr, K. (2009). Positive Einstellung mündet in sicherheitskonformes Verhalten. In: Helisch, M. & Pokoyski, D. (Hrsg.). Security Awareness – Neue Wege zur erfolgreichen Mitarbeiter- Sensibilisierung. Wiesbaden: Springer Vieweg, 2009.

Weiter zum Kapitel 3

Öffentlichkeitsarbeit im Forschungsprojekt

3 Öffentlichkeitsarbeit im Forschungsprojekt

Regina Schuktomow, Hubertus von Tippelkskirch und Margit Scholl

Im Rahmen des Forschungsprojekts „Awareness Labor KMU (ALARM) Informationssicherheit“ hat das Forschungsteam der TH Wildau mit großer Begeisterung zahlreiche wissenschaftliche Events und Transferveranstaltungen besucht und auch Workshops und weitere Veranstaltungen selbst durchgeführt. Vorrangiges Ziel war dabei, ein starkes Informationssicherheitsbewusstsein in KMU zu fördern, indem die Reichweite und Bekanntheit der entwickelten Lernszenarien, weiteren Materialien und niederschwelligen Konzepte zur Sensibilisierung von KMU-Mitarbeitenden verbessert wurde. Diese Veranstaltungen boten eine Plattform, um unsere Ergebnisse und Erkenntnisse zu teilen sowie Aufmerksamkeit für das Thema und die Bedeutung von Informationssicherheitsbewusstsein (Awareness) in KMU zu betonen.

Im Folgenden werden davon ausgewählte Veranstaltungen skizziert, begleitet von erläuternden Fotos, welche die lebendige Atmosphäre und auch das Engagement der Teilnehmerinnen und Teilnehmer widerspiegeln. Das Team der TH Wildau war stolz darauf, gemeinsam mit anderen Experten und Interessierten in diesem wichtigen Bereich zusammenarbeiten und das Bewusstsein für Informationssicherheit stärken zu können. Dieses Kapitel der Projektdokumentation gibt einen Einblick in unsere Aktivitäten zur Verbreitung der Projektergebnisse.

Die Öffentlichkeitsarbeit erstreckte sich unter anderem auf praktische Demonstrationen der Serious Games sowie auf mediale Präsenz durch Interviews in Funk, Fernsehen und Zeitungsartikeln. Neben zahlreichen nationalen und internationalen wissenschaftlichen Publikationen bei Konferenzen und Journals, leistete das Projekt durch zwei Awareness Foren einen aktiven Beitrag zur Vermittlung zwischen Wissenschaft, Dienstleistern, Politik und Wirtschaft. Wir setzen darauf, dass die auf dieser spannenden Reise gewonnenen Entwicklungen, Fortschritte und Erkenntnisse Sie genauso begeistern wie uns.

Jahr 2020

Presseanfrage Antenne Brandenburg

Dies war das erste Interview zu dem Projekt „ALARM Informationssicherheit“ mit Professorin Scholl und sollte die geplanten Maßnahmen für Laien verständlich und greifbarer machen. Es sollte die Ausgangslage der KMU behandelt werden, was erlebnisorientierten Lernszenarien in diesem Zusammenhang darstellen und welchen Nutzen die Betriebe und Unternehmen davon haben werden. Die kurze Sendung lief am 29.11.2020 um 09:30 Uhr. Der Mitschnitt wurde mit Projektmitteln beim rbb-Service gekauft und ist über die Projektwebseite unter Öffentlichkeitsarbeit/Presse nachzuhören (https://alarm.wildau.biz/).

Jahr 2021

Lehre 2021/2022/2023, Technische Hochschule Wildau

Im Kontext des Wissensaustauschs unter Pandemie-Bedingungen und der Integration neuer Ideen sowie Konzepte zur Weiterentwicklung der zu entwickelnden Serious Games im Kreativprozess hat das Forschungsteam zeitweise Lehrveranstaltungen des dualen Studiengangs „Verwaltungsinformatik Brandenburg“ (VIBB) in den Fächern „Informationssicherheit und Awareness (ISA)“, „Datenschutz und Datensicherheit“ sowie „Informationssicherheits- und Datenschutzkonzepte“ von Professorin Dr. Margit Scholl an der TH Wildau begleitet.

Im Wintersemester 2021/2022 hatten Studierende des ersten Semesters im Fach „Informationssicherheit und Awareness (ISA)“ die Möglichkeit, eigene Lernszenarien zu den von Prof. Scholl vorgegebenen Themen zu entwickeln. Dabei fungierte das Projektteam als „Auftraggeber“ in den studentischen Projekten und Professorin Scholl als „Lenkungsausschuss“.

Abbildung 45: *Austausch des Forschungsteams mit dem Erstsemesterkurs im Fach „Informationssicherheit und Awareness (ISA)“ von Prof. Scholl im Wintersemester 2021/2022 unter den Bedingungen der COVID-19-Pandemie: Thema dieser studentischen Entwicklung war Ransomware. Die studentische Entwicklergruppe entwickelte ein durchaus komplexes, aber sehr flexibel einsetzbares analoges Serious Game namens „Ransomweek“. Die Entwicklergruppe bestand aus den folgenden VIBB-21-Studenten: Frederik Benz, Bastian Henniger, Roman Petrenko, Bruno Westphal und Dustin Wulf. Auf dem Bild sind zwei ehemalige Projektmitarbeiterinnen der Forschungsgruppe zu sehen, die als „Testspielende“ in der Abschlussprüfung fungierten: Stefanie Gube (links) und Christin Walch (rechts).*

Neben der Erarbeitung einer passenden Spielidee und der Vertiefung der einzelnen Informationssicherheitsthemen, mussten im studentischen Team mehrere Ziele verwirklicht werden. Dazu zählten die Inhaltsvermittlung sowie Überlegungen zur Anwendbarkeit für Sensibilisierungszwecke, ein ansprechendes Design und Umsetzung einer passenden Spieldynamik. Die eigenständige Umsetzung und Testung stellten die Studierenden vor die Herausforderungen eines erfolgreichen Projekt-, Prozess-, Zeit- und Qualitätsmanagements. Die Visualisierung der eigenen Material- und Teamentwicklung in Form von Präsentationen, die fundierte Verschriftlichung als Dokumentation und die praktische Durchführung des entwickelten Serious Games mit Testpersonen aus dem Forschungsteam bildeten den Prüfungsabschluss.

Die Ergebnisse dieser Zusammenarbeit des Forschungsteams mit den studentischen Gruppen waren von unterschiedlicher Qualität und spiegelten vielfältige Entwicklungsansätze wider.

Einige studentische Gruppen setzten bereits eigenständig agile Entwicklungsmethoden ein und konzipierten tatsächlich interessante Serious Games, die sich als „5x5x5-Methode" innerhalb von 15 Minuten absolvieren ließen und gleichzeitig flexibel genug waren, um als Planspiel intensiver und länger diskursiv genutzt zu werden. Als ein Beispiel davon zeigt die Abbildung 48 das entwickelte, analoge Sensibilisierungsspiel „Ransomweek" der studentischen Entwicklergruppe, die aus den folgenden VIBB-21-Studenten bestand: Frederik Benz, Bastian Henniger, Roman Petrenko, Bruno Westphal und Dustin Wulf.

Lehre an (Fach-)Hochschulen ist intensiv. Aufgrund des erheblichen Zeitaufwands, der mit der Begleitung eines solchen studentischen Entwicklungsprozesses verbunden ist und infolge der fortgeschrittenen Spielentwicklungen im Projekt „ALARM Informationssicherheit", entschied das Forschungsteam im Wintersemester 2022/2023, den Fokus des Austauschs mit Studierenden zu ändern: Anstelle einer umfassenden Begleitung des Game-Entwicklungsprozesses der Studierenden wurde die Interaktion auf einen Kreativworkshop reduziert. Die Betreuung des studentischen Entwicklungsprozesses oblag vollständig und wie üblich Professorin Scholl. Dies ermöglichte dem Forschungsteam, sich auf die effiziente Nutzung der eigenen Ressourcen zu fokussieren und dennoch wertvolle Ideen und Impulse für die Weiterentwicklung des Forschungsprojekts „ALARM Informationssicherheit" zu gewinnen.

Jahr 2022

RBB Brandenburg Aktuell, 2022

Zum Internationalen Tag der Computersicherheit erhielt unser Projekt eine starke mediale Aufmerksamkeit als Hauptprogrammpunkt in der Abendschau „RBB24 Brandenburg Aktuell". In dieser Berichterstattung wurden unsere Sensibilisierungsmaßnahmen und Interviews, darunter auch solche zum Serious Game CEO-Fraud, an der TH Wildau aufgezeichnet. Zusätzlich dazu wurde Professorin Margit Scholl zu einem Studio-Interview in die Abendschau eingeladen

(s. Abbildung 46), bei dem sie die essenzielle Rolle der entwickelten Lernszenarien und weiteren Maßnahmen bei der Steigerung des Bewusstseins für den Schutz vor Cyberangriffen hervorhob (vgl. Erbach & Tzitschke 2022). Die Berichterstattung war ebenso Teil eines umfassenderen Beitrags mit dem Titel „Experten raten zu regelmäßigen Updates, sicheren Passwörtern und Schulungen" (Erbach 2022). Diese Ereignisse markieren wichtige Meilensteine in den Bemühungen des Forschungsteams, das Projekt breitenwirksam bekannt zu machen, darüber das Bewusstsein für Computersicherheit zu schärfen und die Öffentlichkeit über die Bedeutung von technisch-organisatorischen Sicherheitsmaßnahmen wie regelmäßige Updates, sichere Passwörter und Awareness-Trainings für Mitarbeitende zu informieren.

Abbildung 46: *Beitrag zum internationalen Tag der Computersicherheit in RBB24 Brandenburg Aktuell am 29. Nov. 2022 unter anderem mit Vor-Ort- und Studiointerviews des Forscherteams (Prof. Margit Scholl im Gespräch mit Moderatorin Alina Stiegler, Screenshot des auf der Projektwebseite befindlichen Videos des RBB24 Brandenburg Aktuell, Redakteur: T. Erbach)*

Awareness Forum 2022,

Interview und Podiumsdiskussion, Technische Hochschule Wildau

Das erste Awareness Forum des Projekts „ALARM Informationssicherheit" im Jahr 2022, welches von der Forschungsgruppe organisiert wurde, bot den Teilnehmenden eine facettenreiche Plattform, um sowohl theoretische als auch praktische Aspekte im Zusammenhang mit der Sensibilisierung für Informationssicherheit zu beleuchten. Dazu zählten im ersten Programmteil ein Überblick des aktuellen Projektstandes, wissenschaftliche Beiträge und das Ausprobieren unserer Entwicklungen. Im Kern eines Forums steht jedoch der Austausch, dessen Vielfalt und Herausforderungen im Folgenden exemplarisch näher beleuchtet werden soll (s. Abbildung 47).

In einem aufschlussreichen Interview wurden die Perspektiven der Pilotunternehmen hervorgehoben, einschließlich ihrer Motivationen, Wahrnehmungen und Wünsche. Dabei wurde auch ihre Erfahrung mit den unterauftragnehmenden Firmen des Projekts thematisiert. Unsere weiteren Gäste, wie beispielweise Gerald Rynkowski (Geschäftsführung des Pilotunternehmens), Frank Bader (CFO des Pilotunternehmens) und Martina Vogt (IT-Security Consultant bei Thinking Objects), verdeutlichten in vielerlei Hinsicht, wie das Thema Informationssicherheit für die Pilotunternehmen an Bedeutung gewonnen hat. Dies geschah nicht zuletzt aufgrund der wachsenden Bedrohung in den letzten Jahren sowie eigener sicherheitsrelevanter Vorfälle. Es wurde auch betont, dass der Staat eine Rolle dabei spiele, KMU bei diesen Herausforderungen zu unterstützen.

Abbildung 47: *„Awareness Forum 2022" des Projekts „ALARM-Informationssicherheit". Podiumsdiskussion zu den Besonderheiten von KMU in Bezug auf Informationssicherheit. Von links nach rechts: Dietmar Pokoyski, Sandra Balz, Jens Jankowsky und Hubertus von Tippelskirch.*

Eine spätere offene Podiumsdiskussion wurde in zwei Teile aufgeteilt. Im ersten Teil diskutierten Ulrike Küchler (CEO von Gamebook Studio), Margit Scholl (Professorin TH Wildau und Projektmanagerin des Projekts „ALARM-Informationssicherheit“) und Rainer Brüggemann (Mathematiker beim Unterauftragnehmer sudile GbR) über das Thema Informationssicherheit in der Wissenschaft. Dabei standen Studien, Lernprozesse und Erkenntnisse im Zusammenhang mit der Entwicklung von Serious Games im Vordergrund sowie die Entwicklung wissenschaftlich fundierter Handlungsanweisungen.

Es wurde die Frage nach dem richtigen Begriff für „Spiele“ im deutschsprachigen Raum diskutiert, da KMU bei gamifizierten Methoden zögerlich reagieren: Das Spielerische soll nicht im Vordergrund stehen. Zudem wurde verdeutlicht, dass die Serious Games nicht nur zur Sensibilisierung, sondern auch zur Auflockerung bei intensiveren Schulungen genutzt werden können.

Im zweiten Teil der Diskussion widmeten sich Jens Jankowsky (Fachreferent IHK), Dietmar Pokoyski (Gründer von known_sense) und Sandra Balz (Transferstelle IT-Sicherheit im Mittelstand/TISiM) den Besonderheiten von KMU in Bezug auf Informationssicherheit. Dieses breite Spektrum an Expertenmeinungen und Erkenntnissen spiegelte die Komplexität und Relevanz des Themas Informationssicherheit in unserer heutigen digitalen Welt wider.

Die Diskussionen und Interviews während des Awareness Forums waren äußerst vielfältig und standen in lebhaftem Austausch mit dem Publikum. Trotz sorgfältiger Planung und Abstimmung von Fragen und Zeiten mit unseren Gästen wurde deutlich, wie sehr Pilotunternehmen und Vertreter aus der Wirtschaft unter einem engen Termindruck stehen. Dies führte gelegentlich dazu, dass Gäste kurzfristig ausgetauscht werden oder während der Diskussion das Podium verlassen mussten.

Als Reaktion auf diese Erfahrungen wurden für das abschließende „Awareness Forum 2023“ Maßnahmen ergriffen, um den Ablauf reibungsloser zu gestalten. Die Ablaufdramaturgie sah zwar weiterhin Diskussionsrunden zu späteren Programmpunkten vor, jedoch wurden die Zeiten nun klarer kommuniziert, und das Forschungsteam hielt Ersatzgäste vorab bereit. Diese Anpassungen sollten sicherstellen, dass die Veranstaltung für alle Teilnehmerinnen und Teilnehmer so effizient und stressfrei wie möglich verlaufen kann und gleichzeitig wichtige aktive Gedankenaustausche, Gespräche und Diskussionen ermöglicht.

IT-Sicherheitstage der IHK Ostbrandenburg und HWK Frankfurt Oder 2021/2022/2023

Die IT-Sicherheitstage der Kammern waren eine ideale Gelegenheit für unser Projekt, sich als Partner in der regionalen Wirtschaft und Wissenschaft zu präsentieren. Wir nutzten diese Möglichkeit, um einen aktuellen Vortrag zum Thema Achtsamkeit zu halten, einen Workshop durchzuführen, bei dem wir unsere analogen Projektentwicklungen vorstellten, und einen Messestand zu besetzen, auf dem wir unsere Publikationen und die analogen und digitalen Serious Games präsentierten.

Mit diesen drei Kommunikationsformaten verdeutlichte das Forschungsteam, wie Unternehmerinnen und Unternehmer sowie Mitarbeiterinnen und Mitarbeiter dazu beitragen können, IT-Sicherheitsrisiken zu erkennen, entsprechende Sicherheitsmaßnahmen zu ergreifen und somit die Stabilität ihres Unternehmens zu gewährleisten (s. Abbildung 48).

Abbildung 48: *IT Sicherheitstag 2022 an der HWK, Vortragende Lars Huwald (ZAC, LKA Berlin) und Regina Schuktomow (operative Projektleiterin im Projekt „ALARM Informationssicherheit“) im Gespräch vor dem Messestand. Hubertus von Tippelskirch (wissenschaftlicher Mitarbeiter im Projekt) erläutert einem Teilnehmer das Spielprinzip des Serious Games „Cyber Pairs“ (Pressefoto IHK Zeitschrift „Forum“).*

Darüber hinaus boten diese in den Jahren 2021, 2022 und 2023 von uns besuchten Veranstaltungen, die von den Handwerkskammern und Industrie- und Handelskammern in Berlin und Brandenburg veranstaltet wurden, eine breite Palette von Vorträgen, darunter Erfahrungsberichte eines von einem Cyberangriff betroffenen Unternehmens und weiterführende Präsentationen zur Sensibilisierung für Eigenverantwortung in Bezug auf IT- und Datensicherheit im Unternehmenskontext.

Die Veranstaltungen der Kammern richteten sich an Führungskräfte, Mitarbeiterinnen und Mitarbeiter in KMU. Obwohl die Veranstaltungen insgesamt interessante Einblicke und wertvolle Informationen boten, war der Messebereich vergleichsweise weniger frequentiert. Dies wirft die wichtige Frage auf, wie zukünftig Anreize geschaffen werden können, um mehr Unternehmen zur Teilnahme an solch elementaren Informationsveranstaltungen zu bewegen.

Dies könnte durch gezielte Einladungen, maßgeschneiderte Werbemaßnahmen oder stärkere Einbeziehung einzelner Unternehmen in das Programm mit Zertifizierung und der Betonung des praktischen Nutzens für KMU geschehen.

Es ist entscheidend, die Sensibilisierung für IT-Sicherheit kontinuierlich zu fördern, um die Widerstandsfähigkeit von Unternehmen gegenüber Cyberbedrohungen zu stärken.

Allianz für Cybersicherheit BSI, Dresden 2022:

Das Projekt „ALARM Informationssicherheit“ bot einen geschätzten Programmpunkt zum zehnjährigen Jubiläum der „Allianz für Cyber-Sicherheit“, der größten Public-Private-Partnerschaft für IT-Sicherheit in Deutschland. Die Veranstaltung wurde vom BSI, dem Branchenverband der deutschen Informations- und Telekommunikationsbranche (Bitkom) und einem Kooperationspartner unterstützt – im Jahr 2022 war dies die Digitalagentur Sachsen. Im Rahmen dieses Jubiläums trug das Forschungsteam durch einen Workshop im Bereich präventiver Maßnahmen zur Diskussion bei.

Zusätzlich informierte das Forschungsteam am Stand der „Transferstelle IT-Sicherheit im Mittelstand (TISiM)“ über das Projekt und den Stand seiner Entwicklungen. Unter dem Motto „Unternehmen zukunftssicher digitalisieren“ fanden zudem Diskussionen mit Expertinnen und Experten zu verschiedenen Aspekten der Digitalisierung und der Cyber-Sicherheit statt. Themen wie „präventive Maßnahmen erfolgreich umsetzen“, „sich auf einen Notfall vorbereiten und Notfallmanagementpläne üben“ sowie „den rechtlichen Rahmen kennen“ standen im Mittelpunkt dieser Gespräche (BSI 2022).

Der Workshop unseres Projekts wurde von etwa 20 Teilnehmenden gut angenommen, und die vorgestellten gamifizierten Szenarien wurden lebhaft diskutiert. Besonders bemerkenswert war die offene Diskussion, bei der das Grundthema, inwieweit Mensch oder Technik notwendig sind, um Informationssicherheit zu gewährleisten, spannend und kontrovers erörtert wurde. Trotz der Herausforderung, im direkten Vergleich mit anderen auf der Veranstaltung vorgestellten Entwicklungen Schritt zu halten, konnte das Projekt „ALARM Informationssicherheit“ erfolgreich damit umgehen. Dies zeigt die Bedeutung einer intensiven praxisorientierten Testung, guten Moderation und lebhaften Diskussion in solchen Workshops auf.

Darüber hinaus wurde deutlich, dass dort von anderen Entwicklern ebenfalls vorgestellte Serious Games, wenn sie zu komplex und unflexibel sind, in Workshops oft weniger gut angenommen werden. Dies unterstreicht die Notwendigkeit, Lernszenarien als erlebnisorientierte Spiele mit realitätsnaher Geschichte aufzubauen und entsprechend an die Bedürfnisse und das Niveau der Teilnehmenden anzupassen, die Spielenden auch ausreichend abzuholen, und solche Lernspiele vor allem modular für inhaltlich flexible Einsätze aufzubauen.

it-sa Messe, Nürnberg 2022

Die Einladung der Transferstelle „TISiM“ und der Initiative „IT-Sicherheit in der Wirtschaft“ an uns, auf der it-sa Messe in Nürnberg 2022 das Projekt „ALARM Informationssicherheit“ zu präsentieren, bot eine exzellente Gelegenheit zur Steigerung des Bekanntheitsgrades in Fachkreisen. Neben einem fesselnden Live-Hacking-Vortrag unseres Unterauftragnehmers Thinking Objects GmbH hatte das Forschungsteam die Möglichkeit, sich durch einen Pitchvortrag vorzustellen.

Die Initiative „IT-Sicherheit in der Wirtschaft“ bietet Unternehmen vielfältige Unterstützungsangebote im Bereich der IT-Sicherheit (TISiM 2022). Die Fachmesse it-sa (IT-SecurityArea) zählt zu den weltweit größten Plattformen für den Dialog über branchenspezifische IT-Sicherheitslösungen. Sie bringt Expertinnen und Experten vor Ort in Nürnberg zusammen und fungiert als Trendbarometer für den gesamten IT-Sicherheitsmarkt. Die Messe zeichnet sich durch aktuelle Themen, fachspezifische Forenbeiträge und inspirierende Vorträge aus.

Die Teilnahme des Forschungsteams an solchen Veranstaltungen ermöglichte es, unser Projekt, seine Ziele, die Aufgaben und pre-finale Ergebnisse einem breiteren Publikum vorzustellen, wertvolle Kontakte zu knüpfen und sich über die neuesten Entwicklungen im Bereich der IT-Sicherheit auf dem Laufenden zu halten. Den Abbildungen 49 und 50 geben Impressionen der it-sa wider.

Es kam zu fruchtbarem Austausch und Gesprächen, insbesondere mit dem „ELITE“-Projekt von Fraunhofer Fokus, das im gleichen Programm des BWMK wie unser Projekt gefördert wird. Ein ebenfalls interessanter Blick in die Zukunft bot das Projekt „ITS. Kompetent“ der Universität Göttingen, das an der Entwicklung eines online-gestützten Diagnosetools für IT-Sicherheit (ITS) arbeitet. Dieses ITS-Diagnosetool soll zukünftig die Identifizierung von spezifischen Qualifizierungsbedarfen im Bereich IT-Sicherheit für KMU ermöglichen, indem es Berufsprofile vergleicht und passende ITS-Ausbildungsangebote auswählt. Unter diesen Angeboten sollen zukünftig auch die entwickelten Instrumente und Maßnahmen aller Förderprojekte der Initiative des BMWK erfasst werden. Die Hoffnung besteht darin, dass ein solches Werkzeug dazu beiträgt, die entwickelten Ergebnisse von „ALARM Informationssicherheit“ auch zukünftig aktiv an KMU zu vermitteln.

Abbildung 49: *it-sa Messe, Nürnberg 2022. Event Aktiver Mittelstand – mIT Sicherheit. Initiative „IT-Sicherheit in der Wirtschaft", Pitchvortrag zum Projekt „ALARM-Informationssicherheit", präsentiert von Hubertus von Tippelskirch (Foto „TISiM").*

Abbildung 50: *iit-sa Messe, Nürnberg. Event: Aktiver Mittelstand - mIT Sicherheit. Initiative „IT-Sicherheit in der Wirtschaft". Informationen für das Fachpublikum zum Projekt „ALARM Informationssicherheit" im Vortragsraum links zu erkennen.*

Eine Herausforderung bei der Veranstaltung auf der Messe war, dass der Vortragsraum relativ abgelegen und damit ungünstig vom restlichen Messegeschehen lag. Dadurch konnten nur wenig Laufkundschaft und Personen aus der privaten Dienstleistungsbranche außerhalb der Förderprojekte die Vorträge finden, was es schwierig machte, die Unterstützungsangebote sowohl Unternehmen als auch einem breiteren Publikum näher zu bringen.

In Zukunft wird wahrscheinlich ein anderes Format oder ein besser zugänglicherer Vortragsort auf einer solchen Messe gewählt werden. Insgesamt bot die Messe durchaus eine hervorragende Gelegenheit, wertvolle Kontakte zu knüpfen und die Inhalte sowie das Awareness Forum unseres Projekts souverän zu bewerben.

Es ist interessant festzuhalten, dass bei einem Rundgang durch die Messehallen mit großen Sicherheitsdienstleistern, dem BSI und der Europäischen Agentur für Netz- und Informationssicherheit (ENISA) keine mit unserem Projekt vergleichbaren Serious Games oder Konzepte präsent waren. Dies deutet darauf hin, dass viele ausstellende Dienstleister anderen Ansätzen folgen. Es unterstreicht gleichzeitig die einzigartige Position und den innovativen Charakter des Projekts „ALARM Informationssicherheit“.

Jahr 2023

Mittelstand Digital Vernetzungstreffen, Kompetenzzentrum Oldenburg 2023

Die Zentren im Netzwerk Mittelstand-Digital spielen eine entscheidende Rolle bei der Unterstützung von KMU und Handwerksbetrieben im Rahmen der vom BMWK geförderten Initiative. Diese regionalen und thematischen Zentren sind im gesamten Bundesgebiet vertreten und dienen als kompetente und unabhängige Anlaufstellen zur Information, Sensibilisierung und Qualifikation im Bereich der Digitalisierung (BMWK 2023). Die Initiative Mittelstand Digital vermittelt die Vorteile der Digitalisierung durch Praxisbeispiele, Demonstratoren, Informationsveranstaltungen und den Austausch zwischen Unternehmen.

Das übergeordnete Thema des Vernetzungstreffens im Frühjahr 2023 in Oldenburg war „Digitalisierung im Mittelstand“. Die Teilnehmenden wurden ermutigt, eigene Beiträge, Vorträge oder Demonstratoren zu spezifischeren Themen im Zusammenhang mit diesem Leitthema mitzubringen. Das Barcamp-Format des Treffens förderte einen offenen Wissensaustausch zu unterschiedlichen Themen. Zusätzlich hatten eingeladene Förderprojekte die Möglichkeit, sich in den Pausen in einem separaten Raum zu präsentieren (s. Abbildung 51). Dieser Raum wurde ursprünglich drei Projekten zugewiesen und letztendlich von zwei anwesenden Projekten geteilt. Zur besseren Information der Teilnehmenden wurde für jedes Förderprojekt ein Produktdatenblatt erstellt und im Voraus verteilt. Dies ermöglichte es den Teilnehmenden, sich gezielt über die verschiedenen Projekte zu informieren und einen Überblick über deren Aktivitäten im Bereich der Digitalisierung zu erhalten.

Es ist bedauerlich, dass der Nebenraum für die Präsentation der geförderten Projekte ungünstig gelegen war, auch wenn sich kontinuierlich ein bis zwei Personen am Ausstellungstisch unseres Projekts befanden. Sowohl die Projekte als auch die Teilnehmenden würden von einer integrativeren Lösung profitieren. Gleichzeitig führte die Situation dazu, dass die Vertreterinnen und Vertreter der ausstellenden Projekte nicht aktiv am Barcamp teilnehmen konnten. Von den insgesamt 120 anwesenden Personen fanden nur etwa 20–25 zum Projekt „ALARM Informationssicherheit". Es war jedoch erfreulich zu hören, dass es während des Treffens Interesse von Praktikern und Mitgliedern der Zentren an den finalen Material-Koffern des Projekts „ALARM Informationssicherheit" gab. Die Idee, einige dieser Sets zu fördern und sie gemeinsam mit anderen Angeboten von Förderprojekten zur Schulung von KMU zu nutzen, klingt vielversprechend. Dies könnte eine effektive Möglichkeit sein, die Schulung und Sensibilisierung von KMU im Bereich der Informationssicherheit zu fördern.

Das Vernetzungstreffen stellt zweifellos eine gute Möglichkeit dar, um potenzielle Multiplikatoren zu finden und Kontakte zu knüpfen. Für zukünftige Veranstaltungen ist es jedoch wichtig, eine bessere Einbindung der teilnehmenden Projekte sicherzustellen, um deren Präsentation und Interaktion mit den Teilnehmenden zu optimieren. Dies könnte dazu beitragen, das Engagement und die Reichweite der Projekte zu steigern.

Abbildung 51: *Mittelstand Digital Vernetzungstreffen im Kompetenzzentrum Oldenburg. Präsentationsstand im Nebenraum.*

Take Aware und Sexy Security, Mönchengladbach 2023

Die Awareness-Konferenz „Take Aware/Sexy Security“ hat in der Fachszene bereits einen bemerkenswerten Ruf und kontinuierlichen kreativen Austausch etabliert. Im Jahr 2023 fand diese Konferenz an der Hochschule Niederrhein in Mönchengladbach statt und bot eine wichtige Plattform für Experten, die die Rolle des Menschen als zentralen Faktor in der Cybersicherheit betrachten und Sicherheitskommunikation sowie Security Awareness in den Mittelpunkt ihrer Verteidigungsstrategie stellen. Diese Konferenz, die Europas größte Awareness-Konferenz mit Schwerpunkt auf innovativen Sensibilisierungsmethoden und Einblicken in Praxiskampagnen ist, behandelte wichtige Fragen wie die Gewinnung von Aufmerksamkeit für Sicherheitsbelange und wie Mitarbeitende dazu motiviert werden können, achtsam und sicher in ihrer Arbeit und Kommunikation zu agieren (Mybreev 2023).

Der Konferenztag umfasste eine breite Palette von Vorträgen zu Awareness-Aspekten wie Achtsamkeit (Mindfulness), Storytelling, Umgang mit Hate Speech, Phishing-Simulationen, Awareness-Frameworks, analoge und digitale Gamification sowie Sensibilisierungsmaßnahmen für Konzerne und speziell für KMU. Zudem präsentierten namhafte Großunternehmen aus Deutschland und der Schweiz, darunter die Deutsche Bahn, die EnBW, die Erste Group und Siemens Energy, bewährte Tools aus ihren Sicherheitskampagnen. Im Rahmen dieser Veranstaltung präsentierte sich das Projekt „ALARM Informationssicherheit“ vor einem ausgewiesen erfahrenen Fachpublikum und bot einen Workshop am zweiten Tag innerhalb der „Sexy Security“ an. Es wurden Workshops in vier parallelen „Mitmach-Streams“ angeboten, um den Teilnehmenden mit zahlreichen praktischen Anregungen Wege für eine eigene Initiative mit konkreter Umsetzung aufzuzeigen.

Abbildung 52: *Awareness-Konferenz „Take Aware/Sexy Security“ 2023. Workshop der Firma SWITCH-CERT (Schweiz) zum entwickelten Rollenspiel „Piece of Cake“.*

Der Workshop unseres Projekts bot eine Vielzahl von Aktivitäten, die die Teilnehmenden aktiv in die Welt der Informationssicherheit und Security Awareness einbezogen. Während des Workshops wurden zwei der entwickelten analogen Serious Games vorgestellt und gespielt sowie eine modifizierte Version der Übung „Ich habe ein Problem…“ durchgeführt. In dieser Übung mussten zuerst zufällige Probleme wie in einem Speed-Dating gelöst werden, bevor die Probleme in den Kontext der Informationssicherheit übertragen wurden. Das Warm-Up erweckte den Workshop nach der Unterbrechung durch die Mittagspause zum Leben und wurde von den Teilnehmenden positiv aufgenommen.

Bei den anschließend vorgestellten Serious Games führte besonders „CEO-Fraud“, als anspruchsvolles Beispiel eines Sensibilisierungsspiels, zu lebhaften Diskussionen. Es wurde aufgrund seiner Komplexität und Zielgruppe von den Branchenspezialisten und -spezialistinnen hinsichtlich seiner allgemeinen Anwendbarkeit hinterfragt. Das Spielkonzept des zweiten vorgestellten analogen Serious Games, „Cyber Pairs“, zur Vermittlung von Social-Engineering-Begriffen stieß ebenfalls auf Kritik – in diesem Fall äußerten einige Teilnehmende Bedenken hinsichtlich des Ansatzes, Begriffe zu erklären, von denen die Awareness-Szene eigentlich wegkommen wollte. Zudem wurde bemängelt, dass die komplexen Begriffe nicht gut in das Format eines Wettbewerbsspiels passen würden. Die ursprüngliche Variante sieht vor bei Incentivierung Punkte zu vergeben, um die Motivation der Teams im Wettbewerb zu erhöhen. Darauf aufbauend wurde eine Variante gespielt, die während einer Moderatorinnen-Ausbildung von einer teilnehmenden Didaktikerin entwickelt wurde. Hierbei traten zwei Teams gegeneinander an und wetteten, wie viele Paare sie lösen könnten.

Bereits vor dem eigentlichen Workshop wurde mehrfach dazu angeregt, die digitalen Serious Games des Projekts „ALARM Informationssicherheit“ auszuprobieren. Es wurde allerdings deutlich, dass dies nur eine Person getan hatte. Dies unterstreicht die Schwierigkeit, die Beteiligung im digitalen Bereich im Sinne eines aktiven Austausches zu fördern. Offenbar ist auch im digitalen Bereich der Sensibilisierung eine Moderation erforderlich und als Prozess zu etablieren, um Erfahrungsaustausche und Erinnerung zu fördern.

Awareness Forum 2023, Technische Hochschule Wildau

Das zweite und abschließende „Awareness Forum“ des Projekts „ALARM Informationssicherheit“ im Jahr 2023 bot eine umfassende Darstellung von theoretischen Grundlagen, den iterativen Entwicklungsphasen des Projekts, den praktischen Erfahrungen mit Sensibilisierungsmaßnahmen in KMU und von Berichten aus IT-Sicherheitsberatungen. Es wurden die finalen Ergebnisse vorgestellt und die Herausforderungen diskutiert. Dies bot erneut einen umfassenden Einblick in die Projektarbeit mit KMU.

In einer abschließenden Podiumsdiskussion wurden die verschiedenen Aspekte zusammengeführt und vertieft. Die Diskussionsthemen umfassten Problemfelder der Sensibilisierung in KMU, die Wahrnehmung der Wirkung des Projekts auf die

Informationssicherheitskultur in KMU, Kriterien, Verantwortlichkeiten und Kommunikationspraktiken in der Praxis sowie zukünftige Anknüpfungspunkte des Projekts und erfolgreiche Veränderungsmanagementstrategien für die Informationssicherheitskultur in KMU. Als Teilnehmende dieser Podiumsdiskussion durften wir Jens Jankowsky (IHK Ostbrandenburg), Frank Bader (CFO eines Pilotunternehmens), Lars Huwald (ZAC - Zentrale Ansprechstelle Cybercrime, LKA-72 Berlin) und Cornelia Puhze (Expertin am SWITCH-CERT) begrüßen (siehe Abbildung 53). Die unterschiedlichen Perspektiven und Expertisen dieser Gäste trugen maßgeblich dazu bei, ein tiefgreifendes Verständnis für die Herausforderungen und Chancen im Bereich der Informationssicherheit in KMU zu entwickeln und Lösungsansätze zu diskutieren.

Die Podiumsdiskussion war äußerst lebhaft und ausgewogen, und es wurden zudem auch die Perspektiven von den Geschäftsführenden und den Unterauftragnehmenden aus dem Publikum einbezogen. Obwohl ein Großteil der vorab abgestimmten Fragen mit den Diskussionspartnern behandelt werden konnte, musste die Diskussion aufgrund fortgeschrittener Zeit und aufgekommener Nebenthemen gemäß dem Zeitplan beendet werden. Die Fragen waren an den Fragenkatalog der Success Stories angelehnt, konnten jedoch aus technischen Gründen nicht wie geplant aufgezeichnet werden.

Besonders erwähnenswert ist die angeregte Diskussion, die zwischen Dietmar Pokoyski im Publikum (known_sense) und Cornelia Puhze (SWITCH-CERT) entstand, beispielsweise in Bezug auf das Training von Spezialbegriffen wie im Serious Game „Cyber Pairs“.

Abbildung 53: *Awareness Forum 2023 des Projekts „ALARM-Informationssicherheit“. Podiumsdiskussion zur Auswirkung des Projekts auf die Informationssicherheitskultur in KMU. Von links nach rechts: Frank Bader, Cornelia Puhze, Hubertus von Tippelskirch, Lars Huwald und Jens Jankowsky.*

Es wurde bei der Diskussion auch in Frage gestellt, inwieweit die Informationssicherheitskultur beeinflussbar ist und wo ihre Grenzen liegen. Ein bemerkenswerter Punkt war darüber hinaus, dass die Pilotunternehmen, trotz gelegentlich negativer Erfahrungen, wie die eines simulierten Vor-Ort-Angriffs bis in den Serverraum hinein, diese Maßnahmen des Projekts als positiv empfanden. Dies zeigt die Bedeutung von realitätsnahen Schulungs- und Sensibilisierungsmaßnahmen im Bereich der Informationssicherheit und wie gerade diese die Wahrnehmung eigener Schwächen das Verhalten der Unternehmen beeinflussen können.

Weitere Beteiligung des Forschungsprojekts an Veranstaltungen

Monat / Jahr	Veranstaltung	Organisatoren
Juni 2021	Online-Fachtagung Digitale Spiele	GPM Deutsche Gesellschaft für Projektmanagement e.V.
Juni 2021	Runder Tisch für Cybersicherheit im vorpolitischen Raum	BSI
September 2021	10. IT-Sicherheitstag, Brandenburg, Flugplatz Schönhagen	IHK Ost-Brandenburg, HWK Frankfurt Oder
September 2021	Kreativworkshop zur Entwicklung von analogen Serious Games	Known_sense und Forschungsgruppe
Oktober 2021	it-sa Messe, Nürnberg online	
Oktober 2021	Cybersecurity Conference Mannheim	Sama Partners
Oktober 2021	IT-Sicherheit in der Wirtschaft	Mittelstand 4.0-Kompetenzzentren
November 2021	Vorstellung des Projekts	Steuerkreis des BMWi
Januar 2021	Wildauer Wissenschaftswoche	Technische Hochschule Wildau
April 2022	1. Awareness Forum	Forschungsgruppe
April 2022	Take Aware & Sexy Security, Essen	known_sense; my breev
Mai 2022	Moderatorenschulung für Serious Games	Forschungsgruppe
Juni 2022	Sitzung des IHK-Fachausschusses „IT und Innovation“	IHK Cottbus

Monat / Jahr	Veranstaltung	Organisatoren
August 2022	IT-Sicherheit in kleinen Unternehmen: Achtsamkeit stärken und den Ernstfall richtig vorbereiten	Mittelstand-Digital Zentrum Berlin
September 2022	35. AKWI Tagung, Berlin	Arbeitskreis der Wirtschaftsinformatik
September 2022	11. IT-Sicherheitstag	HWK Berlin, IHK Berlin
September 2022	Aktionstage IT-Sicherheit am Weizenbaum Institut Berlin	ALARM Informationssicherheit; ELITE; Transferstelle IT-Sicherheit im Mittelstand; it's.BB
September 2022	Werkstattgespräche Metall – vom digitalen Reifegrad zum konkreten Handlungsplan	HWK Frankfurt Oder; TH Wildau; Cluster Metall Brandenburg; Digitalwerk; Zukunftszentrum Brandenburg
September 2022	32. Cybersicherheitstag und 10. Jahresfeier Allianz für Cybersicherheit, Dresden	BSI
Oktober 2022	NEGZ-Stammtisch	NEGZ
Oktober 2022	Steuerkreissitzung BMWK, Berlin	BMWK
Oktober 2022	Cybersecurity Conference Mannheim	Sama Partners
November 2022	Datenschutz und Informationssicherheit – Gemeinsamkeiten und Trennendes	Fraunhofer FOKUS
November 2022	it-sa Messe, Nürnberg	
Januar 2023	Moderatorenschulung für Serious Games	Forschungsgruppe
Januar 2023	Fachtag Informatik	Technische Hochschule Wildau
Januar 2023	Wildauer Wissenschaftswoche	Technische Hochschule Wildau
März 2023	IT-Sicherheit in der Wirtschaft, Vernetzungstreffen in Oldenburg, Mittelstand Digital	Mittelstand Digital; DLR
März 2023	Interaktiver Workshop – Feststellung des vorhandenen IT-Sicherheitsniveaus, Frankfurt (Oder)	HWK Frankfurt Oder; Mittelstand-Diogital Zentrum Chemnitz

Monat/Jahr	Veranstaltung	Organisatoren
Mai 2023	Take Aware & Sexy Security „Strangers in the Night“ , Mönchengladbach	known_sense; my breev
Juni 2023	TISiM-Netzwerktreffen	TISiM
Juni 2023	2.Awareness Forum	Forschungsgruppe
Juni 2023	Ein starkes Netzwerk für ein sicheres Handwerk: Cyber-Sicherheit zum Anfassen, Ausprobieren und Anwenden! 33. Cyber-Sicherheitstag der Allianz für Cyber-Sicherheit, Würzburg	BSI; HWK Unterfranken
September 2023	12. IT-Sicherheitstag	HWK Frankfurt Oder
September 2023	36. AKWI Tagung, Wildau	Arbeitskreis der Wirtschaftsinformatik

Literatur

BMWK (Bundesministerium für Wirtschaft und Klimaschutz, Hrsg.) (2023). Homepage der Zentren im Netzwerk Mittelstand-Digital. BMWK. https://www.mittelstand-digital.de/MD/Redaktion/DE/Artikel/Mittelstand-4-0/mittelstand-40-kompetenzzentren.html. Letzter Zugriff: 12.07.2023.

BSI (Bundesamt für Sicherheit in der Informationstechnik, Hrsg.) (2022). Homepage zur Veranstaltung Unternehmen zukunftssicher digitalisieren – 10 Jahre Allianz für Cyber-Sicherheit. https://www.allianz-fuer-cybersicherheit.de/Webs/ACS/DE/Netzwerk-Formate/Veranstaltungen-und-Austausch/Cyber-Sicherheits-Tage/20220929/32CST_node.html. Letzter Zugriff: 12.07.2023.

Erbach, T. (2022). Experten raten zu regelmäßigen Updates, sicheren Passwörtern und Schulungen. Zum Tag der Computersicherheit. https://www.rbb24.de/studiofrankfurt/beitraege/2022/11/th-wildau-ostbrandenburg-cyber-angriffe.html. Letzter Zugriff: 12.07.2023.

Erbach, T. & Tzitschke, S. (30.11.2022). Interview - Schutz vor Cyber-Attacken. Zum Tag der Computersicherheit. Thomas Erbach (Regie). Thomas Erbach (Redaktion). Videostream (mp4). 6:14. rbb24 Brandenburg Aktuell. Berlin, Rundfunk Berlin-Brandenburg. https://alarm.wildau.biz/alarm_media/interview-2022-11-30.mp4. Letzter Zugriff: 12.07.2023.

Mybreev (2023). Homepage TAKE AWARE EVENTS - Security Awareness Konferenzen und SEXY SECURITY Workshops. https://www.take-aware-events.com/events/take-awaresexy-security-2023-moenchengladbach. Letzter Zugriff: 12.07.2023.

TISiM (Transferstelle IT-Sicherheit im Mittelstand) (Hrsg.) (2022). Homepage auf it-sa 365 der Veranstalung Aktiver Mittelstand: mIT Sicherheit - Initiative IT-Sicherheit in der Wirtschaft. https://www.itsa365.de/de-de/actions-events/2022/it-sa-congress-2022/congress-i/aktiver-mittelstand-mit-sicherheit-initiative-it-sicherheit-in-der-wirtschaft. Letzter Zugriff: 12.07.2023.

Die für Design zuständige Projektmitarbeiterin Frau Olesja Muikic wurde über das Projekt „ALARM Informationssicherheit“ motiviert, sich in ihrer Bachelor Thesis mit einem sinnvollen Kommunikationsdesign für Sensibilisierung zu beschäftigen. Es ist eine bemerkenswerte Arbeit entstanden:

Mujkic, O. (2023). Security Awareness - Jugendliche mit analogen und digitalen Mitteln des Kommunikationsdesigns für Datensicherheit sensibilisieren, Bachelorarbeit im Fach Grafik Design, Berlin. ISBN: 978-3-949639-06-7

Zusammenfassende Publikationen der Forschungsgruppe von Professorin Dr. Margit Scholl an der TH Wildau in den Jahren 1/2020 bis 10/2023

Publikationen der Forschungsgruppe können auf den Webseiten der verschiedenen Projekte gefunden (s. https://wildau.biz/) oder gezielt im Portal der TH Wildau (https://portal.th-wildau.de/qisserver/a/fs.res.frontend/pub/search) gesucht werden.

2020

Titel	Autorinnen/Autoren oder Herausgeber/-innen	Publikationsjahr	Publikationstyp
Building Competence: Expectations, Experience, and Evaluation of E-Government as a Topic in Administration Programs at the TH Wildau - A Case Study	Margit Scholl	2020	Journalartikel
Gendersensible Studien- und Berufsorientierung für den Beruf Security Spezialistin (Security)	Margit Scholl	2020	Sammelband
HICSS-53 Minitrack Introduction: Digital Transformation: Empowering Governments, Businesses, and Citizens	Margit Scholl, Jerald Hughes, Suha AlAwadhi	2020	Meeting Abstract
(How) Can Directive (EU) 2019/1937 on whistleblowers be used to build up a security and safety culture in institutions?	Margit Scholl	2020	Journalartikel
Information Security at Schools: A Practical Game-Based Application with Sustained Impact	Margit Scholl, Regina Schuktomow	2020	Journalartikel
Information Security at Schools: A Practical Game-Based Application with Sustained Impact	Margit Scholl, Regina Schuktomow	2020	Konferenzpaper

Titel	Autorinnen/Autoren oder Herausgeber/-innen	Publikationsjahr	Publikationstyp
Information Security Awareness from Toddler to Grandma: A Target-Group-Oriented, Gender-Specific, and Intergenerational Challenge of Interdisciplinary Interest	Margit Scholl, Regina Schuktomow	2020	Konferenzpaper
Information Security Officer: Job profile, necessary qualifications, and awareness raising explained in a practical way	Margit Scholl, Ernst-Peter Ehrlich	2020	Monographie
Informationssicherheitsbeauftragte: Aufgaben, notwendige Qualifizierung und Sensibilisierung praxisnah erklärt	Margit Scholl, Ernst Peter Ehrlich	2020	Monographie
„Jeder Tag sieht anders aus": aus dem Leben von Informationssicherheits-Spezialistinnen	Margit Scholl, Frauke Prott	2020	Sammelband
Lernszenarien - Anleitungen	Regina Schuktomow, Stefanie Gube, Margit Scholl, Peter Koppatz, Denis Edich	2020	Monographie
PLAY THE GAME AND BE AWARE: INFORMATION SECURITY PROJECT WITH SCHOOLS	Regina Schuktomow, Margit Scholl, Peter Koppatz, Denis Edich	2020	Konferenzpaper

Titel	Autorinnen/Autoren oder Herausgeber/-innen	Publikationsjahr	Publikationstyp
Projektdokumentation Informationssicherheitsbewusstsein für den Schulalltag (SecAware4school)	Regina Schuktomow, Margit Scholl, Stefanie Gube, Peter Koppatz, Denis Edich, Josephine Gerlach	2020	Monographie
Renaissance der Verwaltungsinformatik?	Margit Scholl	2020	Sammelbandbeitrag
SecAware4school - Spielbasierte Sensibilisierung zum Thema Informationssicherheit im Schulunterricht	Margit Scholl	2020	Beiträge/Interviews in nicht-wissenschaftlichen Medien
Short reflection on the outlook for E-Government in Germany with a focus on the "Rigor of Interdisciplinary Communication"	Margit Scholl	2020	Journalartikel
Smart School in a Smart City: An Experience with Information Security in Schools	Margit Scholl, Regina Schuktomow	2020	Sonstiger Publikationstyp

2021

Titel	Autorinnen/Autoren oder Herausgeber/-innen	Publikationsjahr	Publikationstyp
Development of Game-Based Learning Scenarios for Social Engineering and Security Risk Management for SMEs in the Manufacturing Industry	Margit Scholl, Stefanie Gube, Peter Koppatz	2021	Konferenzpaper
Development of Game-Based Learning Scenarios for Social Engineering and Security Risk Management for SMEs in the Manufacturing Industry	Margit Scholl, Stefanie Gube, Peter Koppatz	2021	Journalartikel
Foreword with an Introduction to and Summary of the Study "Added Value for SMEs" (Translation)	Margit Scholl	2021	Sonstiger Publikationstyp
Global Cybersecurity Index (GCI) and the Role of its 5 Pillars	Rainer Bruggemann, Peter Koppatz, Margit Scholl, Regina Schuktomow	2021	Journalartikel
Information security in pandemic times—a discussion paper	Margit Scholl, Regina Schuktomow, Stefanie Gube	2021	Konferenzpaper
Informationssicherheit mit (!) Führungskräften	Margit Scholl	2021	Wissenschaftliche Vortragsfolien

Titel	Autorinnen/Autoren oder Herausgeber/-innen	Publikationsjahr	Publikationstyp
Introduction to the Minitrack on Digital Transformation and Government: Barriers to and Enablers of Change	Jerald Hughes, Margit Scholl, Suha Alawadhi	2021	Meeting Abstract
Invitation to track Digital Government and minitrack DIGITAL TRANSFORMATION AND GOVERNMENT: BARRIERS TO AND ENABLERS OF CHANGE	Margit Scholl, Jerald Hughes, Suha AlAwadhi	2021	Meeting Abstract
Moderationsanleitung zu "Social Engineering Theater" und "Security Risk Roulette"	Stefanie Gube, Margit Scholl, Peter Koppatz, Marie Christin Walch, Dietmar Pokoyski	2021	Sonstiger Publikationstyp
Projektdokumentation Serious Games für KMU im produzierenden Gewerbe: Social Engineering und Security Risk Management	Stefanie Gube, Margit Scholl, Marie Christin Walch, Peter Koppatz, Dietmar Pokoyski	2021	Monographie
Qualitative Wirkungsanalyse Security Awareness in KMU	Margit Scholl, Dietmar Pokoyski, Ivona Matas, Ankha Haucke	2021	Arbeitspapier/Forschungsbericht
Report Interviews "Betriebliche Pandemieplanung"	Margit Scholl, Frank Gillert	2021	Arbeitspapier/Forschungsbericht

Titel	Autorinnen/Autoren oder Herausgeber/-innen	Publikationsjahr	Publikationstyp
Spotlight on Information Security Integration in the German Health Sector	Margit Scholl	2021	Konferenzpaper
Spotlight on Information Security Integration in the German Health Sector	Margit Scholl	2021	Journalartikel
The Current State of "Information Security Awareness" in German SMEs	Margit Scholl, Regina Schuktomow	2021	Journalartikel

2022

Titel	Autorinnen/Autoren oder Herausgeber/-innen	Publikationsjahr	Publikationstyp
ALARM INFORMATIONSSICHERHEIT	Margit Scholl	2022	Beiträge/Interviews in nicht-wissenschaftlichen Medien
Enabling vs. Entmündigung	Margit Scholl	2022	Arbeitspapier/Forschungsbericht
Entwicklung von erlebnisorientierten Lernszenarien zur Sensibilisierung für Informationssicherheit	Margit Scholl	2022	Konferenzposter
Foreword and Reflection on the Findings Contained in Report 1 of the Project Awareness Lab SME (ALARM) Information Security	Margit Scholl	2022	Sonstiger Publikationstyp
Instrumente zur aktiven und sicheren Verbraucherteilhabe an öffentlichen Online-Diensten	Esther Ruiz Ben, Anne Jellinghaus, Bettina Hesse, Margit Scholl, Möller Sebastian	2022	Konferenzpaper
Instrumente zur aktiven und sicheren Verbraucherteilhabe an Online Public Services (IVTOPS)	Margit Scholl, Esther Ruiz Ben, Anne Jellinghaus, Sebastian Möller, Britta Hesse	2022	Konferenzposter
Projekt "Awareness Labor KMU (ALARM) Informationssicherheit"	Margit Scholl, Regina Schuktomow, Olesja Mujkic	2022	Konferenzposter

Öffentlichkeitsarbeit: Publikationen

Titel	Autorinnen/Autoren oder Herausgeber/-innen	Publikationsjahr	Publikationstyp
Raising Information Security Awareness Using Digital Serious Games with Emotional Design	Frauke Prott, Margit Scholl	2022	Journalartikel
Report zur Informationssicherheit in KMU - Sicherheitsrelevante Tätigkeitsprofile (Report 1)	Hubertus von Tippelskirch, Regina Schuktomow, Margit Scholl, Marie Christin Walch	2022	Arbeitspapier/Forschungsbericht
Serious Games als Lernmethode zur Steigerung der Informationssicherheit	Frauke Prott, Ulrike Küchler, Regina Schuktomow, Margit Scholl	2022	Konferenzpaper
Tailored Information Security Training: Identification of Target Groups in German SMEs Based on Job Profiles	Hubertus von Tippelskirch, Margit Scholl	2022	Konferenzpaper
Target Groups in German SMEs for Information Security Training: The Use and Limits of Job Profiles in Designing Training Units	Hubertus von Tippelskirch, Margit Scholl	2022	Journalartikel
Using Emotional Design to Raise Awareness of Information Security	Frauke Prott, Margit Scholl	2022	Konferenzpaper

2023

Titel	Autorinnen/Autoren oder Herausgeber/-innen	Publikationsjahr	Publikationstyp
Challenges Posed by the Digital Transformation Paths of the Online Access Act in Germany : Implementation and the Need to Raise Awareness	Esther Ruiz Ben, Margit Scholl	2023	Sammelbandbeitrag
Chapter 5 Findings from the overall scenario and the three studies of the project "Awareness Lab SMEs (ALARM) Information Security" followed by a conceptual outlook	Margit Scholl	2023	Sonstiger Publikationstyp
Cyberattacks. An Attempt to Obtain a Multidimensional Awareness Indicator	Rainer Bruggemann, Peter Koppatz, Lars Carlsen, Margit Scholl	2023	Preprint
Game over vs. Game Lover	Dietmar Pokoyski, Ankha Haucke, Margit Scholl	2023	Arbeitspapier/Forschungsbericht
Gemeinsam zum Projekterfolg (Report 3)	Hubertus von Tippelskirch, Frauke Prott, Margit Scholl	2023	Arbeitspapier/Forschungsbericht
German SMEs & "Home Office": Narrative-Driven Game-Based Awareness Raising with Long-Term Efficacy	Margit Scholl	2023	Sammelbandbeitrag

Titel	Autorinnen/Autoren oder Herausgeber/-innen	Publikationsjahr	Publikationstyp
Gestaltung von Usable-Privacy-Instrumenten für öffentliche Online-Dienste	Esther Ruiz Ben, Margit Scholl	2023	Konferenzpaper
Informationssicherheit in den Arbeitsalltag nachhaltig integrieren: Informationssicherheitskultur verstehen, mit Serious Games sensibilisieren und das Informationssicherheitsbewusstsein der Mitarbeitenden erhöhen	Regina Schuktomow, Hubertus von Tippelskirch, Margit Scholl	2023	Konferenzpaper
Präsentation der Ergebnisse des Projekts "ALARM Informationssicherheit"	Margit Scholl, Regina Schuktomow, Hubertus von Tippelskirch, Frauke Prott, Dietmar Pokoyski, Martina Vogt, Ulrike Küchler, Peter Koppatz	2023	Wissenschaftliche Vortragsfolien
Raising Awareness of CEO Fraud in Germany: Emotionally Engaging Narratives Are a MUST for Long-Term Efficacy	Margit Scholl	2023	Konferenzpaper
Sustainable Information Security Sensitization in SMEs: Designing Measures with Long-Term Effect	Margit Scholl	2023	Konferenzpaper
Usable Privacy and Security in Online Public Services	Esther Ruiz Ben, Margit Scholl	2023	Monographie

Weiter zum Kapitel 4

Resümee des Forschungsprojekts

4 Was lernen wir aus dem komplexen Forschungsprojekt „ALARM“ hinsichtlich der Informationssicherheit, einem entsprechenden Bewusstsein und der Sicherheitskultur in deutschen KMU?

Margit Scholl

Im Folgenden wird der Versuch unternommen, ein greifbares Resümee aus dem dreijährigen, äußerst komplexen Projekt „Awareness Labor KMU (ALARM) Informationssicherheit“ unter den schwierigen Bedingungen der Corona-Pandemie abzuleiten.

4.1 Die Gefährdungssituation für deutsche KMU hat sich nicht geändert — im Gegenteil

Wir leben ständig mit Bedrohungen. Bedrohungen sind allgemein beschriebene Phänomene und bestehen unabhängig von konkreten Angriffsflächen in Wirtschaft, Staat und Gesellschaft. Trifft allerdings z. B. eine Cyberbedrohung wie ein Schadprogramm auf eine Schwachstelle, so entsteht eine konkrete Gefährdung (BSI Oktober 2023). Schwachstellen sind beispielsweise Software-Programmierfehler, technische Mängel und organisatorische Defizite. Solche Schwachstellen werden von den Angreifenden im Cyberraum ausgenutzt. Dazu gehören auch wir Menschen, die in den internationalen Sicherheitsuntersuchungen gerne als die eigentliche Schwachstelle in der Sicherheitskette bezeichnet werden (s. u. a. Quader & Janeja 2021).

Jedoch betonen beispielsweise Alotaibi et al. (2023), dass die erheblichen Belege für unsicheres Verhalten der Mitarbeitenden, welches durchaus eine große Bedrohung darstellt und die Cybersicherheit in Unternehmen untergraben kann, nicht dazu führen sollten, die Menschen zu verurteilen. Vielmehr gibt es oft eine Vielzahl von technisch-organisatorischen Hindernissen und stressige Situationen im Kerngeschäft des betrieblichen Arbeitsalltags, die dazu führen, dass Mitarbeitende nicht sicherheitsrelevante Entscheidungen treffen und sich nicht adäquat verhalten [können] (Alotaibi et al. 2023).

Zudem stimmt m. E. die Aussage von Bruce Schneider, dass „amateurs hack systems, professional hack people“ (Gabriel 2017). Denn dies ist der einfachere Weg, und bedeutet, dass gerade die Sicherheit an der Schnittstelle „Technik-Mensch“ in Institutionen von entscheidender Bedeutung bleibt. Oft werden die Menschen in der Literatur als Schwachstellen im Sicherheitsprozess bezeichnet, doch sehen wir es mal praxisorientiert bezogen auf die KMU so: Die Mitarbeitenden sind ein wesentlicher Bestandteil der Geschäftsprozesse, sie sind daher auch ein wesentlicher Bestandteil der Sicherheitsinfrastruktur dieser Prozesse, die die Existenz der Unternehmen darstellen. Mitarbeitende sind somit ein Sicherheitsfaktor für KMU. Und wie auch technische Systeme mit Patches, Updates und Upgrades regelmäßig verbessert werden müssen, sind für Menschen Sensibilisierungs- und Schulungsmaßnahmen nicht nur sinnvoll, sondern auch regelmäßig notwendig und zudem eine durchaus kostengünstige Variante im Vergleich zu den Investitionen für technische Systeme. Es ist somit eine ganzheitliche Betrachtungsweise in den KMU zwingend.

Im Projekt „Awareness Labor KMU (ALRAM) Informationssicherheit" gehen wir deshalb davon aus, dass die so wichtigen Mitarbeitenden auch eine entscheidende Chance der KMU für mehr Informationssicherheit darstellen, wenn sie denn nachhaltig sensibilisiert und kontinuierlich arbeitsplatzbezogen geschult werden und daher mehr Achtsamkeit verinnerlichen. Unsere Annahme basiert nicht nur auf unserer Trainingserfahrung, sondern wird von vielen Studien unterstützt (s. z. B. Von Solms & Van Niekerk 2013, Sasse 2015, Bada et al. 2019).

Das Projekt „ALARM Informationssicherheit" hat innerhalb von nur drei Jahren und unter den erschwerten Bedingungen der COVID-19-Pandemie einen praxisorientierten Methoden-Mix in analoger und digitaler Form als konkrete Antwort auf diese allgemeine Situation im partizipativen Forschungsdesign entwickelt und mit Pilot-KMU für ihre betriebliche Situation spezifiziert. Alle nun kostenfrei zur Verfügung gestellten Materialien dienen einer nachhaltigen Sensibilisierung der Führungskräfte und Mitarbeitenden und sind mit Pilot-KMU erarbeitet, erprobt, verbessert und finalisiert worden. Es besteht kein Zweifel, dass KMU ihre Cyber-Resilienz auch mit den Menschen aufbauen müssen.

Der neueste BSI-Bericht zur Lage der IT-Sicherheit in Deutschland (BSI Oktober 2023) zieht eine Bilanz für die Zeit vom 1. Juni 2022 bis zum 30. Juni 2023. Ihm ist zu entnehmen, dass sich in diesem Berichtszeitraum eine angespannte bis kritische Lage der IT-Sicherheit in Deutschland zeigt und, wie schon in den vergangenen Jahren, eine hohe Bedrohung durch Cyberkriminalität beobachtet wurde - tatsächlich sei die Bedrohung im Cyberraum so hoch wie nie zuvor (BSI Oktober 2023). Ransomware blieb im letzten Jahr laut BSI die Hauptbedrohung. Das englische Wort „ransom" steht für Lösegeld und „ware" ist die Abkürzung für Software — es handelt sich somit um Schadprogramme mit dem Ziel, den Zugriff der User auf ihre Daten und ihre Computersysteme durch Verschlüsselung zu verhindern und Lösegeld für die Entschlüsselung zu erpressen. Auch KMU wurden damit überproportional häufig angegriffen (BSI Oktober 2023).

Hinsichtlich der professionell Angreifenden konnte das BSI (Oktober 2023) eine von wechselseitigen Abhängigkeiten und Konkurrenzdruck geprägte Schattenwirtschaft cyberkrimineller Arbeitsteilung feststellen. Ein Anstieg der Bedrohung konnte ferner im Bereich Schwachstellen festgestellt werden, mit täglich 68 neuen Schwachstellen in Softwareprodukten — das sind rund 24 Prozent mehr als im Berichtszeitraum davor, wovon rund 15 Prozent kritisch waren (BSI Oktober 2023).

In dem aktuellen Sage-Report zur Cybersicherheit für KMU wird für die befragten deutschen Unternehmen als Fazit ein Kontrast zwischen der Anzahl der Vorfälle und ihrer Kenntnis bzw. Besorgnis gezogen (Sage 2023). Auch wir haben in unseren wissenschaftlichen Veröffentlichungen früh von einem Paradoxon in deutschen KMU geschrieben (Pokoyski et al. 2021, Scholl 2023z). Nach Sage (2023) meldeten 55 Prozent der KMU in Deutschland im vergangenen Jahr mindestens einen Cybersicherheitsvorfall — nur französische KMU meldeten mehr.

Die Statistiken von Sage (2023) deuten darauf hin, dass Schulung und Unterstützung verbessert werden müssen, um die Anzahl der Vorfälle zu verringern. Zudem überprüfen deutsche KMU ihre Cybersicherheit am wenigsten (68 Prozent gegenüber 76 Prozent im weltweiten Durchschnitt); sind mit 54 Prozent am wenigsten besorgt; haben mit 20 Prozent keine Pläne, eine Cyberversicherung abzuschließen; haben zudem ein geringeres Verständnis von Cyberbegriffen wie Ransomware, wobei 60 Prozent gar nicht wissen, was damit gemeint ist; und nur 41 Prozent von ihnen sehen es als eine Herausforderung an, mit neuen Bedrohungen Schritt zu halten (Sage 2023).

Wie bereits geschrieben, konnten wir auch im Projekt „ALARM Informationssicherheit“ ähnliche Widersprüche zur Informationssicherheit in deutschen KMU aufdecken (s. Kapitel 2.1), vor allem durch die durchgeführten tiefenpsychologischen Interviews mit den Führungskräften und Mitarbeitenden (Pokoyski et al. 2021, Pokoyski & Hauke 2022): Unsere befragten deutschen KMU präsentierten sich dabei selbstbewusst in einem Spannungsfeld von familiärem, vertrauensvollem Miteinander und einem flexiblen Eingehen auf die Marktbedürfnisse. In allen unseren Gesprächen wurden die hohe Identifikation und Verbundenheit mit dem jeweiligen KMU deutlich; das Bild eines entspannten und meist harmonischen Miteinanders mit direkten Kontakten wurde dargestellt. Auch die Geschäftsführungen und die anderen Führungskräfte betonen die familiäre Zusammengehörigkeit, die Loyalität sowie das hohe Vertrauen in die Mitarbeitenden.

Andererseits zeigt sich hinsichtlich der gelebten Sicherheitskultur und der KMU-Fehlerkultur eine ungünstige Kehrseite der familiären Verbundenheit (Pokoyski et al. 2021): Das Nichtbeachten von Regeln führt offenbar zu keinerlei Konsequenzen. Selbst wenn Regeln bekannt sind und deren Einhaltung eingefordert wird, bleiben negative Konsequenzen bei Fehlverhalten weitgehend aus. Dies ist durchaus eine Gradwanderung, denn internationale Untersuchungen zeigen kein einheitliches Bild, wie „Bestrafungen“ von Fehlverhalten oder „Abschreckungsfaktoren“ tatsächlich im Unternehmen wirken (s. z.B. Siponen & Vance 2010, Bell et al. 2019, Chen et al. 2019, Safa et al. 2019). Für Thomas Schumacher, Managing Director Accenture Security, ist die Fehlerkultur die größte Herausforderung in Bezug auf den Sicherheitsfaktor Mensch (sosafe 2023: 47): „Wenn es doch einmal zu einem Klick auf eine Phishing-Mail kommt, brauchen wir nicht die Mentalität: Klappe zu, ich sage es keinem. Sondern dann kommt es wirklich darauf an, dass schnell gehandelt wird, dass schnell gemeldet wird, dass man sich dessen bewusst ist, was da gerade passiert.“

In den tiefenpsychologischen Interviews des Projekts „ALARM Informationssicherheit“ wurde ebenfalls offenbart, dass Gefahren nicht allein außerhalb des jeweiligen KMU liegen. Vielmehr wurden oft klare Regelwerke jenseits von (gesetzlichen) Standards, die Halt und Orientierung geben könnten, von den meisten vermisst und konnten von den Geschäftsführerenden mit einer Ausnahme auch nur rudimentär wiedergegeben werden (Pokoyski et al. 2021).

Durch die Auseinandersetzung mit dem Thema Informationssicherheit im Rahmen der Interviews des Projekts „ALARM Informationssicherheit“, wird vielen KMU-Teilnehmenden überhaupt erstmals bewusst, dass die bisherigen Maßnahmen im Unternehmen nicht ausreichen. Informationssicherheit spielt in deutschen KMU zwar eine zunehmend wichtige Rolle. Die Entwicklung wird jedoch vor allem von extrinsischen Faktoren bestimmt, bei denen Cyber-Risiken, Regularien und Kunden als Treiber fungieren (Pokoyski et al. 2021).

Eine Strategie für Security Awareness war bei KMU, hinter einer gut gemeinten Intention, nicht erkennbar (Pokoyski et al. 2021). Es sollte daher in den KMU klar werden, dass es keine Awareness ohne Regeln geben wird. Derzeit hingegen wird Awareness in KMU noch relativ limitiert als Synonym für Direktdialoge oder eher intuitiv generierte, rein kognitive, lerntheoretische Aktivitäten betrachtet, bei der Sicherheits-Know-how wie einst das Schulfernsehen in die Mitarbeitenden „implementiert“ werden soll (Pokoyski et al. 2021). Wenn wir uns an die Abbildung 44 in Kapitel 2.9 erinnern, bedeutet dies lediglich die erste Vermittlungsebene, die keineswegs für nachhaltige Awareness ausreicht.

Doch bleiben wir noch kurz beim obigen Beispiel Ransomware: Obwohl sowohl die Polizei als auch das BSI von Lösegeldzahlungen nach einem Ransomware-Angriff abraten, zahlen viele Opfer solche Forderungen (BSI Oktober 2023), da der Druck zur Schadensbegrenzung enorm hoch ist. Die möglichen Schadensszenarien sind vielfältig: Datenverlust mit ggf. einer Beeinträchtigung des informationellen Selbstbestimmungsrechts oder gar der persönlichen Unversehrtheit der Kunden, Beeinträchtigung der eigenen Aufgabenerfüllung und Verstoß gegen Gesetze oder Verträge, finanzielle Auswirkungen und Imageverlust von ungeahntem Ausmaß. Der entstandene Schaden kann somit eine weitere, unvorhersehbare Kette von Negativwirkungen für die betroffene Institution nach sich ziehen.

Doch für die mit der Zahlung der Lösegeldforderung verbundene Hoffnung, schnell und ohne Negativwirkung wieder arbeitsfähig zu sein, gibt es keine Garantie. Laut BSI gibt es weder eine Garantie dafür, dass die Erpresserinnen und Expresser die verschlüsselten Daten tatsächlich wieder freigeben noch die gestohlenen Daten tatsächlich löschen (BSI Oktober 2023).

Zudem besteht die Möglichkeit, dass das von den Angreifenden zur Verfügung gestellte Entschlüsselungstool fehlerhaft ist, und die einmal ausgeleiteten Daten müssen grundsätzlich als kompromittiert betrachtet werden (BSI Oktober 2023).

Falls Geschäftsführende, Führungskräfte oder Mitarbeitende von KMU oder Kleinstunternehmen denken, dass sie nicht von einem solchen oder ähnlichen oder anderen Cyberangriff betroffen sein können, so irren sie. „Jeder wird angegriffen – es gibt keine Ausnahmen!“ sagt das BSI aufgrund eigener Beobachtungen (Danil 2023). Bleiben wir beim Ransomware-Angriff: Letztlich werden diese Angriffe zunehmend automatisiert ausgerollt und treffen insofern jeden, der seine Systeme nicht aktuell hält. Neben Patches und Updates sind vor allem die Datensicherungsstrategie und damit die Backups zentrale Maßnahmen.

Diese elementaren technischen Sicherungsmaßnahmen setzen aber voraus, dass Menschen in die Situation hineindenken! Und zwar nicht nur die Admins der IT-Abteilung, sondern auch das Management der KMU: Wie viel Datenverlust können die Geschäftsprozesse und damit das Unternehmen verkraften? Die Backup-Strategie der KMU ist das A und O, aber sie muss von Menschen vor dem Ernstfall definiert werden und etabliert sein. Welche Strategie liegt zugrunde? Wo werden die Backups separat gelagert? Wie lange benötigen wir zur Wiederherstellung der Daten, falls tatsächlich ein Ransomware-Angriff auf unsere Systeme erfolgreich für die Angreifenden verläuft? Üben die KMU den Ernstfall? Weiß das Management der KMU, wie viel Zeit benötigt wird, um einen Server und die möglichen Datenverluste wiederherzustellen? Vermutlich nicht.

Aber die angreifenden Cyberkriminellen gehen weiterhin den Weg des geringsten Widerstands. Laut BSI (Oktober 2023) wählten sie im vergangenen Jahr verstärkt solche Opfer aus, die ihnen leicht angreifbar schienen, denn das rationale Kosten-Nutzen-Kalkül stand im Vordergrund. So wurden vermehrt KMU jeder Größenordnung und Landes- und Kommunalverwaltungen, wissenschaftliche Einrichtungen sowie Schulen und Hochschulen als Opfer von Ransomware-Angriffen heimgesucht. Daher ist „Cyber-Resilienz“ das Gebot der Stunde (BSI Oktober 2023).

Die Leiterin Cyber Security Engagement bei Sage, Sophia Adhami, meint dazu: „Wir müssen Cybersicherheit menschlich betrachten. Unser Ziel ist es, das Thema zu vereinfachen, zu entmystifizieren und KMU die Angst vor dem zu nehmen, was sie oft als komplex und beängstigend wahrnehmen. Auf diese Weise befähigen wir sie, Cybersicherheit in ihre alltäglichen Aktivitaten und Gespräche zu integrieren, Cyberresilienz gegenüber Cyberbedrohungen aufzubauen und ihre Unternehmen zukunftssicher zu machen.“ (Sage 2023).

Für Professorin Jutta Heller ist Resilienz die Fähigkeit einer Organisation, Veränderungen in der Umgebung aufzunehmen und sich an diese anzupassen (ISO-Norm 22300), wobei das Risikomanagement (ISO-Norm 31010) eine zentrale Rolle spielt (Heller 2023). Organisationale Resilienz ist für jede und jeden in der Organisation eine ganzheitliche Aufgabe, wenn die Institution auch zukünftig existieren soll (Heller 2023).

Thomas Schumacher sieht Cybersicherheit und Cyberresilienz strategisch und, nach ihm, sollte eine solche umfassende Security-Strategie des Unternehmens die drei Themengebiete Technologie, Mensch und Prozesse einschließen (sosafe

2023: 46). Das entspricht durchaus der ganzheitlichen Denkweise des IT-Grundschutzes vom BSI. Herr Schumacher verdeutlicht weiterhin: „Alles das, was ich durch Awareness von Mitarbeitenden abdecken kann, macht mich als Unternehmen resilienter. Ich spare so Geld, Zeit und natürlich auch Nerven und Risiko." (sosafe 2023: 13).

Außerdem verdeutlicht Thomas Schumacher, dass die Komplexität für eine neue Dimension im Bereich Cyber sorgt: „Ich muss meine Mitarbeitenden auf komplett neue Szenarien vorbereiten, zum Beispiel darauf, dass sie plötzlich gar nicht mehr in meinen Filialen arbeiten können."

„Wir müssen Cyberresilienz und Business-Resilienz viel stärker zusammenbringen." sagt Herr Schumacher (sosafe 2023: 48). Die effektivsten Hebel zur Steigerung der Security Awareness sind für ihn (sosafe 2023: 13):

- Awareness-Maßnahmen via Kommunikationstools
- Personalisierte Lernmöglichkeiten
- Customization des Awareness-Programms.

Die im Projekt „ALARM Informationssicherheit" entwickelten erlebnisorientierten Lernszenarien (Serious Games) erfüllen diese Forderungen und fördern gezielt den Erfahrungsaustausch und die Kommunikation über Sicherheit im KMU.

Insbesondere sei noch einmal verdeutlicht (Pokoyski & Hauke (2022): Diese Lernszenarien bzw. Simulationen realer betrieblicher Alltagssituationen schaffen soziale Räume und liefern nicht nur ein Awareness-Versprechen, sondern den Anwendenden die Dramaturgie für den Sensibilisierungsprozess sowie darüber hinaus auch hinsichtlich einer sozialen Balance für hybrides Arbeiten. Sie sind einerseits in sich abgeschlossen und können situationsbedingt eingesetzt werden und können andererseits miteinander integrativ verzahnt werden (s. Kapitel 2.2, 2.4 und 2.5). Sie bewirken die Erhöhung der Achtsamkeit als Ziel der Sensibilisierung in einer kurzen Zeit von 15 Minuten und können doch auch für einen intensiveren Diskurs zum Thema beliebig zeitlich verlängert werden.

Cyberresilienz bedeutet nach dem BSI, mit Angriffen umgehen zu können, ohne umzufallen, bzw. schnell wieder auf die Beine zu kommen, wenn man Opfer eines Cyberangriffs geworden ist und dies setzt eine tragfähige Cybersicherheitsarchitektur voraus (BSI Oktober 2023). Das BSI bietet über seine Webseiten auch zu diesem Thema etliche Informationen und (Check-)Listen. Darüber hinaus stärkt die Etablierung eines ISMS (Informationssicherheitsmanagementsystems) und eines BCM (Business Continuity Management) die notwendige organisationale Resilienz. Teil davon sind zweifelsfrei aktivierende Sensibilisierungs- und Schulungsmaßnahmen. Vom Top-Management über die Führungskräfte bis zu allen Mitarbeitenden ist für Informationssicherheit und Resilienz eine aktive Sicherheitskommunikation notwendig.

Die im Projekt „ALARM Informationssicherheit“ entwickelten erlebnisorientierten Lernszenarien (Serious Games/realitätsnahe Simulationen) fördern den Erfahrungsaustausch und die Kommunikation über Sicherheit. Sie bieten eine einfache erprobte interaktive und kurzweilige sowie interessante Möglichkeit, die Führungskräfte und Mitarbeitenden miteinander ins Gespräch auf Augenhöhe zu bringen. Durch die umfangreichen Anleitungen und Hilfestellungen, Selbstcheck und niederschwellige Sicherheitskonzepte werden den KMU kostenfrei hochwertige und didaktisch aufbereitete Materialien zur Verfügung gestellt, mit denen sie ihre Cybersicherheit praxisorientiert voranbringen können.

Einziges Hindernis: Die KMU müssen die innerhalb unseres Projekts entwickelten und kostenfrei zur Verfügung stehenden Lernszenarien und Materialien aktiv nutzen und mit ihrer Belegschaft anwenden.

Bereits in der ersten Studie des Projekts „ALARM Informationssicherheit“ wurde darauf hingewiesen, dass Security Awareness als Teil von Sicherheitskommunikation eine Voraussetzung für erfolgreiches Sicherheitsmanagement in KMU darstellt und sicherheitsrelevantes Verhalten der Beschäftigten positiv beeinflusst (Pokoyski et al. 2021). Daher reduziert die kontinuierliche Implementierung von Maßnahmen zur Erhöhung des Informationssicherheitsbewusstseins der Mitarbeitenden in überprüfbarer Weise nicht nur das geschäftliche Risiko von Unternehmen, sondern sie erhöht darüber hinaus deren Attraktivität (Pokoyski et al. 2021). Denn sowohl die Zusicherung solcher Maßnahmen gegenüber den Kunden mit veränderter externer Kommunikation als auch die Erfüllung von gesetzlichen Auflagen oder internationalen Sicherheitsstandards sichern den Unternehmen mit einem aktiven Sicherheitsmanagement auch Wettbewerbsvorteile, da sie positive Imagefaktoren generieren und das Vertrauen in das Unternehmen erhöhen (Pokoyski et al. 2021). Somit etabliert sich Security Awareness zunehmend als ein Reputationsinstrument, das den Vertrauensgrad zwischen Dienstleister und Kunde zu beeinflussen vermag (Pokoyski et al. 2021).

Die Präsidentin des BSI, Frau Claudia Plattner, formuliert: „Wir verstehen Cybersicherheit als Gemeinschaftsaufgabe, die auf Transparenz als Grundlage für Vertrauen beruht!“ (BSI Oktober 2023).

Dies sollte in den Chefetagen der deutschen KMU angekommen sein, strategisch umgesetzt und an die Führungskräfte für eine aktive Einbeziehung der Mitarbeitenden delegiert werden.

Weiter zum Kapitel 4.2

Resümee zu
Serious Games

4.2 Serious Games und Simulationen sind im Mix wirkungsvolle Sensibilisierungsinstrumente – aber kein Allheilmittel

Wir haben es mit einem immer stärker dynamisch ausgerichteten Umfeld der Digitalisierung zu tun, das durch eine sich ständig verändernde Bedrohungslage und vielfältige, neue und alte Angriffsvektoren gekennzeichnet ist. Betroffen sind sowohl Einzelpersonen als auch die Gesellschaft als Ganzes und die Wirtschaft. Ein nachhaltiges Sicherheitsniveau kann in allen Institutionen wirksam nur durch ein andauerndes systematisches Vorgehen zum angemessenen Schutz der Geschäftsprozesse mit einem kontinuierlichen Verbesserungsprozess gewährleistet werden. In den Institutionen muss ein entsprechend durchdachtes angemessenes Informationssicherheitsmanagementsystem (ISMS) mit einem angepassten wirksamen Sicherheitsprozess und qualifiziertem Personal etabliert werden (Scholl & Ehrlich 2020). Der Einsatz von Technik ist dabei unverzichtbar, aber ohne die Menschen wird ein Sicherheitsprozess nicht funktionieren bzw. nicht lebbar sein.

Bei der Entwicklung der analogen und digitalen Lernszenarien (Serious Games/realitätsnahe Simulationen) für Informationssicherheitsbewusstsein in KMU stellten wir fest, dass der Begriff „Gamification" weitgehend unbekannt ist und zunächst erläutert werden muss. Danach war das Prinzip einsichtig und wurde bei den meisten Befragten als sinnvoll angesehen (Pokoyski et al. 2021). Es wird aber immer wieder sehr deutlich, dass das Spielerische bei Security Awareness in deutschen KMU nicht zu stark in den Vordergrund treten darf. Dies führt ansonsten zu deutlichen Widerständen bei den Sensibilisierungsmaßnahmen (Pokoyski et al. 2021).

Vor allem die Führungskräfte der KMU nehmen dazu offenbar eine vermeintliche Kundenperspektive ein. Tiefenpsychologischer Hintergrund ist, dass Informationssicherheit in KMU vor allem an den Kunden ausgerichtet wird und daher die Abwertung gamifizierter Anteile bei den Führungskräften als Projektion zu deuten ist (Pokoyski et al. 2021). Es wird hier die vermeintlich abwertende Perspektive der Kunden eingenommen, so dass nach Vorstellung vieler Führungskräfte sämtliche Anstrengungen im Kontext von Informationssicherheit ins Leere laufen würden (Pokoyski et al. 2021). Es ist somit eine Folge des in Kapitel 4.1 erläuterten Umstandes, dass Informationssicherheit in deutschen KMU bislang von extrinsischen Faktoren bestimmt ist.

Während in englischsprachigen Ländern wie Großbritannien und den USA der Begriff Serious Games (vgl. Kapitel 2.3) nach eigenen Erfahrungen, besser eingeordnet wird, stehen deutsche KMU hier erst am Anfang, d. h., in den Anfängen des Projekts „ALARM Informationssicherheit" haben wir bewusst nicht von „Games" gesprochen, damit keine Vorbehalte in den KMU aufgebaut werden. Vielmehr sprachen wir von erlebnisorientierten Lernszenarien oder von realitätsnahen analogen und digitalen Simulationen; erst im Laufe des Projekts gingen wir sukzessive zu dem international bekannten Begriff „Serious Games" über. In dieser Projektdokumentation verwenden wir alle drei Begriffe – erlebnisorientierte Lernszenarien, analoge und digitale sowie Vor-Ort durchgeführte Serious Games, realitätsnahe Simulationen – gleichbedeutend.

Ohne stützende Hilfe ergaben die tiefenpsychologischen Interviews der ersten Studie lediglich Passwörter, Phishing und Datenschutz als relevante Informationssicherheitsthemen der KMU (Pokoyski et al. 2021). Mit Unterstützung ergaben sich dann die in Kapitel 2.3 dargestellten 7 Themenfelder für die analogen und digitalen sowie Vor-Ort-Simulationen. Es wurde durch die intensive Befragung der KMU im Projekt „ALARM Informationssicherheit" deutlich (Pokoyski et al. 2021, Pokoyski & Hauke 2022), dass es sich nicht um neue Bedrohungen, sondern um alt bekannte Sicherheitsprobleme handelt, mit denen sich die deutschen KMU noch immer auseinandersetzen. Katrin Suder, Strategieexpertin von Digitale Technologien, Wirtschaft & Politik, äußerte: „Die letzten 10 Jahre haben Unternehmen eher in Technik investiert als in Menschen." (sosafe 2023: 22). Thomas Schumacher nimmt ebenfalls wahr, dass Unternehmen stark compliancegetrieben handeln, obwohl immer mehr mittlerweile die Notwendigkeit für Schulungen der Mitarbeitenden einsehen, und besonders im Hinblick auf Remote-Mitarbeitende liefere ein Security-Grundwissen einen echten Mehrwert (sosafe 2023: 48). Es entspricht unseren Trainingserfahrungen mit den entwickelten Materialien, dass diese sehr gut abteilungsübergreifend einsetzbar sind.

Die letztlich gewählten Titel der Lernszenarien (Kapitel 2.3, 2.4, 2.5) dienen nur als Hülle der dahinterliegenden Geschichte bzw. Projektion. Beim Durchspielen der einzelnen Simulationen wird deutlich, „dass Informationssicherheit als Phänomen stets ganzheitlich zu betrachten ist. [... Es bedarf] Narrative mit Bezügen aus der Lebens- und Arbeitswelt der Zielgruppen, um Lernszenarien und andere Sensibilisierungsinstrumente entsprechend nachvollziehbar zu gestalten." (Pokoyski et al. 2021: 55). Die insgesamt 8 in Studie 1 erkannten Problemkomplexe der deutschen KMU wurden zu 7 Stories verschmolzen, die die Grundlage der Entwicklung von jeweils 7 analogen und 7 digitalen gamifizierten Lernszenarien und 7 „Vor-Ort-Angriffen" darstellten.

Gerade die zunehmend umfassende Digitalisierung der Geschäftsprozesse erfordert dabei durchaus eine analoge Sensibilisierung. Merkmale unserer modernen spielebasierten analogen Sensibilisierung mit Nachhaltigkeit zur Informationssicherheit und Datenschutz sind:

- Aktive Partizipation der Teilnehmenden
- Begreifbar machen durch Haptik
- Begreifbar machen durch interaktives Tun
- Begreifbar machen in einem diskursiven Setting
- Erinnerung durch Geschichten/Erzählungen beflügeln
- Eigene Erfahrungen einbringen können
- Zeitlich flexible Gestaltung (von 15 Minuten in der Pause bis eine Stunde für Intensivierung).

Unsere Evaluationsergebnisse der entwickelten Lernszenarien sind zusammengefasst (Pokoyski & Hauke 2022).:

- Gamifizierte Security Awareness in Form der entwickelten Serious Games wird von den Teilnehmenden ernst genommen. Sie werden als ein wichtiger Baustein der Informationssicherheit betrachtet und wirken zudem vitalisierend. D. h., im Spielen der Lernszenarien waren alle Teilnehmenden motiviert, gut gelaunt und konzentriert, und auch beim Feedback in der Nachbetrachtung waren alle bei der Sache.

- Es ist nach unseren Erfahrungen gelungen, Awareness-Maßnahmen mit Hilfe von Gamification auf ein Niveau zu heben, das Einbindung der Beteiligten schafft. Diese Sensibilisierungsleistung der Lernszenarien übersteigt die bisher üblichen lerntheoretischen Ansätze deutlich und funktioniert tatsächlich mit allen teilnehmenden Gruppen gut.

- Das im Projekt „ALARM Informationssicherheit" für die Lernszenarien zugrunde liegende didaktische Konzept — „Talking Security" — funktioniert auch in KMU reibungslos. Vor allem das diskursive Setting und die teamorientierten Interaktionen bei den analogen Lernszenarien fördern die Gespräche über „Situationen aus dem wahren Leben" und bestätigen die Passung als Simulation realer Arbeits- und Alltagsszenarien.

Unser diskursiver, teamorientierter Story-Telling-Ansatz wird auch international bestätigt. Leitner (2023) nutzt dabei dynamische Umfragen bei den digitalen Sensibilisierungsübungen, die über unsere individuell nutzbaren digitalen Lernszenarien hinausgehen, um während der digitalen Übung für alle Teilnehmenden die jeweilige Entscheidung zu visualisieren. Ansonsten fasst die Autorin wesentliche, auch von uns geteilte, Aspekte wie folgt zusammen (Leitner 2023): Die Geschichte muss

- fesseln, also die Teilnehmenden begeistern, aber gleichzeitig bewirken, dass sie sich konzentrieren
- interaktiv sein und die Teilnehmenden aktiv einbeziehen, indem sie Entscheidungen treffen (können/müssen)
- informativ sein, so dass die Teilnehmenden unmittelbar Feedback zu ihren Entscheidungen erhalten
- sicherheitsbewusst sein und sollte daher einen oder mehrere Sicherheitsvorfälle beinhalten
- nachvollziehbar sein und sollte nicht weit von der Realität der Teilnehmenden entfernt sein
- sicherstellen, dass die Teilnehmenden bei der Abgabe ihrer [digitalen] Entscheidungen und Antworten i. d. R. anonym bleiben.

Zudem ist festzuhalten: Ein Schulungsansatz, der nur die technischen Aspekte betont, funktioniert nicht nur nicht (von Solms et al. 2023), sondern die damit verbundene Überforderung der meisten Mitarbeitenden mit zu vielen technischen Informationen kann sogar einen negativen Entwicklungseffekt durch die Schulung haben (Alkhazi et al. 2022).

Außerdem ist wissenschaftlich-didaktisch seit Jahrzehnten anerkannt, dass vor allem ein Mix aus verschiedenen Methoden für die unterschiedlichen Zielgruppen, Lerntypen und abstrakten Themen notwendig ist.

Darüber hinaus bestätigen wir Alshaikh et al. (2018), dass die Verknüpfung der Informationssicherheit mit dem Privatleben der Mitarbeitenden motivierend für das Thema Informationssicherheit wirkt. Zudem legen internationale Studienergebnisse nahe, dass informelle Methoden zur Steigerung des Sicherheitsbewusstseins der Mitarbeitenden effektiv und kostengünstig sind und Maßnahmen zur Förderung des Beratungsaustauschs zu einer verbesserten Sicherheitslage führen können (Farshadkhah et al. 2023).

Wir müssen von einer deutlichen sicherheitskulturellen Bandbreite in deutschen KMU und einer unterschiedlichen Ausprägung des Awareness-Reifegrads ausgehen, weshalb die einzelnen Lernszenarien nicht überall gleich gut wirken. Jedoch gibt es bei den im Projekt „ALARM Informationssicherheit" entwickelten analogen Serious Games einen großen Vorteil (Pokoyski & Hauke 2022): Ihr auf Differenzierung ausgelegter modularer Ansatz mit der Möglichkeit individueller Adaptierbarkeit unterstützt die KMU, diese große Bandbreite für sich selbst in den Serious Games durch eigene praktische Beispiele zu ergänzen und damit praxisorientiert anzupassen.

Leider konnten die Awareness-Messungen und Reifegrad-Bestimmungen als Folge der Überlegungen zur Wirkung der Lernszenarien nur in rudimentärer quantitativer Form im Projekt „ALARM Informationssicherheit" durchgeführt werden. Dies muss zukünftigen Forschungsprojekten überlassen werden, denn allein die Behandlung nur dieser Aspekte ist äußerst komplex und wissenschaftlich ein noch offenes Forschungsgebiet.

Sykosch (2022) betont in seiner Dissertation, dass jedes IT-System ein soziotechnisches Konstrukt ist und untrennbar mit dem Menschen als Nutzerin bzw. Nutzer verknüpft ist. Ebenso ist auch seine Sicherheit mit den Nutzenden verknüpft, weshalb regelmäßige Schulungen zur Verbesserung des IT-Sicherheitsbewusstseins empfohlen werden, wobei die Auswirkungen solcher Schulungen nur selten systematisch quantifiziert werden (Sykosch 2022). In den Kapiteln 2.8 und 2.9 dieser Projektdokumentation wurde die entsprechende Problematik der Awareness-Messungen einerseits und der Reifegradmodelle andererseits skizziert.

Nach Sykosch (2022) zeigt die Analyse verbreiteter Messmethoden insbesondere Schwächen bei der Erfassung des Verhaltens der Nutzenden. Außerdem lasse sich zeigen, dass die Motivation der Probanden allein keinen nachweisbar positiven Effekt auf IT-sicherheitsbewusstes Verhalten hat (Sykosch 2022).

Zudem sei die Heterogenität der Evaluationsmethoden auf das uneinheitliche Verständnis von IT-Sicherheitsbewusstsein zurückzuführen (Sykosch 2022). Im Projekt „ALARM Informationssicherheit" wurde daher von Beginn an auch auf tiefenpsychologische Interviews gesetzt, um Widersprüche bei den Interpretationen zu berücksichtigen. Diesbezügliche Erkenntnisse wurden wie beschrieben in den drei Studien des Projekts (Pokoyski et al. 2021, Scholl 2021; Pokoyski & Hauke 2022; Pokoyski et al. 2023, Scholl 2023) und weiterer wissenschaftlichen Literatur veröffentlicht (s. Ende von Kapitel 3).

Wir gehen davon aus, dass in zukünftigen Awareness-Projekten ein interdisziplinäres Team auf jeden Fall auch psychologische Aspekte integrieren muss. Darüber hinaus haben wir im Projekt durch die parallel durchgeführten Online-Befragungen, Veranstaltungen und weiteren Aktivitäten einen hybriden Ansatz verfolgt, deren Erkenntnisse in drei Reports veröffentlicht werden (von Tippelskirch et al. 2022, von Tippelskirch o. D., von Tippelskirch et al. 2023).

Hypride Ansätze können unter Umständen die Stärken zweier Messmethoden kombinieren (Sykosch 2022) und so ggf. erweiterte Erkenntnisse erzielen. Allerdings müssen die einzelnen Messmethoden jeweils Gütekriterien erfüllen. Beispielsweise muss die Befragung als häufigste eingesetzte Methode auch im Bereich der Informationssicherheit in Kombination mit psychologischen Aspekten solche Gütekriterien erfüllen. Diese Gütekriterien lassen sich zum Teil nur mit einem hohen versuchsmethodischen Aufwand gewährleisten, weshalb weitere Forschungsprojekte im Bereich des betrieblichen Informationssicherheitsbewusstseins notwendig sind. Die etablierten Gütekriterien psychologischer Tests sind nach Sykosch (2022):

- Objektivität
- Reliabilität
- Validität
- Skalierbarkeit
- Normierung
- Ökonomie
- Nützlichkeit
- Zumutbarkeit
- Nicht-Verfälschbarkeit
- Fairness.

Die erste (Pokoyski et al. 2021) und zweite Studie (Pokoyski & Hauke 2022) des Projekts „ALARM Informationssicherheit“ ergab: Kein deutsches KMU ist wie das andere. Das hat Auswirkungen auf die Passung und den Einsatz der im Projekt entwickelten Lernszenarien, auch wenn aufgrund einer notwendigen Basis-Sensibilisierung im Projekt keine fein-granulare Ausdifferenzierung diagnostiziert wurde. Es muss sich also KMU-intern Gedanken gemacht werden, welches von uns kostenfrei zur Verfügung gestellte Lernszenario für welche Zielgruppe, zu welchem Zeitpunkt und in welcher Art und Weise sinnvoll eingesetzt werden kann. Dazu sollten Mitarbeitende als Moderierende ausgebildet werden.

Zudem erkannten wir, dass der Reifegrad der KMU (wie auch immer bestimmt, vgl. Kapitel 2.9) offenbar entscheidend für den nachhaltigen Einsatz solcher modernen Simulationen ist. Außerdem wurde im Projekt deutlich, dass der Awareness-Reifegrad mit der digitalen Autonomie der Mitarbeitenden korreliert. Wenn also die digitale Autonomie der Mitarbeitenden im KMU nicht gefördert wird, indem alles nur nicht erlaubt ist, dann bleiben Maßnahmen zur Erhöhung der Security Awareness wirkungslos, denn die Mitarbeitenden fühlen sich entmündigt und ihre Akzeptanz für die Sicherheitsmaßnahmen wird fehlen.

Dies kann wiederum zur (unbewussten) Reaktanz und in der Folge zu neuen Sicherheitsvorfällen führen. Sensibilisierung und Security Awareness ist somit „innerbetriebliche Sozialarbeit“ (Pokoyski et al. 2021, Pokoyski & Hauke 2022) und benötigt Vorbilder durch die Führungskräfte, einen Diskurs über die konkreten Erfahrungen mit Sicherheitsmaßnahmen und ihrer Notwendigkeit innerhalb der Geschäftsprozesse sowie eine aktive Einbindung der Mitarbeitenden in die Verbesserungsprozesse.

Weiter zum Kapitel 4.3

Resümee zu den KMU-Ansprüchen

4.3 Die deutschen KMU verstehen ihre Nichtförderung in Forschungsprojekten nicht – der Aufwand ist zu groß

Bereits bei den Vorbereitungen der ersten KMU-Befragungen wurden einige Besonderheiten der spezifischen Situation deutlich (Pokoyski et al. 2021). So erwies sich sowohl die Rekrutierung der Pilot-KMU als auch danach die des KMU-Personals für die anonymisierten Interviews und deren Durchführung als äußerst schwierig. Darüber hinaus gestalteten sich die Vereinbarungen als sehr zeitaufwendig, da z. B. Termine teilweise (mehrfach) abgesagt wurden und verschoben werden mussten.

Aufgrund der Rahmenbedingungen der Corona-Pandemie, die digitale Gesprächsführung notwendig machten, ergaben sich technisch-organisatorische Herausforderungen: beispielsweise verhinderten die Sicherheitseinstellungen mancher von den Teilnehmenden verwendeten PCs oder Notebooks eine adäquate kreative Gesprächsdurchführung mit der Evaluierung des eingeplanten Testmaterials für die Lernszenarien. Fanden die Gespräche und die Evaluation in den KMU selbst statt, so konnten Unterbrechungen nicht ausgeschlossen werden.

Einige Mitarbeitende wurden von den jeweiligen Geschäftsführungen zur Teilnahme beordert, teilweise ohne vorher deren Interesse bzw. Bereitschaft zu erfragen. Die geplanten Quotierungsvorgaben zu Geschlecht, Alter und den verschiedenen Funktionen bzw. Hierarchieebenen konnten aufgrund der mühevollen Akquise durch die beteiligten KMU teilweise nicht eingehalten werden. Aus psychologischer Sicht stellen die schwierige Akquise mit der Anpassung der Stichprobe und der (unbewussten) Kontrolle der an den Interviews teilnehmenden Mitarbeitenden keine Zufälle dar (Pokoyski et al. 2021).

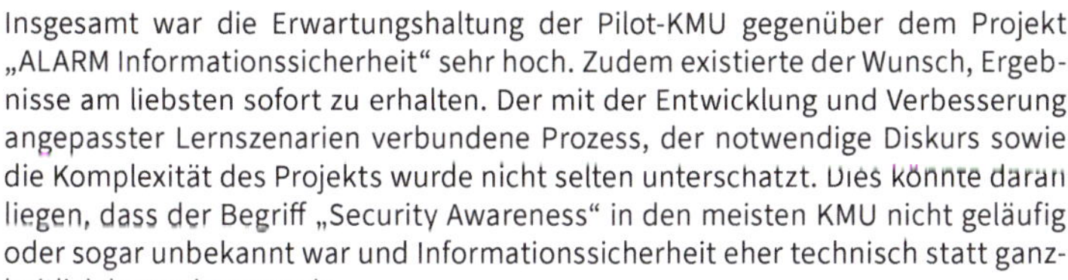

Insgesamt war die Erwartungshaltung der Pilot-KMU gegenüber dem Projekt „ALARM Informationssicherheit“ sehr hoch. Zudem existierte der Wunsch, Ergebnisse am liebsten sofort zu erhalten. Der mit der Entwicklung und Verbesserung angepasster Lernszenarien verbundene Prozess, der notwendige Diskurs sowie die Komplexität des Projekts wurde nicht selten unterschätzt. Dies könnte daran liegen, dass der Begriff „Security Awareness“ in den meisten KMU nicht geläufig oder sogar unbekannt war und Informationssicherheit eher technisch statt ganzheitlich betrachtet wurde.

Über die drei Jahre der Projektdauer hinweg galt der damit verbundene Aufwand innerhalb der Pilot-KMU als zu hoch. Agile Unternehmen mit knappen Ressourcen, die am Markt bestehen müssen, erwarteten zunehmend finanzielle Unterstützung für ihre Beteiligung. Dies war allerdings im Förderprogramm des BMWK nicht vorgesehen, schließlich erhielten die Pilot-KMU kostenfrei Sensibilisierungsmaßnahmen, Schulungen und Trainerausbildung und die gesamten finalen Materialien als hochwertig produzierte Produkte in einem „Awareness-Koffer“. Das Fehlen kohärenter Beratung und Leitfäden für KMU wird im Report von Sage (2023: 3) als

Grund angegeben, der ihnen die Schulung von Mitarbeitenden und die Nutzung passender Tools erschwert. Das Projekt „ALARM Informationssicherheit“ hat zur Behebung dieses Defizits in KMU einen sehr konkreten und praxisbezogenen Beitrag für KMU geleistet.

Zukünftige Awareness-Projekte sollten unbedingt diese Erfahrungen berücksichtigen. Das Alltagsgeschäft der KMU ist anspruchsvoll und oft mit Stress verbunden. Die hohe Identifikation der KMU-Mitarbeitenden mit ihrem Unternehmen lässt diese auch primär an die Bewältigung dieser Arbeitsanforderungen denken. Dann wirken mehrere Iterationen an Evaluationen zur Verbesserung der Lernszenarien und Materialien als zusätzliche Belastung und Stress (vgl. auch Kapitel 3).

Ohne das äußerst engagierte Forschungsteam der TH Wildau, das nur durch befristete Teilzeit-Projektverträge finanziert wurde, wäre der hier dokumentierte Beitrag des Projekts „ALARM Informationssicherheit“ nicht möglich gewesen. Mit eigenen hohen Ansprüchen, großem Enthusiasmus und einem gewollt nahen Praxisbezug war dieses komplexe Projekt auch für mein lösungsorientiertes Team in den unterschiedlichen Konstellationen stressig und die Bildung einer persönlichen Resilienz war erforderlich. Das komplexe Projekt war somit für alle Beteiligten eine äußerst herausfordernde Situation, zumal die Corona-Pandemie noch erschwerend dazu kam. Mit den erreichten Projektergebnissen und der gemeinsamen Vorlage dieser Projektdokumentation hat das Team diese Aufgabe letztlich souverän gemeistert. Bereits vor, aber spätestens mit dem ursprünglich geplanten Ende des Projekts „ALARM Informationssicherheit“ haben die kompetenten Projektmitarbeitenden attraktive Jobalternativen erhalten oder sind in eine freiwillige „Entschleunigungszeit“ mit besserer Work-Life-Balance eingetreten, wozu alles Gute gewünscht werden kann.

Nach der Projektabschlussveranstaltung „Awareness Forum“ im Juni 2023, also quasi „am Ende des Tages“, haben auch die beteiligten KMU deutlich ihre Anerkennung für das Projekt ausgesprochen (vgl. Kapitel 3) und die Erfolgsgeschichten im Report 3 (Von Tippelskirch et al. 2023) bezeugen die großartige Leistung des Forschungsteams und der Unterauftragnehmenden im Projekt. Mehr noch: Sowohl beteiligte als auch externe KMU äußerten den Wunsch, in einem neuen Projekt eine dominante Rolle als Industrie- oder Dienstleistungspartner einzunehmen. Welche aktuellen Notwendigkeiten in einem neuen Awareness-Projekt anstehen, wird im nachfolgenden Kapitel 4.4 skizziert, dessen beim BMWK eingereichte Projektidee aber bislang nicht gefördert werden wird.

Weiter zum Kapitel 4.4

Resümee zu einem neuen Awareness-Projekt

4.4 Die Geschäftsführung der deutschen KMU ist entscheidend für Informationssicherheit und Sensibilisierung — neue Forschungsprojekte sind notwendig

Eine Security Awareness-Strategie war in KMU laut den Befragungen im Projekt „ALARM Informationssicherheit" nur vereinzelt erkennbar und ist generell in KMU noch nicht etabliert - bestenfalls existiert eine gut gemeinte Absicht im Management und bei der Belegschaft. Allerdings würde die in Ansätzen in KMU vorhandene „Talking Security" eine gute Möglichkeit bieten, eine solche Strategie zu entwikkeln und auch nachhaltig vertreten zu können.

Im Interview verdeutlicht Thomas Schumacher, warum Informationssicherheit für Führungskräfte auch in KMU an Bedeutung gewinnen muss: „Informationssicherheit spielt heute eine zentralere Rolle in der Unternehmensstrategie, dem Risikomanagement und für den langfristigen Geschäftserfolg als noch vor wenigen Jahren. Dieser Bewusstseinswandel stößt zeitgleich weitreichende Veränderungen der Unternehmensstrukturen an. Die Cyber-Problematik in der Führungsetage zu platzieren, erleichtert in Organisationen nicht nur Prozesse, sondern auch die Planung: die Ausrichtung der Sicherheitsstrategie entlang der Geschäftsziele, die Budgetplanung, das Einleiten von Veränderungen und das Definieren klarer Verantwortungsbereiche." ... (Sage 2023: 70).

Tobias Ludwichowski, CISO bei Signal Iduna, betont im Interview: „Selbst die besten Tools sind nutzlos, wenn es an passenden Prozessen fehlt und Mitarbeitende nicht in der Lage sind, Gefahren zu erkennen." ... (Sage 2023: 69). Ein erster Punkt sei die „kontinuierliche Kommunikation und Schulung, um damit Transparenz darüber zu schaffen, welche Auswirkungen Sicherheitsvorfälle haben können. [...] Der andere Punkt ist, dass wir die Themen so in Prozesse einbetten, dass den Mitarbeitenden gar nicht unbedingt bewusst ist, dass sie damit einen Sicherheitsmehrwert schaffen. Prozesse müssen so gestaltet werden, dass Mitarbeitende automatisch compliant sind. Das fühlt sich im Ergebnis dann weniger aufwändig für Mitarbeitende an. Denn Richtlinien rauszuschicken und zu erwarten, dass diese gelesen, verstanden und in richtiges Verhalten umgesetzt werden, wird nicht funktionieren." (Sage 2023: 69). Nach Tobias Ludwichowski macht man einen grundsätzlichen Fehler, wenn man sich zu 100 Prozent auf die Technik verlässt und annimmt, dass die Technik alles abfangen würde (Sage 2023: 77).

Unternehmen müssen dem Informationssicherheitsmanagement (ISM) zunehmend Priorität einräumen. Dang-Pham et al. (2022) betonen in ihrer Studie, dass in modernen Organisationen eng verbundene Netzwerke existieren, in denen sowohl formelle als auch informelle Führungskräfte das Verhalten der Mitarbeitenden hinsichtlich Informationssicherheit beeinflussen. Die Autoren haben die organisatorischen Netzwerke in einer großen Organisation analysiert und die Interaktionen untersucht, die dazu führen, dass Mitarbeitende ihren Kollegen und

Kolleginnen gegenüber als einflussreiche Meinungsführende hinsichtlich Informationssicherheit erscheinen Dang-Pham et al. (2022). Weitere Ergebnisse deuten darauf hin, dass einflussreiche Meinungsführer im Unternehmen in der Informationssicherheit als sachkundig angesehen werden und als kompetent gelten, Informationssicherheitsverhalten zu belohnen oder zu sanktionieren. Es wurde auch festgestellt, dass andere Merkmale wie formelles Dienstalter, Alter, Amtszeit und Abteilungszugehörigkeit die Führung in der Informationssicherheit verbessern (Dang-Pham et al. 2022).

Übertragen wir diese Ergebnisse auf Kleinst- und kleine bis mittelgroße Unternehmen (KKU/KMU), bestätigen sie unsere Annahme, dass dort das Management eine nachhaltige Sicherheitskommunikation sowohl auf formeller als auch auf informeller Ebene etablieren muss, um als einflussreiche Entscheidungsträger und Meinungsführer in der unternehmensweiten Informationssicherheit anerkannt zu werden. Meinungsführerschaft setzt ein gewisses Maß an Wissen voraus. Aber nach unseren wissenschaftlichen Erkenntnissen im Projekt reicht das nicht aus. Vielmehr sind durch eine nachhaltige Strategie Rahmenbedingungen vom Management zu kreieren, die Informationssicherheit begreifbar sowie Maßnahmen verständlich und hilfreich zu machen.

Die Untersuchung von Alshaikh et al. (2018) deutet darauf hin, dass kleine Organisationen normalerweise eher einen Ad-hoc-Ansatz in der Informationssicherheit und große Organisationen eher einen formelleren und strukturierteren Ansatz verfolgen. Allerdings konnten sie dies nicht verallgemeinern und kommen zu dem Schluss, dass es kein einheitliches Bild gibt. Sicher waren sich die Autoren allerdings bei der Aussage, dass je länger die Organisation entsprechende Trainings für Informationssicherheitsbewusstsein durchführt und aus früheren Erfahrungen lernt, welche Techniken funktioniert haben und welche nicht, desto wahrscheinlicher ist die Steigerung des Reifegrads (Alshaikh et al. 2018).

Laut Kő et al. (2023) sind die drei entscheidenden Faktoren, die den „Information Security Awareness (ISA)“-Reifegrad beeinflussen: Risikomanagementmechanismus, Organisationsstruktur und ISA selbst. Ihre Untersuchung zeigt, dass ein hohes ISA-Niveau zu erwarten ist, wenn ein starker Risikobewertungsmechanismus in der Institution vorhanden ist (Kő et al. 2023). Das bedeutet, dass die Implementierung einer gut etablierten Risikobewertungsmethodik gefördert werden muss, da diese einen direkten Einfluss auf die ISA haben kann. Zusätzlich haben die Autoren festgestellt (Kő et al. 2023):

- Liegt eine klar definierte Organisationsstruktur mit klaren Verantwortlichkeiten vor, unterstützt dies die Verknüpfung eines Risikomanagementmechanismus mit ISA.
- Der Zusammenhang zwischen Organisationsstruktur und ISA-Reifegrad wird durch ISA-Aktivitäten unterstützt: Ein erhöhter Grad an Sensibilisierungsmaßnahmen stärkt eine Organisationsstruktur durch die von den Mitarbeitenden erlernten Best Practices.

- Der Zusammenhang zwischen Risikomanagementmechanismus und ISA-Reifegrad wird auch durch die Organisationsstruktur und ISA-bezogene Aktivitäten gestützt.

Managerinnen und Manager werden auch durch die Studie von Farshadkhah et al. (2023) ermutigt, die Bedeutung der Verantwortung der Mitarbeitenden und des Sicherheitsklimas zu berücksichtigen. Darüber hinaus müssen Unternehmen über klare Richtlinien, Rollen und Verantwortlichkeiten sowie praktische Schulungen verfügen, damit das Management die Autonomie der Mitarbeitenden und die anschließende Eigenverantwortung für ihre Entscheidungen und Maßnahmen in Bezug auf Informationssicherheit unterstützen können (Farshadkhah et al. 2023). Das Erkennen der Bedeutung des Informationssicherheitsbewusstseins (ISA) und die Durchführung entsprechender Trainings sind für das betriebliche Sicherheitsniveau zentrale Faktoren. Manifavas et al. (2014) hebt hervor, dass das Top-Management einer Institution eine zentrale Rolle in diesem Prozess spielt. Wir können dies mit unseren Erkenntnissen aus dem Projekt „ALARM Informationssicherheit“ bestätigen: Trotz aller Beanspruchung und zusätzlichen Belastung war der Input und das Feedback der Mitarbeitenden aus Pilot-KMU substantieller, wenn das Management klar hinter der Sensibilisierungsmaßnahme stand und eine Sicherheitskultur im Unternehmen aufgebaut wird.

Laut Sicherheitsforschung verringert das Bewusstsein, „gesehen zu werden“, die Wahrscheinlichkeit von Sicherheitsverletzungen am Arbeitsplatz (Farshadkhah & Stafford 2019). Dies wird typischerweise im Zusammenhang mit formellen Überwachungsprozessen durch Arbeitgebende interpretiert, es zeichnet sich jedoch nach Farshadkhah & Stafford (2019) die Vorstellung ab, dass es den Arbeitnehmerinnen und Arbeitnehmern wichtig ist, was ihre Arbeitskolleginnen und Arbeitskollegen über sie und ihre Aktivitäten denken. Farshadkhah & Stafford (2019) nutzen diese Idee der „Augen der Anderen“, um sicherheitsfördernde Verhaltensweisen zu motivieren und stellen fest, dass bei einer Reihe von Selbstwahrnehmungen von Mitarbeitenden, darunter Moral und Selbstbewusstsein, die Wahrscheinlichkeit, sich an banalen Sicherheitsverstößen am Arbeitsplatz zu beteiligen, durch das Wissen beeinflusst wird, das die Kolleginnen und Kollegen beobachten. Farshadkhah & Stafford (2019) sehen darin wichtige Auswirkungen auf künftige neue Erweiterungen der Abschreckungsforschung im Bereich Informationssicherheit. Es könnte allerdings auch positiv für den Aufbau einer Sicherheitskultur genutzt werden.

Das Projekt „ALARM Informationssicherheit“ erzielte als Gemeinschaftsprojekt unzweifelhaft hervorragende Ergebnisse. Jedoch haben wir bereits in der ersten Studie (Pokoyski et al. 2021) erkannt, dass die reine Bereitstellung von Online- oder analogen Awareness-Tools (Materialien) vermutlich nicht ausreichen wird. Viele Geschäftsführende und Führungskräfte benötigen Unterstützung bei der konkreten Ansprache ihrer Kunden und Mitarbeitenden, bei der nicht nur die jeweiligen Maßnahmen, sondern auch Idee und Intention dahinter im Kontext mit dem jeweiligen Geschäftsmodell präsentiert werden sollten (Pokoyski et al. 2021). Geschäftsführende und Führungskräfte von KMU müssen die Nähe zum jeweiligen

Kunden und den Mitarbeitenden für mehr Informationssicherheit nutzen und zugleich das gewünschte Sicherheitsverhalten der eigenen Organisation durch konsequentes Feedback steuern. Hierbei ist eine Form von Unterstützung nötig, die begleitend zu den geplanten Lernszenarien implementiert werden sollte (Pokoyski et al. 2021). Das Management und die Sicherheitstreibenden in den KMU müssen in Bezug auf Sensibilisierung erfahren lernen, dass nachhaltige ISA vor allem den diskursiven Effekt (Sprechen über Sicherheit) und damit die Auseinandersetzung mit den Mitarbeitenden benötigt. Dies umfasst auch die Art und Weise, Mitarbeitende produktiv anzusprechen, wie beispielsweise in Form der entwickelten Gebrauchsanleitungen für die im Projekt entworfenen finalen Tools.

Das Projekt „Awareness Labor KMU (ALARM) Informationssicherheit" zeigt verbleibende KMU-Defizite vor allem in drei Bereichen:

- Die Bereitstellung von qualitativ und didaktisch hochwertigen Sensibilisierungsmaterialien für Mitarbeitende in KMU reicht nicht aus, um sicherzustellen, dass KMU diese tatsächlich innerbetrieblich nutzen; vielmehr müssen KMU intensiver begleitet werden, um einen nachhaltigen Transfer zu gewährleisten.
- Dies bedeutet zum einen, dass Moderatoren und Moderatorinnen für die Sensibilisierungsmaßnahmen in KMU ausgebildet werden sollten („Awareness Berater/Beraterinnen"); diese können intern im KMU rekrutiert werden oder extern über Beratungsfirmen einbezogen werden. Die Qualität der Moderation hängt wiederum von einer guten Ausbildung ab, die über eine anerkannte Zertifizierung sichergestellt werden sollte.
- Des Weiteren sind ein entscheidender Faktor für die erfolgreiche Sicherheitskommunikation innerhalb eines KMU sein TOP-Management (Geschäftsführende) und seine Führungskräfte; hier können auch Beratungsunternehmen eine entscheidende Transferfunktion übernehmen. Allerdings benötigt eine solche Beratung bzw. ein solches Coaching andere Materialien für Führungskräfte als die bislang entwickelten Sensibilisierungsmaßnahmen für Mitarbeitende.

Moderatorinnen und Moderatoren für Sensibilisierungsmaßnahmen innerhalb eines KMU hätten die Aufgabe, praxisbezogene, bildhafte, narrative Methoden und Formate einzusetzen, um damit relevante, aber abstrakte Themen zu veranschaulichen und so erhebliche Barrieren der Informationssicherheit innerhalb des KMUs zu beseitigen. Kombiniert mit dem „KMU stärker an die Hand nehmen", könnten auch Beratungsunternehmen ihre Mitarbeitenden entsprechend für eine erlebnisorientierte Moderation ausbilden lassen.

Es sollten somit einprägsame Geschichten (Narrative, Story Telling) zur Sicherheitssituation entwickelt werden, die über Imagination und Metaphern zur Reduzierung der Themenkomplexität beitragen sowie zur Vereinfachung der Sicherheitskommunikation führen. Besonders befürworten wir eine systemische Kommunikation, insbesondere mit „diskursiver Didaktik", und eine stärkere Verankerung des Prinzips „Talking Security" in den Geschäftsprozessen von KMU.

Der aktuelle Report von Sage (2023) verdeutlicht, dass zwei Drittel der zur Cybersicherheitskultur befragten KMU der Meinung sind, dass die Cybersicherheit in ihrer Unternehmenskultur verankert ist. Besonders deutlich ist dies bei südafrikanischen, australischen und US-amerikanischen KMU. Allerdings sprechen nur 4 von 10 KMU routinemäßig über Cybersicherheit, 16 Prozent adressieren das Thema erst, wenn etwas schiefgelaufen ist und 11 Prozent der Kleinstunternehmen geben zu, dass sie überhaupt nie über Cybersicherheit sprechen (Sage 2023).

Das Top-Management und die Führungskräfte in deutschen KMU müssen fähig sein, ihre begründete Einschätzung der betrieblichen Sicherheitslage adäquat und verständlich top down an die Mitarbeitenden weitergeben zu können. Vielleicht können zudem „Ambassador-Konzepte" von Awareness und Sicherheitskommunikation so umgesetzt werden, dass Mitarbeitende zu „Awareness-Botschafterinnen bzw. Botschaftern" heranreifen können.

Managerinnen und Manager als Security-Vorbilder zu entwickeln, setzt ein methodisches Verständnis von Security Awareness voraus sowie die Kompetenz, Cyber-Security und Awareness verständlich, d.h. bildhaft, leicht und nachvollziehbar, zu kommunizieren (Pokoyski et al. 2021, Pokoyski & Hauke 2022). Wissen in KMU/KKU, Handwerksbetrieben und Start-ups über die Gefahren der digitalen Welt im Allgemeinen ist dabei nicht allein ausreichend, um nachhaltige Security Awareness zu sichern, denn Wissen muss über emotionale und systemische Kompetenzen ergänzt werden, um einen ausreichenden Security-Awareness-Reifegrad zu erzielen (vgl. Kapitel 2.9). Hierzu gehört ein wesentlich besseres Verständnis als wir derzeit haben, weshalb auch hier weitere Forschung notwendig ist.

Ziel eines neuen Awareness-Projekts muss es sein, die (freie) Sprechfähigkeit in Bezug auf Cyber-Security, ihre Risiken und die entsprechende Verteidigung (Defense) zu verbessern und damit eine weitere Prävention vor Cyberangriffen in KMU aufzubauen. Dies bedeutet gleichzeitig, dass das Wissen in KMU, Handwerksbetrieben und Start-ups über Handlungsmöglichkeiten in allen Teilbereichen der Cybersicherheit, sei es Prävention, Detektion oder Reaktion, erhöht werden muss. Da deutsche KMU mit Ressourcen für Informationssicherheit zu kämpfen haben, muss deutlich gemacht werden, dass eine systemische Beratung der Geschäftsführung und der Führungskräfte mit wirksamen Tools notwendig ist. Mit „wirksamen Tools" meinen wir einfache, bildlich aufbereitete und haptisch begreifbare gamifizierte Materialien spezifiziert für das Management, so dass deren Risikobeurteilung der KMU-Lage und die Prioritätensetzung der Maßnahmen verständlich kommuniziert wird.

Es bleibt abschließend für ein neues Awareness-Projekt in KMU festzuhalten, dass eine anwendungsorientierte Beratung des Top-Managements und ein erlebnisorientiertes Coaching der Führungskräfte notwendig ist. Dies bedeutet auch eine zentrale Neuausrichtung und Entwicklung von entsprechenden Beratungstools für Führungskräfte, deren Fokus auf die interne Sicherheitskommunikation und die Risikowahrnehmung gerichtet sein muss.

Weiter zum Kapitel 4.5

Resümee zur Übertragbarkeit

4.5 Die Übertragbarkeit der Sensibilisierungsmaßnahmen in andere Bereiche ist möglich — Bedarfe sind vorhanden

Die im Projekt „ALARM Informationssicherheit" entwickelten analogen und digitalen Lernszenarien inklusive Hilfestellungen, der Selbsttest, die aus den „Vor-Ort-Angriffen" abgeleiteten Handlungsanweisungen und niederschwelligen Sicherheitskonzepte sind zwar mit und für KMU entwickelt worden, stehen aber über die Projektwebseite kostenfrei für die nicht-kommerzielle Nutzung allen Institutionen zur Verfügung. Da sie aufgrund des momentan eher niedrigen Awareness-Reifegrads der deutschen KMU nicht wie geplant fein-granular auf spezifische Tätigkeitsprofile ausgerichtet sind, sondern primär eine Basis-Sensibilisierung der Mitarbeitenden anstreben, ist eine Übertragung auf andere Bereiche möglich. Hier sind (nicht abschließend) einige Bereiche skizziert, die von der Übertragung sicherlich profitieren würden:

Die Handwerksbetriebe

Aus dieser Projektdokumentation sollte deutlich geworden sein, dass jede Institution - unabhängig von ihrer Größe - und jede Person potenzielles Opfer von Cyberangriffen sein kann. Es ist daher ebenfalls Handwerksbetrieben zu raten, unsere Tools und Materialien zu nutzen. Da es sich hier meist um Kleinstbetriebe handelt, dürfte die tatsächliche Nutzung allerdings vor noch größeren Herausforderungen stehen als in den KMU.

In der seit Oktober 2023 geltenden kostenneutralen Verlängerung des Projekts, die hauptsächlich der weiteren Bekanntmachung der Ergebnisse dient, unternimmt die Handwerkskammer Potsdam zusammen mit uns den Versuch, auch Handwerksbetriebe zur Nutzung der Materialien zu bewegen und so deren Informationssicherheitsbewusstsein zu steigern.

Der Gesundheitsbereich

Das Gesundheitswesen steht bereits vor großen digitalen Umwälzungen und Herausforderungen. Die Zeitknappheit des Personals für Themen wie Informationssicherheit und Awareness ist in diesem Bereich extrem groß und gleichzeitig extrem wichtig. Da unsere Materialien modular aufgebaut und sehr flexibel einsatzbar sind, könnten sie trotzdem in kleinsten Sensibilisierungseinheiten auch dort genutzt werden. Aus eigenen Erfahrungen können beispielsweise thematisch und zeitlich sehr begrenzte Trainings von einer halben Stunde Dauer auch im Krankenhaus gut eingesetzt werden — es konnte mit Entwicklungen aus früheren Awareness-Projekten bereits in der Krankenhauspraxis erprobt werden (Scholl 2018a, Scholl 2019).

Die öffentliche Verwaltung

Gerade in den öffentlichen Verwaltungen, mit der Historie ausgeprägter Datenverarbeitungsprozesse und Aktenführung, durchdringen Informationstechnologie und Digitalisierung zunehmend alle drei Ebenen (Bund, Länder und Kommunen). Die damit verbundenen Herausforderungen benötigen auch bei den staatlichen Institutionen das Mitdenken und Umsetzen von Informationssicherheit und die Entwicklung von Informationssicherheitsbewusstsein in allen Bereichen, auf allen Ebenen und von allen Mitarbeitenden.

Der Einsatz unserer erlebnisorientierten Lernszenarien als Auflockerung in Fort- und Weiterbildungsangeboten konnte bereits positiv mit vielen und unterschiedlichen Zielgruppen erprobt werden. Auch die Polizei Brandenburg verweist in eigenen Veranstaltungen auf die Webseite des Projekts „ALARM Informationssicherheit". Zudem haben wir in wissenschaftlichen Publikationen auf die gamifizierten Veränderungen von Sensibilisierungsmaßnahmen aufmerksam gemacht. Die digitale Transformation im Sinne einer erfolgreichen Digitalisierung ist sozial und sicher zu gestalten und erfordert eine Vielfalt an Perspektiven und Fähigkeiten bei den Beteiligten, die beim Einsatz der Lernszenarien angeregt werden (Scholl 2018b, Scholl 2018c).

Die Studierenden und die Auszubildenden

Wie in dieser Projektdokumentation im Kapitel 3 dargestellt, haben wir auch Studierende der TH Wildau mit ihren Ideen in die Entwicklung der Serious Games einbezogen. Dies hat bei uns bereits Tradition und begann im Jahr 2015 mit dem von der Horst Görtz Stiftung finanzierten Projekt „Informationssicherheitsbewusstsein für den Berufseinstieg" (Scholl et al. 2016, SecAware4job 2017, Fuhrmann et al. 2017). An der TH Wildau existiert inzwischen eine wahre Schatztruhe an kreativen Ideen und konkreten Spieleumsetzungen der Studierenden.

Innerhalb der derzeitigen kostenneutralen Verlängerung konnten aktuell mit den Materialien des Projekts „ALARM Informationssicherheit" zusätzliche Sensibilisierungsmaßnahmen und Moderatorenschulungen mit den Auszubildenden des IT-Dienstleister des Landes Brandenburg (ZIT BB) mit Erfolg durchgeführt werden. Wir können mit der Sensibilisierung nicht früh genug beginnen: Schülerinnen und Schüler, Auszubildende und Studierende sind die Mitarbeitenden von morgen, müssen mehr fundierte Risikobeurteilung entwickeln und mögen die zukünftigen Prozesse kreativ gestalten.

Die gamifizierten Lernszenarien sprechen Menschen von jung bis alt an (Prott & Scholl 2019). Es ist zu wünschen, dass diese — durch unsere erlebnisorientierten Lernszenarien initiierten — kreativen Impulse zu mehr Achtsamkeit für Informationssicherheit sich auch im Arbeits- und Privatleben niederschlagen.

Literatur

Alkhazi, B., Alshaikh, M., Alkhezi, S., & Labbaci, H. (2022). Assessment of the Impact of Information Security Awareness Training Methods on Knowledge, Attitude, and Behavior. IEEE Access, 10, 132132-132143.

Alotaibi, S., Furnell, S. & He, Y. (2023). Towards a Framework for the Personalization of Cybersecurity Awareness. In International Symposium on Human Aspects of Information Security and Assurance, 143-153. Cham: Springer Nature Switzerland.

Alshaikh, M., Maynard, S. B., Ahmad, A., & Chang, S. (2018). An exploratory study of current information security training and awareness practices in organizations. Proceedings of the 51st Hawaii International Conference on System Sciences 2018. URI: http://hdl.handle.net/10125/50524 ISBN: 978-0-9981331-1-9 (CC BY-NC-ND4.0), pages 5085-5094.

Bada, M., Sasse, A.M., & Nurse, J.R. (2019). Cyber Security Awareness Campaigns: Why Do They Fail to Change Behaviour?, 1-11. Abgerufen von https://doi.org/10.48550/arXiv.1901.02672.

Bell, A.J.C., Rogers, M.B., & Pearce, J.M. (2019). The insider threat: Behavioral indicators and factors influencing likelihood of intervention. International Journal of Critical Infrastructure Protection, 24, 166-176.

BSI – Bundesamt für die Sicherheit in der Informationstechnik (Hrsg.) (Oktober 2023). Die Lage der IT-Sicherheit in Deutschland 2023. Abgerufen von: https://www.bsi.bund.de/SharedDocs/Downloads/DE/BSI/Publikationen/Lageberichte/Lagebericht2023.html?nn=129410. Letzter Zugriff: 07.11.2023.

Chen, H., Chau, P.Y., & Li, W. (2019). The effects of moral disengagement and organizational ethical climate on insiders' information security policy violation behavior. Information Technology & People, 32(4), 973-992.

Dang-Pham, D., Kautz, K., Hoang, A. P., & Pittayachawan, S. (2022). Identifying information security opinion leaders in organizations: Insights from the theory of social power bases and social network analysis. Computers & Security, 112, 102505.

Danil, P. (Vortragender des BSI – Bundesamt für die Sicherheit in der Informationstechnik) (2023). IT-Sicherheit für KMU. Webinar der IHK Koblenz am 14.11.2023, 13:30-14:30 Uhr. Abrufbar über: https://www.ihk.de/koblenz/unternehmensservice/digitalisierung/aktuelle-trends-5879040. Letzter Zugriff: 17.11.2023.

Farshadkhah, S., & Stafford, T. (2019). The Role of "Eyes of Others" in Security Violation Prevention: Measures and Constructs. Proceedings of the 52nd Hawaii International Conference on System Sciences. URI: https://hdl.handle.net/10125/59927 ISBN: 978-0-9981331-2-6 (CC BY-NC-ND 4.0), 4895-4903.

Farshadkhah, S., Maasberg, M., Ellis, T. S., & Van Slyke, C. (2023). An Empirical Examination of Employee Information Security Advice Sharing. Journal of Computer Information Systems, 1-16. Abgerufen von: https://doi.org/10.1080/08874417.2023.2176947, Letzter Zugriff: 01.08.2023.

Fuhrmann, F., Scholl, M., Edich, D., Koppatz, P., Scholl, L. R., Leiner, K. B., & Ehrlich, P. (2017). Informationssicherheitsbewusstsein für den Berufseinstieg. Aachen: Shaker. doi:10.2370/9783844054668

Gabriel, A. (Ethical Hacker and IT Security Instructor) (2017). Abgerufen von: https://www.linkedin.com/pulse/amateurs-hack-systems-professionals-people-bruce-gabriel-avramescu. Letzter Zugriff: 14.11.2023.

Heller, J. (2023). Homepage, https://juttaheller.de/resilienz/resilienz-abc/definition-organisationale-resilienz/. Letzter Zugriff: 18.07.2023.

Kő, A., Tarján, G., & Mitev, A. (2023). Information security awareness maturity: conceptual and practical aspects in Hungarian organizations. Information Technology &People, 36(8), 174-195.

Leitner, M. (2023) A Scenario-Driven Cyber Security Awareness Exercise Utilizing Dynamic Polling: Methodology and Lessons Learned. Doi: 10.5220/0011780400003405. In Proceedings of the 9th International Conference on Information Systems Security and Privacy (ICISSP 2023), 634-642. Copyright 2023 by SCITEPRESS – Science and Technology Publications, Lda. Under CC license (CC BY-NC-ND 4.0).

Manifavas, C., Fysarakis, K., Rantos, K., & Hatzivasilis, G. (2014). DSAPE – Dynamic Security Awareness Program Evaluation, in: T. Tryfonas, I. Askoxylakis (Eds.) Human Aspects of Information Security, Privacy, and Trust, Springer International Publishing, 258-269.

Pokoyski, D., Matas, I. & Haucke, A. (2021). Qualitative Wirkungsanalyse Security Awareness in KMU: Tiefenpsychologische Grundlagenstudie im Projekt Awareness Labor KMU (ALARM) Informationssicherheit. Scholl, M. (Hrsg.), Technische Hochschule Wildau, Wildau. Abgerufen von: https://alarm.wildau.biz/static/d6490e49f8d31adfa35259134b8d1b9d/220316-alarm-studie-final.pdf. Letzter Zugriff: 05.09.2023.

Pokoyski, D. & Haucke, A. (2022). Enabling vs. Entmündigung: Qualitativer Konzepttest analoger Security Awareness-Lernszenarien für KMU im Projekt Awareness Labor KMU (ALARM) Informationssicherheit. Scholl, M. (Hrsg.), Technische Hochschule Wildau, Wildau. Abgerufen von: https://alarm.wildau.biz/static/c0e4d00beefe1d-c5fac9b50b6087265f/studie-2-master-final.pdf. Letzter Zugriff: 05.09.2023.

Pokoyski, D., Haucke A. & Scholl, M. (2023). Game over vs. Game Lover. Serious Games als wirksame Security Awareness-Maßnahmen für KMU im Projekt Awareness Labor KMU (ALARM) Informationssicherheit – Framework mit Kommunikationsleitfaden, FAQ und Ausblick. Scholl, M. (Hrsg.), Technische Hochschule Wildau, Wildau. https://alarm.wildau.biz/static/0fa10a2f646ddcc06fb36d5636a5025f/Studie3_final.pdf. Zugriff: 20.09.2023.

Prott, F., & Scholl, M. (2019). How Should We Teach Young Adults to Handle Their Sensitive Information and Personal Data with Caution? International Journal for Digital Society, 10(3), 1516–1523. Doi:10.20533/ijds.2040.2570.2019.0188.

Quader, F., & Janeja, V.P. (2021). Insights into organizational security readiness: Lessons learned from cyber-attack case studies. Journal of Cybersecurity and Privacy, 1(4), 638-659.

Safa, N.S., Maple, C., Furnell, S., Azad, M.A., Perera, C., Dabbagh, M., & Sookhak, M. (2019). Deterrence and prevention-based model to mitigate information security insider threats in organisations. Future Generation Computer Systems, 97, 587-597.

Sage (Hrsg.) (2023). Cybersicherheit für KMU: Komplexität begegnen und Resilienz aufbauen. Eine weltweite Studie über Cybersicherheitsbewusstsein und Erfahrungen von KMU – sowie ein Leitfaden zur Orientierung in einer sich wandelnden Welt. Abgerufen von: https://www.all-about-security.de/kleine-und-mittlere-unternehmen-geraten-beim-kampf-gegen-cyberbedrohungen-ins-hintertreffen/. Letzter Zugriff: 11.11.2023.

Sasse, A. (2015). Scaring and bullying people into security won‘t work. IEEE Security & Privacy, 13(3), 80-83.

SecAware4job (2017). Homepage des Projekts „Informationssicherheitsbewusstsein für den Berufseinstieg“, https://secaware4job.wildau.biz. Letzter Zugriff: 15.11.2023.

Scholl, M., Fuhrmann, F., & Pokoyski, D. (2016). Information Security Awareness 3.0 for Job Beginners. (M. M. Cruz-Cunha), Centeris / ProjMAN / HCist 2016: Book of Industry Papers, Poster Papers and Abstracts. Porto: SciKA. Abgerufen von: http://centeris.scika.org/.

Scholl, M. (2018a). Play the Game! Journal of Systemics, Cybernetics and Informatics, 16(3), 32–35. Abgerufen von: http://www.iiisci.org/journal/sci/issue.asp?is=ISS1803.

Scholl, M. (2018b). Information Security Awareness in Public Administrations. In Comite, U. (Ed.), Public Management and Administration, 1–30. London: IntechOpen. Doi: 10.5772/intechopen.74572.

Scholl, M. (2018c). Was haben Informationssicherheit, Bewusstsein, öffentliche Verwaltung und Frauen miteinander zu tun? (J. Beck & J. Stember), Perspektiven der angewandten Verwaltungsforschung in Deutschland. Baden-Baden: Nomos. Doi: 10.5771/9783845296869-1.

Scholl, M. (2019). Information Security Awareness School Projects: Are they transferable to the health sector? Poster paper HCist, 3 pages. Book of Industry Papers, Poster Papers and Abstracts of the CENTERIS 2019 / HCist 2019 - International Conference on Health and Social Care Information Systems and Technologies.

Scholl, M., & Ehrlich, E.-P. (2020). Informationssicherheitsbeauftragte: Aufgaben, notwendige Qualifizierung und Sensibilisierung praxisnah erklärt. Frankfurt am Main: Buchwelten-Verlag.

Scholl, M. (2021). Foreword with an Introduction to and Summary of the Study "Added Value for SMEs" (Translation). Doi: 10.13140/RG.2.2.21236.88961.

Scholl, M. (2023). Chapter 5 Findings from the overall scenario and the three studies of the project "Awareness Lab SMEs (ALARM) Information Security" followed by a conceptual outlook. Wildau: Technische Hochschule Wildau.
Doi: 10.13140/RG.2.2.12630.22082.

Siponen, M., & Vance, A. (2010). Neutralization: New insights into the problem of employee information systems security policy violations. MIS quarterly, 487-502.

Sosafe (Hrsg.) (2023). Human Risk Review 2023. Die europäische Cyber-Bedrohungslage: Experteneinblicke und Strategien. Abgerufen von:
https://lp.sosafe.de/hubfs/SoSafe%20-%20Human%20Risk%20Review%202023%20-%20DE.pdf. Letzter Zugriff: 11.11.2023.

Sykosch, A. (2022) Zur Messbarkeit von IT-Sicherheitsbewusstsein. Diss. Universitäts-und Landesbibliothek Bonn, 2022. Abgerufen von: https://bonndoc.ulb.uni-bonn.de/xmlui/bitstream/handle/20.500.11811/9568/6526.pdf?sequence=1&isAllowed=y. Letzter Zugriff: 19.11.2023.

Von Solms, R., & Van Niekerk, J. (2013). „From information security to cyber security." computers & security 38, 97-102.

Von Solms, S. H., du Toit, J., & Kritzinger, E. (2023, July). Another Look at Cybersecurity Awareness Programs. In International Symposium on Human Aspects of Information Security and Assurance, 13-23. Cham: Springer Nature Switzerland. Abgerufen von: https://doi.org/10.1007/978-3-031-38530-8_2.

Von Tippelskirch, H., Schuktomow, R., Scholl, M., & Walch, M. C. (2022). Report zur Informationssicherheit in KMU – Sicherheitsrelevante Tätigkeitsprofile (Report 1), 111 Seiten. Wildau: TH Wildau. Abgerufen von: https://alarm.wildau.biz/static/3b60581edae4d016e4c20290c0936f55/220623_alarm_report1_web.pdf. Letzter Zugriff: 11.11.2023.

Von Tippelskirch, H., Prott, F. & Scholl, M. (2023). Gemeinsam zum Projekterfolg. Neue Wege für mehr Informationssicherheit in KMU. Sechs Erfolgsgeschichten im Rahmen des Projektes Awareness Labor KMU (ALARM) Informationssicherheit (Report 3), 16 Seiten, Wildau: TH Wildau. Abgerufen von: https://alarm.wildau.biz/static/6481a77fec203f00a077ed2cdd049f1f/report3-final.pdf. Letzter Zugriff: 11.11. 2023.

Von Tippelskirch, H. (o.D.). Report zur Informationssicherheitskultur in KMU. Entwicklung einer Theorie zur Erkenntnisökonomie im Rahmen des Projektes Awareness Labor KMU (ALARM) Informationssicherheit (Report 2), Wildau: TH Wildau. Im Erscheinen; wird über die Projektwebseite vermutlich 2024 zur Verfügung gestellt.

Weiter zum Kapitel 5

Ausblick

5 Ausblick

Ohne Informationstechnik geht zukünftig kaum noch etwas – mit ihr sicher allerdings nur, wenn die Grundwerte und Schutzziele der Informationssicherheit sowie die Gewährleistungsziele des Datenschutzes integriert, beachtet und gelebt werden. Der Einsatz sicherer digitaler Prozesse, digitaler Technologien, digitaler Geschäftsmodelle und damit auch die Sicherung und Erhöhung der Wettbewerbs- und Innovationsfähigkeit des deutschen Mittelstands ist ein MUSS für Deutschland, für den Wohlstand der Bürgerinnern und Bürger, für die Weiterentwicklung der KMU und für die Behörden als Mittelgeber für neue Förderprogramme.

Nach unseren Erfahrungen in dem Projekt „ALARM Informationssicherheit" und in früheren diversen Sicherheitsprojekten mit dem Fokus auf „den Faktor Mensch" sowie mit unterschiedlichsten Zielgruppen sowie Akteurinnen und Akteuren ist dies durch Visualisierung, Narration, Reduzierung der Komplexität und gleichzeitigem Aufbau eines Verständnisses komplexer Bedingungen und Zusammenhänge möglich. Das würde vermutlich auch die Menschen näher an die Technologien der Zukunft heranrücken lassen: Partizipativ informiert sein, eingebunden diskutieren und verstehen, aktiv handlungsfähig und auf Augenhöhe involviert sein (Scholl 2023).

Peter Danil (2023) vom BSI verdeutlichte erst kürzlich erneut:

„Jeder wird angegriffen.
Es gibt keine Ausnahmen!".

Da beispielsweise Ransomware inzwischen von den Angreifern automatisiert ausgerollt wird, trifft dies alle, die ihre Systeme nicht gepatcht haben. Die deutschen **KMU** egal welcher Größenordnung dürfen dies nicht ignorieren – nur **sie selbst** kennen ihre schützenswerten Informationen, Werte und Prozesse und müssen daher ihr Risikoprofil identifizieren. Das bedeutet für Tim Berghoff (2023):

„Weder Kriminelle noch Industriespione
interessiert die Größe eines Unternehmens."

Es interessieren die Produkte, die Inhalte, die Geschäftsprozesse, die Struktur, die Partner, die Geschäftsbeziehungen (und auch private Beziehungen, die erpressbar machen). Die NIS-2-Direktive der EU (BSI 2023) soll unter anderem die Sicherheit entlang der Wertschöpfungs- und Lieferketten stärken (Berghoff 2023). Bereits hier wird nach Berghoff (2023) deutlich, dass mehr Unternehmen von NIS-2 direkt betroffen sein werden als mancher IT Verantwortliche vermuten würde.

Social Engineering (Manipulation des Menschen durch E-Mail, Telefon oder persönliche Ansprachen) wird von den Cyber-Angreifenden dafür genutzt und technischen Cyber-Angriffen VOR-geschaltet. Deshalb sollten die Mitarbeitenden z. B. mit dem analogen Lernszenario/Serious Game „Cyber Pairs" sensibilisiert werden, dass solche verschiedenen Angriffsvarianten verdeutlicht (s. Abbildung 5, Kapitel 2.3).

Es gibt Hilfen für KMU z. B. in Form von bekannten technisch-organisatorischen Maßnahmen (TOM), aber es ist letztlich der Entscheidungsprozess und Identifikationsprozess der KMU, es sind die **Entscheidungen des (TOP-)Managements** des jeweiligen KMU.

Der Rat von Danil (2023):

- Identifizieren Sie ihr Risikoprofil und Ihre „Kronjuwelen"
- Sensibilisieren Sie Ihre Mitarbeitenden
- Sichern Sie Ihre Systeme möglichst gut ab.

Der letzte Punkt bedeutet u. a., dass die KMU eine tatsächliche Datensicherungsstrategie haben, ein Notfallkonzept konzipieren und implementieren und insgesamt eine vom Management entwickelte Sicherheitsstrategie umsetzen und gemeinsam eine Sicherheitskultur aufbauen und leben. Das ist ein Zusammenspiel von technischen und organisatorischen Maßnahmen, diskursiven Austauschen der gemeinsamen Werteentwicklung und einer kontinuierlichen Verbesserung der Sicherheit in den Geschäftsprozessen. Die Mitarbeitenden sind dabei als Sicherheitsfaktor von großer Bedeutung und bilden ein letztes Bollwerk gegen die Angreifenden. Ihre Akzeptanz, ihre Achtsamkeit, ihr Informationssicherheitsbewusstsein muss über Sensibilisierung gestärkt werden.

Neuere Forschungen zur Informationssicherheit haben zudem erkannt, dass sowohl kulturelle Unterschiede berücksichtigt werden müssen, wenn das Verhalten bei der Einhaltung von Informationssicherheitsrichtlinien erklärt wird, als auch soziale Mechanismen wie soziales Lernen beeinflussen können, so dass Informationssicherheitsteams interdisziplinär gestaltet werden sollten (Hengstler et al. 2021): Sowohl Design-Thinking und kreative Methoden von Künstlern als auch die spezifische Blickrichtung von Psychologen sollten gemeinsam mit Technikern, Informatikern, Medienwissenschaftlern und Betriebswirten wirken. Trotz aller offenen Forschungsfragen, wie ein sicherheitsrelevantes Verhalten erzeugt und tatsächlich gelebt werden kann, gibt es keinen Zweifel, dass das Informationssicherheitsbewusstsein in deutschen KMU erhöht werden muss. Dazu können und sollten die im Projekt entwickelten Tools aktiv genutzt werden.

Organisationen können den Faktor Mensch als Teil ihrer Sicherheitsstrategie proaktiv stärken und Risiken so effektiv reduzieren: Der Mensch ist die erste und letzte Verteidigungslinie im Cyberkampf (SoSafe 2023: 17). Dazu müssen wir allerdings menschliche Verhaltensmuster verstehen und in den Fokus rücken (SoSafe 2023: 18).

Die Situation wird sich nicht positiv ändern, wenn die KMU die Sensibilisierung ihrer Mitarbeitenden und Führungskräfte nicht tatsächlich aktiv fördern. Neue Herausforderungen gibt es zudem durch maschinelles Lernen (Ansari 2022).

Zudem könnte Künstliche Intelligenz (Bala et al. 2023) in der zukünftigen Cyber-Verteidigung zwar nützlich sein, wird derzeit aber hauptsächlich von den Cyber-Angreifenden getestet.

Ich kann den Ernst der Lage nur unterstreichen. Für mich bedeutet es, in Bildung zu investieren, die digitale Kompetenz der Menschen zu fördern und das Informationssicherheitsbewusstsein über Sensibilisierung zu erhöhen. Mehr Achtsamkeit ist das Gebot der Stunde. Mit den Worten von Bruce Schneider (nach Danil 2023):

“Amateurs hack systems,
professionals hack people.“

Ich danke allen Beteiligten für ihr kreatives Engagement und ihre Verbundenheit zum Projekt „Awareness Labor KMU (ALARM) Informationssicherheit“. Es war von Beginn an ein praxisorientiertes Forschungsprojekt mit hoher Komplexität, das Durchhaltevermögen verlangte. Das Projekt und „Übungslabor“ gestaltete sich als herausforderndes Abenteuer und bietet nun sehr erfolgreich hochwertige analoge und digitale Sensibilisierungstools für Mitarbeitende und Führungskräfte in KMU zur kostenfreien nicht-kommerziellen Nutzung über die Projektwebseite an.

Es ist zu hoffen, dass viele KMU diese Gelegenheit nutzen, um das notwendige Informationssicherheitsbewusstsein, die „Information Security Awareness (ISA)“, in ihren Unternehmen zu steigern und unsere Tools dazu aktiv einsetzen.

Prof. Dr. rer. nat. Margit C. Scholl

November 2023

Literatur

Ansari, M. F. (2022). A Quantitative Study of Risk Scores and the Effectiveness of AI-Based Cybersecurity Awareness Training Programs, International Journal of Smart Sensor and Adhoc Network, 3(3) , Article 1, 1-8. https://www.interscience.in/ijssan/vol3/iss3/1, doi: 10.47893/IJSSAN.2022.1212.

Bala, I., Mijwil, M. M., Ali, G. & Sadıkoğlu, E. (2023). Analysing the Connection Between AI and Industry 4.0 from a Cybersecurity Perspective: Defending the Smart Revolution. Mesopotamian Journal of Big Data, 63-69.

Berghof, D. (2023). Mit NIS-2 wird IT-Sicherheit zur Chefsache. Security Insider vom 22.11.2023, online. Abgerufen von: https://www.security-insider.de/mit-nis-2-wird-it-sicherheit-zur-chefsache-a-cc064ecceaa1e4fdfc500c3b22f847b4/. Letzter Zugriff: 23.11.2023.

BSI – Bundesamt für die Sicherheit in der Informationstechnik (Hrsg.) (2023). https://www.bsi.bund.de/dok/kritis-aktuell. Letzter Zugriff: 23.11.2023.

Danil, P. (Vortragender des BSI) (2023). IT-Sicherheit für KMU. Webinar der IHK Koblenz am 14.11.2023, 13:30-14:30 Uhr. https://www.ihk.de/koblenz/unternehmensservice/digitalisierung/aktuelle-trends-5879040. Letzter Zugriff: 17.11.2023.

Hengstler, S., Pryazhnykova, N. & Trang, S. (2021). How do employees learn security behavior? Examining the influence of individual cultural values and social learning on ISP compliance behavior. Proceedings of the 54th Hawaii International Conference on System Sciences, 4518-4527. https://hdl.handle.net/10125/71165 978-0-9981331-4-0 (CC BY-NC-ND 4.0).

Scholl, M. (2023). Chapter 5 Findings from the overall scenario and the three studies of the project "Awareness Lab SMEs (ALARM) Information Security" followed by a conceptual outlook. Wildau: Technische Hochschule Wildau. doi: 10.13140/RG.2.2.12630.22082.

Sosafe (Hrsg.) (2023). Human Risk Review 2023. Die europäische Cyber-Bedrohungslage: Experteneinblicke und Strategien. https://lp.sosafe.de/hubfs/SoSafe%20-%20Human%20Risk%20Re-view%202023%20-%20DE.pdf. Letzter Zugriff: 11.11.2023.

Ende

weiter zum

Anhang

6 Anhang

Anhang zu Kapitel 2.4

Screenshots der Vorher-Befragung zur Testung des digitalen Lernszenarios „Der Hackerangriff" (S. 204–206)

Screenshots der Nachher-Befragung zur Testung des digitalen Lernszenarios „Der Hackerangriff" (S. 207–209)

Befragung zum Test des Lernszenarios "Der Hackerangriff"

Herzlich willkommen und vielen Dank,
dass Sie das Lernszenario "Der Hackerangriff" testen!

Ihre Meinung ist uns wichtig: Helfen Sie uns mit Ihrem Feedback, das Lernszenario zu verbessern, damit wir Ihnen zukünftig ein noch spannenderes und nachhaltigeres Lernerlebnis anbieten können.

Die digitalen Lernszenarien sind Teil des Projektes "ALARM Informationssicherheit" der Technischen Hochschule Wildau (TH Wildau). Mit der Entwicklung der Digitalen Lernszenarien hat die TH Wildau Gamebook Studio HQ GmbH (Berlin) beauftragt. Die Umfrage wird durch die TH Wildau durchgeführt. "ALARM Informationssicherheit" ist ein wissenschaftliches Forschungsprojekt, das ein Gesamtszenario zur Sensibilisierung und Unterstützung von KKU/KMU für Informationssicherheit bis hin zu deren Selbsthilfe aufbaut.

Die Teilnahme an dieser Befragung und am Test des Lernszenarios ist freiwillig. Die Auswertung der Daten erfolgt anonym, sodass kein Rückschluss auf Sie als Person möglich ist.

Unter dem Link Datenschutzerklärung informieren wir Sie über den datenschutzkonformen Umgang mit Ihren personenbezogenen Daten. Bitte lesen Sie die Erklärung sorgfältig durch.

Wenn Sie mit der Teilnahme an der Umfrage im Rahmen unseres Projektes "ALARM Informationssicherheit" sowie zur Verwendung Ihrer Daten für die angegebenen Zwecke einverstanden sind, bestätigen Sie dies bitte mit der Auswahl der Checkbox.

Wir danken Ihnen für Ihre Mitwirkung.
Das ALARM-Projektteam

Zum oben bezeichneten Projekt habe ich die Datenschutzerklärung gelesen und wurde somit über Forschungsziele, Datennutzung und Datenschutz informiert. Mir ist bewusst, dass meine Teilnahme an dem Projekt vollkommen freiwillig ist und ich bei einer Verweigerung meiner Einwilligung keinerlei Nachteile erleide. Meine Einwilligung kann ich jederzeit mit Wirkung für die Zukunft widerrufen, ohne dass dies einer Begründung bedarf und ohne dass mir daraus irgendwelche Nachteile entstehen. Im Fall eines Widerrufs werden meine personenbezogenen Daten anonymisiert oder gelöscht.

○ Ich bin mit der Erhebung, Verarbeitung, Speicherung und Weitergabe meiner personenbezogenen Daten entsprechend der Beschreibungen zum bezeichneten Forschungsvorhaben einverstanden.

Impressum | Datenschutzerklärung

ALARM

Vorab-Befragung zum Test des Lernszenarios "Der Hackerangriff"

67% (2/3)

Bitte geben Sie Ihre UserID ein

Wenn Sie Ihre UserID vergessen oder keine erhalten haben, denken Sie sich bitte einen Namen aus, den Sie sich gut merken können und geben Sie diesen zukünftig stets als UserID an.

Ihre Antwort

Bitte geben Sie Ihre CompanyID ein

Wenn Sie Ihre CompanyID vergessen oder keine erhalten haben, lassen Sie dieses Feld frei.

Ihre Antwort

Haben Sie bereits an einem Lernszenario des Projektes "ALARM Informationssicherheit" teilgenommen?

- Ja
- Nein

Bitte teilen Sie uns mit, an welchen Lernszenarien des Projektes "ALARM Informationssicherheit" Sie teilgenommen haben.

Mehrfachauswahl möglich

- digitales Lernszenario "Der erste Tag"
- analoges Lernszenario "Homeoffice"
- analoges Lernszenario "CEO-Fraud"
- Sonstiges und zwar

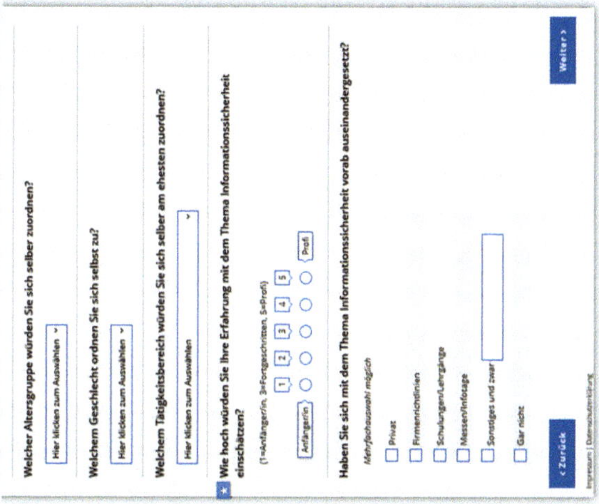

Welcher Altersgruppe würden Sie sich selber zuordnen?

Hier klicken zum Auswählen

Welchem Geschlecht ordnen Sie sich selbst zu?

Hier klicken zum Auswählen

Welchem Tätigkeitsbereich würden Sie sich selber am ehesten zuordnen?

Hier klicken zum Auswählen

Wie hoch würden Sie Ihre Erfahrung mit dem Thema Informationssicherheit einschätzen?

(1=Anfänger/in, 3=Fortgeschritten, 5=Profi)

Anfänger/in 1 2 3 4 5 Profi

Haben Sie sich mit dem Thema Informationssicherheit vorab auseinandergesetzt?

Mehrfachauswahl möglich

- Privat
- Firmenrichtlinien
- Schulungen/Lehrgänge
- Messen/Infotage
- Sonstiges und zwar
- Gar nicht

‹ Zurück Weiter ›

Impressum | Datenschutzerklärung

100% (3/3)
ALARM
Test Lernszenario "Der Hackerangriff"
Bitte testen Sie nun das Lernszenario "Der Hackerangriff".
Durch Klick auf "Beenden" gelangen Sie zum Lernszenario.
Beenden >
Impressum | Datenschutzerklärung

50% (1/2)

Feedback zum Lernszenario "Der Hackerangriff"

Willkommen zurück zur Befragung im Rahmen des Tests des Lernszenarios "Der Hackerangriff"!

Ihr Feedback hilft uns, das Lernszenario zu verbessern, damit wir Ihnen zukünftig ein noch spannenderes und nachhaltigeres Lernerlebnis anbieten können.

Wir möchten Sie nochmals darauf hinweisen, dass die Teilnahme an dieser Befragung freiwillig ist. Die Auswertung der Daten erfolgt anonym, sodass kein Rückschluss auf Sie als Person möglich ist.

Unter dem Link Datenschutzerklärung informieren wir Sie über den datenschutzkonformen Umgang mit Ihren personenbezogenen Daten. Bitte lesen Sie die Erklärung sorgfältig durch.

Wenn Sie mit der Teilnahme an der Umfrage im Rahmen unseres Projektes "ALARM Informationssicherheit" sowie zur Verwendung Ihrer Daten für die angegebenen Zwecke einverstanden sind, bestätigen Sie dies bitte mit der Auswahl der Checkbox.

Wir danken Ihnen für Ihre Mitwirkung.
Das ALARM-Projektteam

Zum oben bezeichneten Projekt habe ich die Datenschutzerklärung gelesen und wurde somit über Forschungsziele, Datennutzung und Datenschutz informiert. Mir ist bewusst, dass meine Teilnahme an dem Projekt vollkommen freiwillig ist und ich bei einer Verweigerung meiner Einwilligung keinerlei Nachteile erleide. Meine Einwilligung kann ich jederzeit mit Wirkung für die Zukunft widerrufen, ohne dass dies einer Begründung bedarf und ohne dass mir daraus irgendwelche Nachteile entstehen. Im Fall eines Widerrufs werden meine personenbezogenen Daten anonymisiert oder gelöscht.

○ Ich bin mit der Erhebung, Verarbeitung, Speicherung und Weitergabe meiner personenbezogenen Daten entsprechend der Beschreibungen zum bezeichneten Forschungsvorhaben einverstanden.

Weiter >

Impressum | Datenschutzerklärung

100% (2/2)

ALARM

Feedback zum Lernszenario "Der Hackerangriff"

Bitte geben Sie Ihre UserID ein

Wenn Sie Ihre UserID vergessen oder keine erhalten haben, tragen Sie bitte hier den Namen ein, den Sie sich zu Beginn dieser Befragung ausgedacht haben.

Ihre Antwort

Bitte geben Sie Ihre CompanyID ein

Wenn Sie Ihre CompanyID vergessen oder keine erhalten haben, lassen Sie dieses Feld frei.

Ihre Antwort

Bitte beurteilen Sie das Lernszenario insgesamt.

Dieses Lernszenario...

	überhaupt nicht				sehr
...hat mir gefallen.	○	○	○	○	○
...werde ich Mitarbeitenden empfehlen.	○	○	○	○	○
...werde ich erneut spielen.	○	○	○	○	○
...macht Lust, weitere Lernszenarien dieser Art zu spielen.	○	○	○	○	○
...hat mich zum Nachdenken angeregt.	○	○	○	○	○
...kann mir in meinem Arbeitsalltag helfen.	○	○	○	○	○

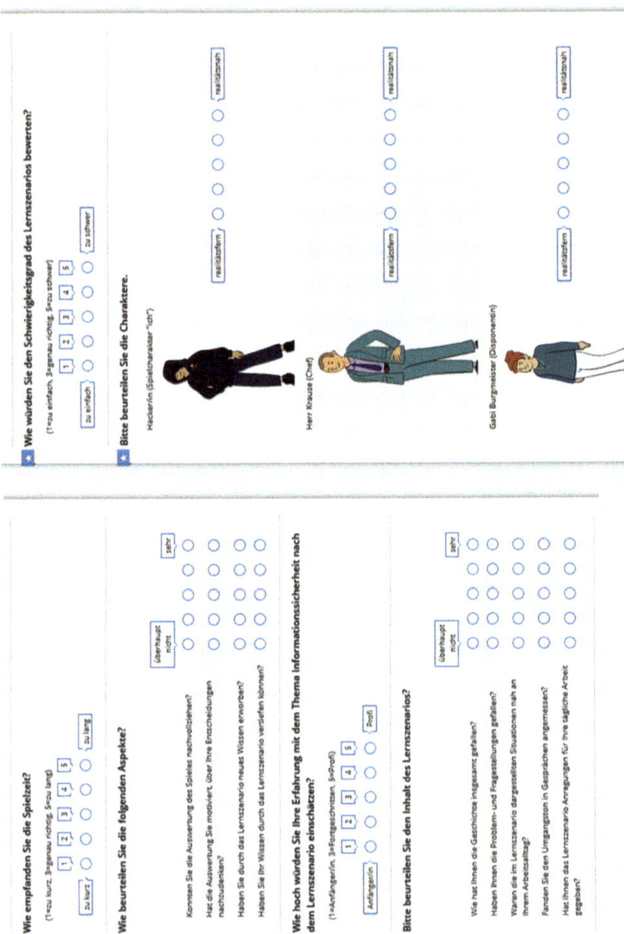

Wie empfanden Sie die Spielzeit?

(1=zu kurz, 3=genau richtig, 5=zu lang)

	1	2	3	4	5	
zu kurz	○	○	○	○	○	zu lang

Wie beurteilen Sie die folgenden Aspekte?

	überhaupt nicht				sehr
Konnten Sie die Auswertung des Spieles nachvollziehen?	○	○	○	○	○
Hat die Auswertung Sie motiviert, über Ihre Entscheidungen nachzudenken?	○	○	○	○	○
Haben Sie durch das Lernszenario neues Wissen erworben?	○	○	○	○	○
Haben Sie Ihr Wissen durch das Lernszenario vertiefen können?	○	○	○	○	○

Wie hoch würden Sie Ihre Erfahrung mit dem Thema Informationssicherheit nach dem Lernszenario einschätzen?

(1=Anfänger/in, 3=Fortgeschritten, 5=Profi)

	1	2	3	4	5	
Anfänger/in	○	○	○	○	○	Profi

Bitte beurteilen Sie den Inhalt des Lernszenarios?

	überhaupt nicht				sehr
Wie hat Ihnen die Geschichte insgesamt gefallen?	○	○	○	○	○
Haben Ihnen die Problem- und Fragestellungen gefallen?	○	○	○	○	○
Waren die im Lernszenario dargestellten Situationen nah an Ihrem Arbeitsalltag?	○	○	○	○	○
Fanden Sie den Umgangston in Gesprächen angemessen?	○	○	○	○	○
Hat Ihnen das Lernszenario Anregungen für Ihre tägliche Arbeit gegeben?	○	○	○	○	○

Wie würden Sie den Schwierigkeitsgrad des Lernszenarios bewerten?

(1=zu einfach, 3=genau richtig, 5=zu schwer)

	1	2	3	4	5	
zu einfach	○	○	○	○	○	zu schwer

Bitte beurteilen Sie die Charaktere.

Hacker/in (Spielcharakter "ich") realitätsfern	○	○	○	○	○	realitätsnah
Herr Krause (Chef) realitätsfern	○	○	○	○	○	realitätsnah
Gabi Burgmeister (Disponentin) realitätsfern	○	○	○	○	○	realitätsnah

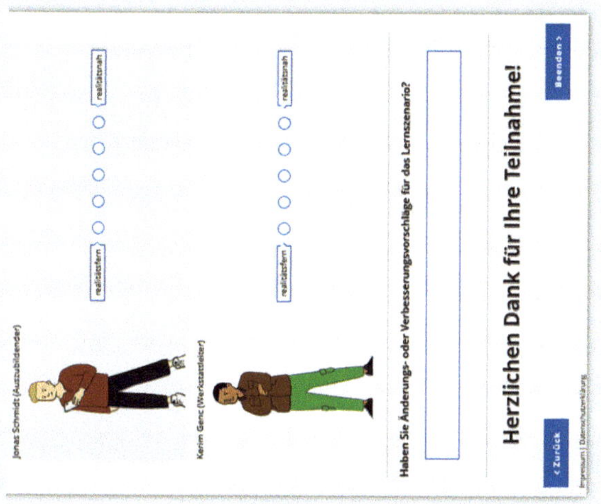
Jonas Schmidt (Auszubildender)
realitätsfern
realitätsnah
Kerim Genc (Werkstattleiter)
realitätsfern
realitätsnah
Haben Sie Änderungs- oder Verbesserungsvorschläge für das Lernszenario?
Herzlichen Dank für Ihre Teilnahme!
‹ Zurück
Beenden ›
Impressum | Datenschutzerklärung

Anhang zu Kapitel 3

Poster vom Forschungsprojekt Awareness Labor KMU (ALARM) Informationssicherheit (S. 211)

Poster für die Wildauer Wissenschaftswoche an der Technischen Hochschule Wildau im Forschungsprojekt Awareness Labor KMU (ALARM) Informationssicherheit (S. 212)

Poster für die Wildauer Wissenschaftswoche an der Technischen Hochschule Wildau im Forschungsprojek Awareness Labor KMU (ALARM) Informationssicherheit (S. 213)

Poster für den Fachtag Informatik an der Technischen Hochschule Wildau im Forschungsprojek Awareness Labor KMU (ALARM) Informationssicherheit (S. 214)

Poster für den Fachtag Informatik an der Technischen Hochschule Wildau im Forschungsprojek Awareness Labor KMU (ALARM) Informationssicherheit (S. 215)

Flyer 1 im Forschungsprojek Awareness Labor KMU (ALARM) Informationssicherheit (S. 217f)

Flyer 2 im Forschungsprojek Awareness Labor KMU (ALARM) Informationssicherheit (S. 218f)

Broschüre mit wichtigsten Erkenntnissen aus der ersten Stdudie im Forschungsprojek Awareness Labor KMU (ALARM) Informationssicherheit (S. 220)

Styleguide des Forschungsprojekts Awareness Labor KMU (ALARM) Informations-sicherheit (S. 221)

Werbegeschenke Tasse und RFID-Blocker im Forschungsprojekt Awareness Labor KMU (ALARM) Informationssicherheit (S. 222

Digitaler Kalender für erfolgreiches Absolvieren des SeSec im Forschungsprojekt Awareness Labor KMU (ALARM) Informationssicherheit (S. 223)

Projektvideo zum erfolgreichen Einsatz der Serious Games.
https://alarm.wildau.biz/alarm_media/alarm-intro-video.mp4 (S. 223)

Mujkic, O. (2023): Security Awareness - Jugendliche mit analogen und digitalen Mitteln des Kommunikationsdesigns für Datensicherheit sensibilisieren, Bachelorarbeit im Fach Grafik Design, Berlin. ISBN: 978-3-949639-06-7 (S. 224f)

Awareness Labor KMU Informationssicherheit

Neue Wege für mehr Informationssicherheit in KMU

Vorgehen

- Anonymisierte Befragungen zum Ist-Zustand
- Feststellung der Kompetenzprofile aus Tätigkeitsfeldern
- Entwicklung von bedarfsgerechten Lernszenarien
- Vor-Ort-Überprüfungen
- Awareness-Messungen zum Feststellen des Lernerfolgs
- Praxisorientierte Handlungsempfehlungen als Selbsthilfe für KMU

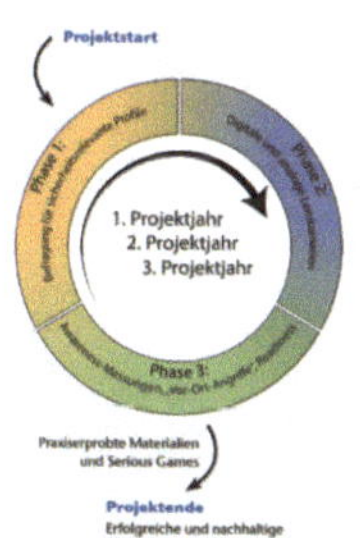

Was wir bieten

- Steigerung der Sicherheitskultur in KMU
- Nachhaltige Sensibilisierung der Mitarbeitenden für Informationssicherheit
- Zugriff auf analoge und digitale Lernszenarien/Simulationen inkl. detaillierter Anleitung
- Individuelle Awareness Messungen
- Sicherheitsanalysen und konkrete Handlungsanweisungen

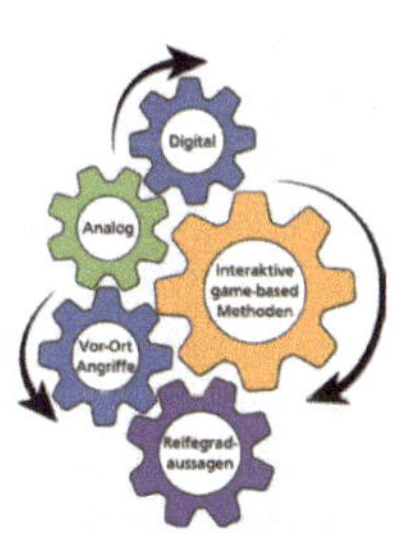

Wir sind

Die Forschungsgruppe der **Technischen Hochschule Wildau** von Frau Prof. Dr. rer. nat. Margit Scholl, Unterauftragnehmer und assoziierte Partner zeichnen das interdisziplinäre Forschungsprojekt durch Expertenwissen, innovative Ansätze und Erfahrung aus.

Unser Forschungsvorhaben steht für nachhaltige Sensibilisierung und die Erhöhung von Informationssicherheit.

Unterauftragnehmer:

Assoziierte Partner:

Projektmanagement
Prof. Dr. Margit Scholl

Operative Projektleiterin
Regina Schuktomow

alarm.wildau.biz
alarm@th-wildau.de

» Forschung in Wildau – innovativ und praxisnah «

Awareness Labor KMU (ALARM) Informationssicherheit

Ausgangslage

Im Zuge der zunehmenden Digitalisierung waren bereits 75% der Unternehmen Opfer von Datendiebstahl, Wirtschaftsspionage und/oder Sabotage [1]. 58% der erfolgreichen Angriffe erfolgten per E-Mail [2]. Die Top 3-Risiken 2020 waren Cyber-Vorfälle, Pandemie und Betriebsunterbrechungen [3].

Eine notwendige Sensibilisierung zur Erhöhung des Informationssicherheitsbewusstseins (**Information Security Awareness**) beständig in den Geschäftsprozessen zu etablieren, ist jedoch bislang nicht oder kaum ohne weitere Hilfe erfolgreich gegeben. Die kleinsten bis mittleren Unternehmen (KKU/KMU) mit ihren knappen Ressourcen sind auf Hilfe zur Sensibilisierung angewiesen, denn häufig werden die Risiken und Bedrohungslagen noch immer unterschätzt.

Ziel

Um zur Steigerung der Sicherheitskultur in KMU beizutragen und nachhaltige Sensibilisierung der Mitarbeitenden für Informationssicherheit zu erzielen, werden im Forschungsprojekt **Awareness Labor KMU (ALARM) Informationssicherheit** methodische Ansätze wie Gamification, Awareness Trainings, Überprüfungen und Messungen vereint. Ihre Kombination ermöglicht, Maßnahmen im Übungslabor für Informationssicherheit auch haptisch zu erleben. Dies trägt dazu bei, Informationssicherheit ganzheitlich zu betrachten, das Bewusstsein für das eigene Verhalten anzuregen und in die Sicherheitskultur einzubinden.

Laut der im Projekt durchgeführten Studie [4] besteht ein erhöhter Sensibilisierungsbedarf für KMU zu folgenden Themen:

- Passwort
- Homeoffice

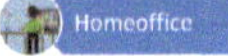

- Datenschutz & Cloud

- Phishing & CEO-Fraud

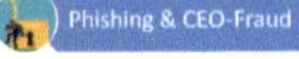

- App & Software
- Social Engineering & Wirtschaftsspionage
- Messenger, Übertragung & Verschlüsselung

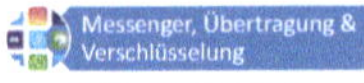

- Informationsklassifizierung

Interviews und Umfrage

- Anonymisierte Befragung des Ist-Zustandes (Report 1)
- Feststellung des Sensibilisierungsbedarfs durch tiefenpsychologische Interviews mit Mitarbeitenden (Studie 1)

Sensibilisierung durch Serious Games

- Sensibilisierung für umfragegestützte Themen
- Konzeption, Entwicklung, Testung und Optimierung der 7 analogen (haptischen) und 7 digitalen (für mobile End-geräte) Lernszenarien

Entwicklung des Tätigkeitsprofil-Bogens

Vor-Ort-Angriffe

- „Angriffsszenarien" bei Partnerunternehmen ausführen und damit die Sensibilisierung erhöhen
- Handlungsempfehlungen als niederschwellige Sicherheitskonzepte

Awareness Trainings

- Awareness Trainings in Pilot-KMU
- Awareness Forum
- Vernetzungen

Überprüfungen

- Awareness-Messung: Konzeption, Testung, Ableitung des Reifegrads
- Security-Selbsttest: Feststellung des Sicherheitsniveaus in Unternehmen

Unsere Mission

Das vom Bundesministerium für Wirtschaft und Klimaschutz (BMWK) geförderte Projekt **Awareness Labor KMU (ALARM) Informations-sicherheit** versucht das Sicherheitsniveau in KMU einhergehend mit einer Personal- und Kompetenzentwicklung der Mitarbeitenden zu erhöhen.
Die Forschungsgruppe der TH Wildau von Prof. Dr. Margit Scholl, Unterauftragnehmer, assoziierte Partner und Pilotunternehmen zeichnen das interdisziplinäre Forschungsprojekt durch Experten-wissen, innovative Ansätze und praktische Erfahrung aus.
Projektlaufzeit: 10.2020 – 09.2023

Quellen
[1] bitkom (2000). Spionage, Sabotage und Datendiebstahl–Wirtschaftsschutz in der vernetzten Welt: Studienbericht 2020/Espionage, sabotage and data theft - economic protection in the networked world: Study report 2020, Berlin, Germany. Retrieved from https://www.bitkom.org/sites/default/files/2020-02/200211_bitkom_studie_wirtschaftsschutz_2020_final.pdf. Accessed: 17 May 2021.
[2] Gesamtverband der Deutschen Versicherungswirtschaft e. V. (GDV) (2020). Cyberrisiken im Mittelstand 2020/Cyber risks in medium-sized businesses 2020, Report, Berlin, Germany, Brussels, Belgium. Retrieved from https://www.gdv.de/resource/blob/61466/0456901217b39a5893bc6829b8d7d156/report-cyberrisiken-im-mittelstand-2020-data.pdf. Accessed: May 17, 2021.
[3] Doble, G., Hubmann, C., Keg, D., Larumbe, A., Polke, H. and Whitehead, J. (2020). Allianz Global Corporate & Specialty SE, Munich, Germany. Retrieved from https://www.agcs.allianz.com/content/dam/onemarketing/agcs/agcs/reports/Allianz-Risk-Barometer-2020-Appendix.pdf. Accessed: May 17, 2021
[4] Pokoyski, D., Matas, I., Haucke, A., & Scholl, M. (2021). Qualitative Wirkungsanalyse Security Awareness in KMU (Projekt "ALARM Informationssicherheit") (p. 72). Wildau: Technische Hochschule Wildau. Retrieved from https://alarm.wildau.biz. Accessed: December 20, 2021

Gefördert durch:

aufgrund eines Beschlusses des Deutschen Bundestages

Homepage: https://alarm.wildau.biz

Prof. Dr. Margit Scholl (Projektmanagement): margit.scholl@th-wildau.de
Regina Schuktomow (op. Projektleitung): regina.schuktomow@th-wildau.de

» Forschung in Wildau – innovativ und praxisnah «

Awareness Labor KMU (ALARM) Informationssicherheit

Problem

Kleine und mittlere Unternehmen (KMU) tragen maßgeblich zum wirtschaftlichen Erfolg Deutschlands bei. Die meisten Cybersicherheitsvorfälle werden dabei der unzureichenden Sensibilisierung von Mitarbeitenden zugeschrieben [1][2]. Ohne ein ausreichendes und zeitgemäßes Informationssicherheitsniveau in KMU ist dieser Erfolg gefährdet. Daher ist es notwendig, **Hilfe zur Selbsthilfe** sowie praxisnahe und einfach umsetzbare Konzepte zur fortlaufenden Erhöhung des Informationssicherheitsniveaus und der Sicherheitskultur in KMU bereitzustellen, die auch das **Bewusstsein (Awareness)** für Informationssicherheit aller Mitarbeitenden steigern.

Lösungsansatz

Das von BMWK geförderte Projekt **Awareness Labor KMU (ALARM) Informationssicherheit** (Oktober 2020 - September 2023) verfolgt das Ziel, die Sicherheitskultur in KMU, einhergehend mit einer Personal- und Kompetenzentwicklung der Mitarbeitenden, zu erhöhen. Es wird ein innovatives Gesamtszenario für Informationssicherheit mit analogen und digitalen erlebnisorientierten Serious Games, **Vor-Ort-Simulationen** und weiteren Überprüfungen wie **Awareness-Messungen**, Quiz und **Reifegradaussagen** entwickelt und erprobt. Die gebündelten Maßnahmen und unterschiedliche Methoden tragen zu der dringend notwendigen Sensibilisierung von Führungskräften und Mitarbeitenden und zu einer gezielten Personalentwicklung in KMU bei.

Umfragen/ Studien

Awareness-Messungen

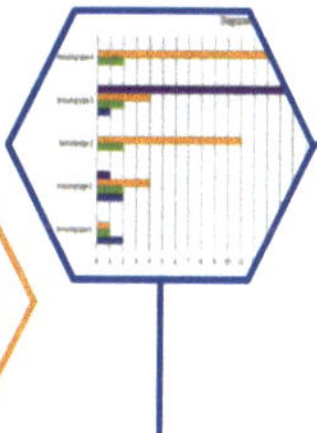

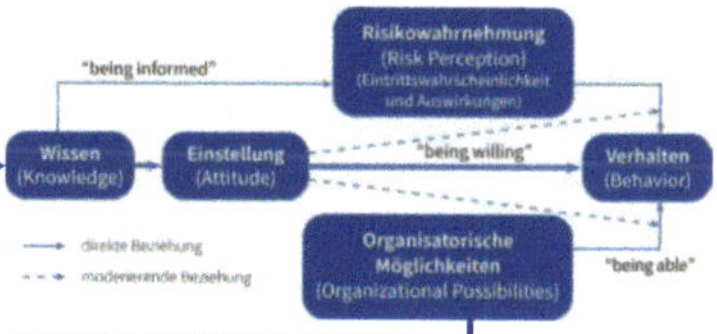

Risikowahrnehmung (Risk Perception) (Eintrittswahrscheinlichkeit und Auswirkungen)
"being informed"
Wissen (Knowledge)
Einstellung (Attitude)
"being willing"
Verhalten (Behavior)
Organisatorische Möglichkeiten (Organizational Possibilities)
"being able"
direkte Beziehung
moderierende Beziehung

Abb. 1: Awareness-Model ALARM Informationssicherheit

analoge & digitale Serious Games

Gamifizierter Ansatz bei angepasster Sensibilisierung mit umfrage-gestützten Themen

Awareness-Trainings

Informationssicherheit wird durch die verschiedenen Maßnahmen des Gesamtszenarios im Zusammenhang mit den zunehmend digitalen Arbeitsprozessen konkret (be-)greifbar gemacht, gleichzeitig werden die Mitarbeitenden der Unternehmen emotional berührt und aktiv in die Maßnahmen einbezogen.

Abb. 2: Awareness-Training in einem Pilot-KMU

Als Grundlage für die Interpretation und unsere **Awareness-Messung** verwenden wir das häufig international genannte dreistufige KAB-Modell [3], das die Konstrukte Wissen, Einstellung und Verhalten umfasst und kombinieren es mit dem im deutschsprachigen Raum verbreiteten Modell Wissen, Wollen und Können [4]. Ergänzt wird es durch das Konstrukt "Organisatorische Möglichkeit", das organisatorische Maßnahmen beschreibt, die sicherheitskonformes Verhalten unterstützen [5]. Inspiriert von Forschungsergebnissen aus dem Gesundheitsbereich [6] gehen wir davon aus, dass eine erhöhte Risikowahrnehmung zu mehr Schutzverhalten führt. Abbildung 1 zeigt das in unserem Projekt verwendete Awareness-Modell. Die Herausforderung bei der Awareness-Messung besteht bereits in der Wahl der Methode (z.B. Monitoring von Sicherheitsvorfällen, Fragebogen etc.). Eine Analyse von Assenza et al. [7] auf der Grundlage des KAB-Modells legt nahe, dass keine Messmethode alle Aspekte der Awareness abdeckt.

Vor-Ort-Simulationen

- Durchführung der „Angriffsszenarien" bei Partnerunternehmen erhöhen die Sensibilisierung
- Handlungsempfehlungen als niederschwellige Sicherheitskonzepte werden Unternehmen zu Verfügung gestellt

RANSOMWARE

Quiz (SeSec)

Security-Selbsttest ist eine weitere Methode, um Sicherheitsniveau in Unternehmen festzustellen.

Die Reports und Studien des Projekts zur Erfassung des Status quo und zur Evaluierung der entwickelten Maßnahmen enthalten praxisnahe Handlungsempfehlungen für KMU

Aus Awareness-Messungen wird der Reifegrad des Unternehmens abgeleitet

Gefördert durch:

aufgrund eines Beschlusses des Deutschen Bundestages

Quellen

[1] Bundesamt für Sicherheit in der Informationstechnik (BSI) (2021): Die Lage der IT-Sicherheit in Deutschland 2021. Bonn.
[2] Bundesministerium des Innern, für Bau und Heimat (BMI) (2021): Cybersicherheitsstrategie für Deutschland 2021. Berlin.
[3] Kruger, H. A. & Kearney, W. D. (2006). A prototype for assessing information security awareness. Computers & Security, 25(4), 289–296.
[4] Helisch, M., Pokoyski, D., (Hrsg.) Security Awareness – Neue Wege zur erfolgreichen Mitarbeiter- Sensibilisierung. Wiesbaden: Springer Vieweg, 2009.
[5] Helisch, M. (2009): Definition von Awareness, Notwendigkeit und Sicherheitskultur. In: M. Helisch, D. Pokoyski (Hg.), Security Awareness – Neue Wege zur erfolgreichen Mitarbeiter-Sensibilisierung (S. 9-28). Wiesbaden: Vieweg + Teubner.
[6] Gaube, S., Lermer, E., Fischer, P. (2019). The Concept of Risk Perception in Health-Related Behavior Theory and Behavior Change. In: Raue, M., Streicher, B., Lermer, E. (eds) Perceived Safety. Risk Engineering. Springer, Cham. https://doi.org/10.1007/978-3-030-11456-5_7
[7] Assenza, G., Chittaro, A., De Maggio, M. C.m Mastrapasqua, M., Setola, R. (2019): A Review of Methods for Evaluating Security Awareness Initiatives. European Journal for Security Reasearch.

Homepage: https://alarm.wildau.biz

Prof. Dr. Margit Scholl (Projektmanagement): margit.scholl@th-wildau.de
Regina Schuktomow (op. Projektleitung): regina.schuktomow@th-wildau.de

» Forschung in Wildau – innovativ und praxisnah «

Awareness Labor KMU (ALARM) Informationssicherheit

GAMIFICATION

Der gamifizierte Ansatz in analogen und digitalen Serious Games soll wissensbasierte Schulungen ergänzen, um die Mitarbeitenden stärker zu involvieren und zu emotionalisieren, um ihr Bewusstsein für Informationssicherheit zu erhöhen. Game-based Learning ist eine Form des Lernens und Lehrens, die Wissen auf unterhaltsame und motivierende Art den Teilnehmenden vermittelt [1]. Durch den spielerischen Ansatz in Kombination mit Narration (sinngebende Erzählung) wird der Lerninhalt mit eigenen Erfahrungen verknüpft und regt dazu an, sich neues Wissen zu erschließen [2].

AWARENESS-TRAININGS

Um alle Mitarbeitenden „abzuholen" und zu deren Kompetenzentwicklung beizutragen, werden Awareness-Trainings eingesetzt, welche analoge und digitale Serious Games beinhalten. Diese behandeln auf die Bedarfe von KMU abgestimmte Informationssicherheits-Themen.

MODERATOREN-SCHULUNGEN

Durch Moderatorenschulungen werden Multiplikatoren geschaffen, die den breitenwirksamen Einsatz der Serious Games in Unternehmen sowie in öffentlich rechtlichen Organisationen ermöglichen.

https://alarm.wildau.biz/#learningScenarios

SERIOUS GAMES

Analoge & digitale Serious Games sensibilisieren für umfragegestützte Themen der Informationssicherheit.

Themen: Passwort, Homeoffice, Datenschutz & Cloud, Phishing & CEO-Fraud, App & Software, Social Engineering & Wirtschaftsspionage, Messenger, Übertragung & Verschlüsselung, Informationsklassifizierung

Um zur Steigerung der Sicherheitskultur in KMU beizutragen und nachhaltige Sensibilisierung der Mitarbeitenden für Informationssicherheit zu erzielen, werden im Forschungsprojekt **Awareness Labor KMU (ALARM) Informationssicherheit** methodische Ansätze wie **Gamification**, **Awareness Trainings**, **Überprüfungen** und Messungen vereint. Ihre Kombination ermöglicht, Maßnahmen im Übungslabor für Informationssicherheit auch haptisch zu erleben. Dies trägt dazu bei, **Informationssicherheit ganzheitlich** zu betrachten, das Bewusstsein für das eigene Verhalten anzuregen und in die Sicherheitskultur einzubinden. Durch den Einsatz von vielfältigen kreativen Methoden und gebündelten Maßnahmen entsteht ein Instrument zur Selbsthilfe für KMU, welches die Mitarbeitenden befähigt, achtsamer im Umgang mit möglichen Risiken zu sein.

UMFRAGEN UND STUDIEN

Umfragen und Studien ermöglichen die Feststellung des Ist-Zustandes, des Sensibilisierungsbedarfs durch tiefenpsychologische Interviews mit Mitarbeitenden sowie Erstellung eines Qualitativen Konzepttestes analoger Security Awareness-Lernszenarien.

VOR-ORT-ÜBERPRÜFUNGEN

bzw. „Angriffsszenarien" tragen zur Sensibilisierung bei und decken Sicherheitslücken auf, die als Handlungsempfehlungen in Form niederschwelliger Sicherheitskonzepte für Unternehmen verfasst werden.

Das vom Bundesministerium für Wirtschaft und Klimaschutz (BMWK) geförderte Projekt **Awareness Labor KMU (ALARM) Informations-sicherheit** versucht das Sicherheitsniveau in KMU einhergehend mit einer Personal- und Kompetenzentwicklung der Mitarbeitenden zu erhöhen.
Die Forschungsgruppe der TH Wildau von Prof. Dr. Margit Scholl, Unterauftragnehmer, assoziierte Partner und Pilotunternehmen zeichnen das interdisziplinäre Forschungsprojekt durch Expertenwissen, innovative Ansätze und praktische Erfahrung aus.
Projektlaufzeit: 10.2020 09.2023

Gefördert durch:

aufgrund eines Beschlusses des Deutschen Bundestages

Quellen
[1] Linek, S. B. & Albert, D. (2009): Game-based Learning: Gender-Specific Aspects of Parasocial Interaction and Identification. Conference: International Technology, Education and Development Conference (INTED).
[2] Fingerhut, K. (o. J.): Narration als Lernform im Fachunterricht und die Erweiterung von Sprachkompetenz im Fachunterricht. https://docplayer.org/63632962-Narration-als-lernform-im-fachunterricht-und-die-erweiterung-von-sprachkompetenz-im-fachunter-richt-gekuerzte-fassung.html, letzter Zugriff 25.4.2022.

Prof. Dr. Margit Scholl (Projektmanagement): margit.scholl@th-wildau.de
Regina Schuktomow (op. Projektleitung): regina.schuktomow@th-wildau.de

Homepage: https://alarm.wildau.biz

Serious Games als Lernmethode zur Steigerung der Informationssicherheit

Prototyp digitale Serious Games (https://alarm.wildau.biz/#learningScenarios)

Storykonzept

- Immersive Geschichten: Alltagssituationen in KMU
- Ich-Perspektive
- Visual-Novel-Format: Interaktives Buch
- Entscheidungen bestimmen Verlauf der Geschichte

- Vielfalt, Individualität und Kontinuität
  - Vielfältige Informationssicherheitsrelevante Themen

- Wechselnde Rollen

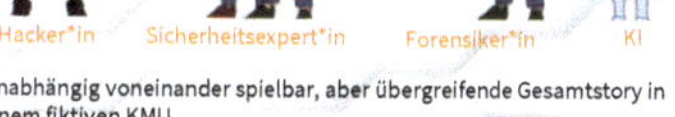

- Unabhängig voneinander spielbar, aber übergreifende Gesamtstory in einem fiktiven KMU
- Personalisiertes Lernerlebnis: persönliche Lernreise (Wissen und Präferenzen), 2-3 Lernpfade, unterschiedliche Fähigkeiten
- Feedback und Lexikonmodul

Usertest

- Teilnehmende
  - 65% Männer (N=26)
  - 69% im Alter von 25–50 Jahren
  - 23% arbeiten im Vertrieb/Außendienst, je 19% in der IT und im Personalwesen
- Beurteilung Spielzeit und Schwierigkeitsgrad
  - Ø 10 Minuten Spielzeit; Beurteilung als „genau richtig" beurteilt
  - Schwierigkeitsgrad: Tendenz zu „genau richtig"
- Gesamtbeurteilung

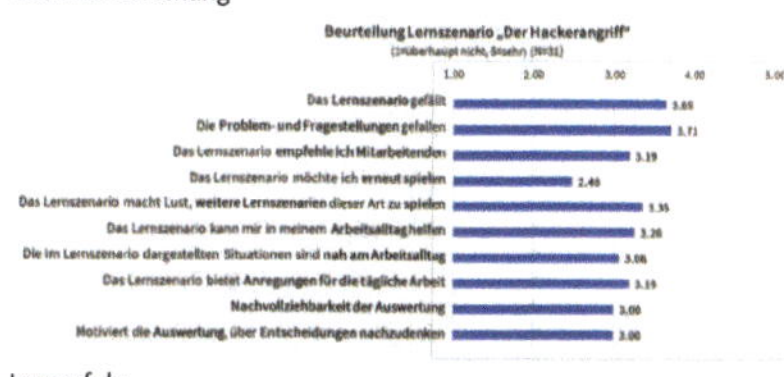

- Lernerfolg

Projekt „Awareness Labor KMU (ALARM) Informationssicherheit"

Mehrwert des Projekts ALARM Informationssicherheit

- Kostenfreie Bereitstellung der entwickelten Materialien auf der Projektwebseite (https://alarm.wildau.biz)
  - 7 digitale Serious Games
  - 7 analoge Serious Games
  - Handlungsanweisungen und Sicherheitskonzept der 7 „Vor-Ort-Angriffe"
  - Wissenstest (SeSec)
- Integration der Materialien in Ausbildung von Studierenden und Auszubildenden
- Nutzung durch Institutionen zur Sensibilisierung ihrer Mitarbeitenden

Frauke Prott, Ulrike Küchler, Regina Schuktomow, Margit Scholl
Ansprechpartnerin: Regina Schuktomow (Operative Projektleiterin): regina.schuktomow@th-wildau.de
Homepage: https://alarm.wildau.biz

Mittelstand-Digital

Gefördert durch:

aufgrund eines Beschlusses des Deutschen Bundestages

WILDAU
ALARM
Awareness Labor KMU
Informationssicherheit
IT-Sicherheit
IN DER WIRTSCHAFT

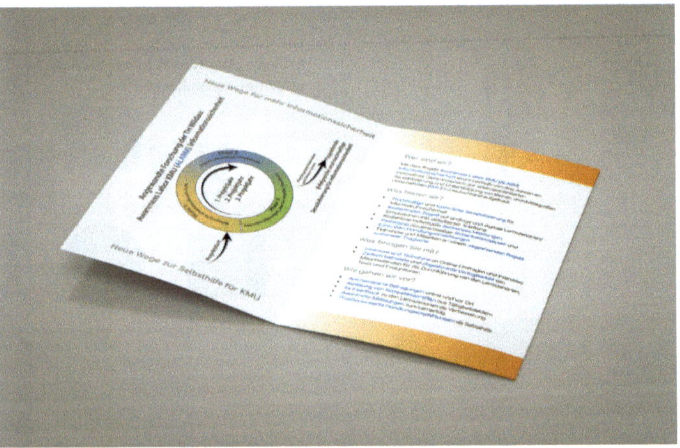
Neue Wege für mehr Informationssicherheit
Neue Wege zur Selbsthilfe für KMU

Awareness Labor KMU (ALARM) zur nachhaltigen Sensibilisierung und Erhöhung der Informationssicherheit

Projekt der Technischen Hochschule Wildau (TH Wildau)
Hochschulring 1
15745 Wildau

Kontakt

Frau Prof. Dr. Margit Scholl
Projektmanagement
margit.scholl@th-wildau.de
+49 3375 508 917
https://www.th-wildau.de/scholl

Regina Schuktomow
Operative Projektleitung
regina.schuktomow
@th-wildau.de
+49 3375 508 239

Projektwebseite: alarm.wildau.biz
Projektdauer: 01.10.2020 - 30.09.2023

Unterauftragnehmer:
known_sense (Köln)
Experimental Game (Berlin/Halle)
Thinking Objects (Korntal-Münchingen)
sudile (Potsdam)

Assoziierte Partner:
IHK Cottbus
IHK Ost-Brandenburg
IHK Potsdam
DIZ Stuttgart

Gefördert durch:

aufgrund eines Beschlusses des Deutschen Bundestages

Neue Wege für mehr Informationssicherheit

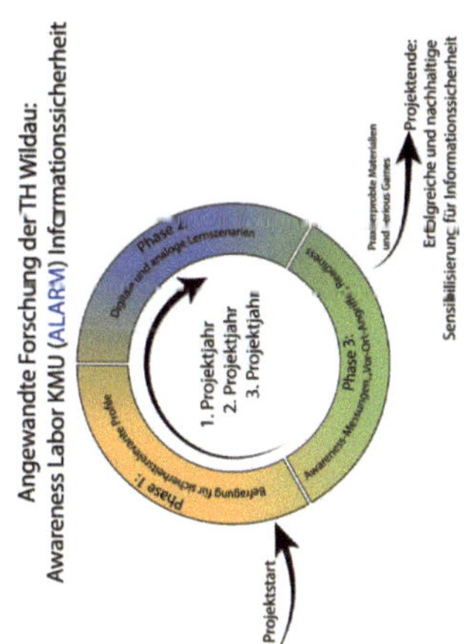

Neue Wege zur Selbsthilfe für KMU

Wer sind wir?

Mit dem Projekt Awareness Labor KMU (ALARM) Informationssicherheit wird innerhalb von drei Jahren ein innovatives Gesamtszenario zur erlebnisorientierten Sensibilisierung und Unterstützung von kleinen und mittelgroßen Unternehmen (KMU) in Deutschland aufgebaut.

Was bieten wir?

- Nachhaltige und kostenlose Sensibilisierung für Informationssicherheit
- Kostenfreien Zugriff auf analoge und digitale Lernszenarien / Simulationen inkl. detaillierter Anleitung
- Kostenlose individuelle Awareness-Messungen
- Kostenlose niederschwellige Sicherheitsanalysen und konkreten Handlungsanweisungen
- Teilnahme und Mitwirken an einem wegweisenden Projekt nationaler Tragweite

Was bringen Sie mit?

- Interesse und Teilnahme an Online-Umfragen und Interviews
- Zeitlich befristete und abgestimmte Verfügbarkeit von Mitarbeitenden für die Durchführung von den Lernszenarien, Tests und Evaluationen

Wie gehen wir vor?

- Anonymisierte Befragungen online und vor Ort
- Ableitung von Kompetenzprofilen aus Tätigkeitsfeldern
- Ihr Feedback zu den Lernszenarien als Verbesserung
- Awareness-Messungen zum Lernerfolg
- Praxisorientierte Handlungsempfehlungen als Selbsthilfe

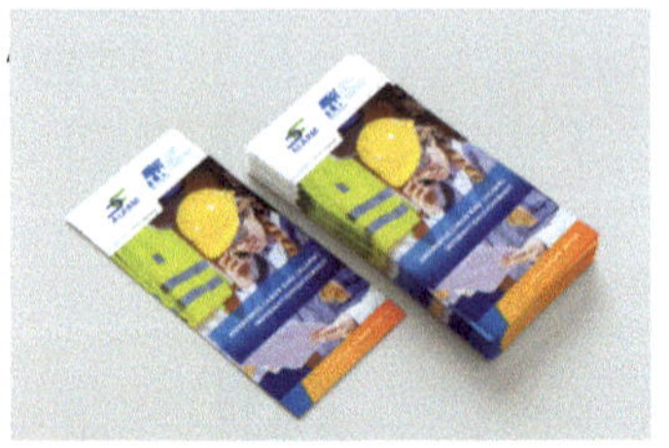

Kontakt

Projekt der Technischen Hochschule Wildau (TH Wildau)
Hochschulring 1
15745 Wildau
https://alarm.wildau.biz

Frau Prof. Dr. Margit Scholl
Projektmanagement
+49 3375 508 917
margit.scholl@th-wildau.de
http://www.th-wildau.de/scholl

Regina Schuktomow
Operative Projektleitung
+49 3375 508 239
regina.schuktomow@th-wildau.de

Partner

Unterauftragnehmer
known_sense (Köln)
Experimental Game (Berlin/Halle)
Thinking Objects (Korntal-Münchingen)
sudile (Potsdam)

Assoziierte Partner
IHK Cottbus
IHK Ost-Brandenburg
IHK Potsdam
DIZ Stuttgart

IT-Sicherheit
IN DER WIRTSCHAFT

Gefördert durch:

aufgrund eines Beschlusses des Deutschen Bundestages

» Forschung in Wildau – innovativ und praxisnah «

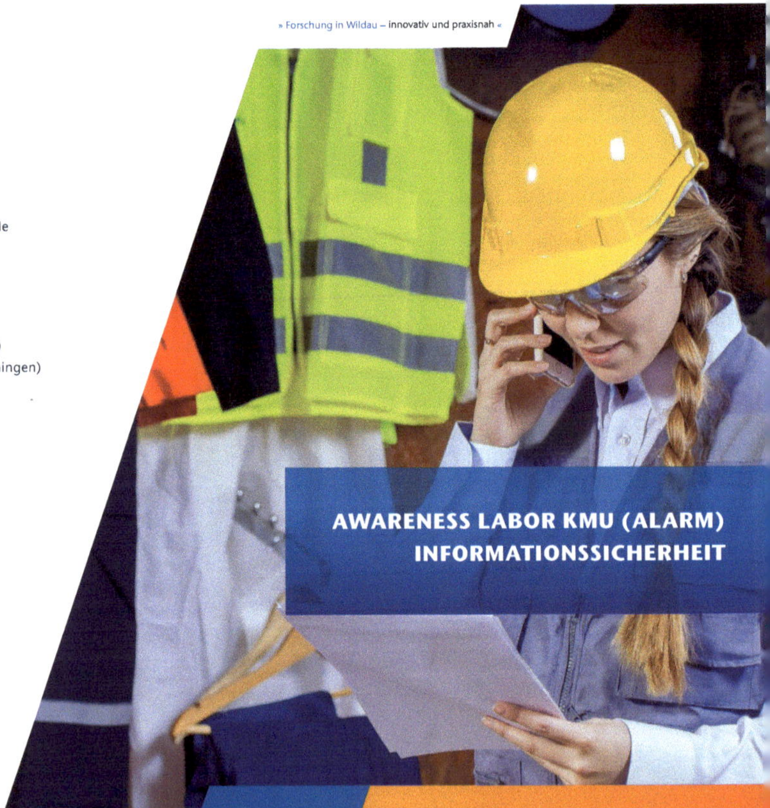

AWARENESS LABOR KMU (ALARM)
INFORMATIONSSICHERHEIT

Projektdauer: **01.10.2020 - 30.09.2023**

AWARENESS LABOR KMU (ALARM)
ZUR NACHHALTIGEN SENSIBILISIERUNG UND ERHÖHUNG DER INFORMATIONSSICHERHEIT

Wer sind wir?

Mit dem Projekt **Awareness Labor KMU (ALARM)** Informationssicherheit wird innerhalb von drei Jahren ein innovatives Gesamtszenario zur erlebnisorientierten Sensibilisierung und Unterstützung von kleinen und mittelgroßen Unternehmen (KMU) in Deutschland aufgebaut.

Was bieten wir?

- Nachhaltige und kostenlose Sensibilisierung für Informationssicherheit
- Kostenfreien Zugriff auf analoge und digitale Lernszenarien/Simulationen inkl. detaillierter Anleitung
- Kostenlose individuelle Awareness-Messungen
- Kostenlose niederschwellige Sicherheitsanalysen und konkrete Handlungsanweisungen
- Teilnahme und Mitwirken an einem wegweisenden Projekt nationaler Tragweite

Was bringen Sie mit?

- Interesse und Teilnahme an Online-Umfragen und Interviews
- Zeitlich befristete und abgestimmte Verfügbarkeit von Mitarbeitenden für die Durchführung von Tests und Evaluationen

Wie gehen wir vor?

- Anonymisierte Befragungen online und vor Ort
- Ableitung von Kompetenzprofilen aus Tätigkeitsfeldern
- Verbesserung der Lernszenarien durch Ihr Feedback
- Awareness-Messungen zum Lernerfolg
- Praxisorientierte Handlungsempfehlungen als Selbsthilfe

Angewandte Forschung der TH Wildau Awareness Labor (**ALARM**) Informationssicherheit

- Neue Wege für mehr Informationssicherheit und zur Selbsthilfe für KMU

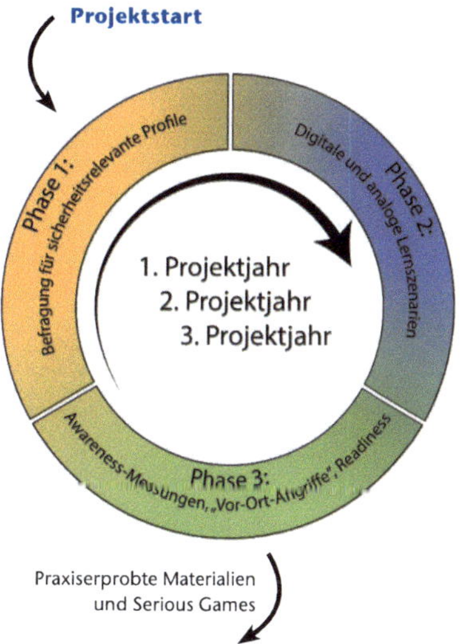

Mehr Informationen unter: **alarm.wildau.biz**

Projekt der **Technischen Hochschule Wildau**
Hochschulring 1
15745 Wildau

Kontakt

Frau Prof. Dr. Margit Scholl
Projektmanagement
margit.scholl@th-wildau.de
https://wildau.biz

Regina Schuktomow
Operative Projektleitung
regina.schuktomow@th-wildau.de
https://alarm.wildau.biz

Achtsam
Lernen & Simulieren
Augenhöhe
Regelmäßigkeit
Miteinander

Überblick zur qualitativen Wirkungsanalyse Security Awareness in KMU

Awareness Labor KMU (ALARM) Informationssicherheit

Im Rahmen des Projektes **„Awareness Labor KMU (ALARM) Informationssicherheit"** wurde durch den Unterauftragnehmer **known_sense** eine tiefenpsychologische Grundlagenstudie erstellt und in Zusammenarbeit mit der **Forschungsgruppe Scholl der Technischen Hochschule Wildau** veröffentlicht.

Die Ergebnisse stützen die im Projekt zu produzierenden Lernszenarien zur erlebnisorientierten Sensibilisierung von kleinen und mittelgroßen Unternehmen (KMU). Die Studie analysiert 16 tiefenpsychologische Interviews mit Mitarbeitenden vier deutscher KMU. Sie wurde von zwei Diplompsychologinnen im Frühjahr 2021 größtenteils remote durchgeführt.

Befragungsinhalte liegen der Methodik aus der morphologischen Markt- und Medienforschung zugrunde. Für einen detaillierteren Einblick in die Studie steht diese zum Download auf der Projektwebsite zur Verfügung: https://alarm.wildau.biz

Im Folgenden werden zentrale Erkenntnisse kurz dargestellt

Ein **erhöhter Sensibilisierungsbedarf** von KMU besteht für folgende Themen:

 Passwort

 Social Engineering, Manipulation & Co.

 Phishing, CEO Fraud & Co.

 Apps, Software & Co.

 Sicher im Homeoffice

 Datenschutz in der Cloud sowie Datenschutz im Kontext Kunden und Lieferanten

 Informationsklassifizierung

 Messenger, sichere Übertragung, Storage, Verschlüsselung & Co.

Es wurden **Awareness-Profile von KMU-Mitarbeitenden** erstellt (grob generalisierte Typologisierung), von denen alle auf unterschiedliche Weise von Sensibilisierung profitieren:

IT-Kapitän/in
+ Vorbild für andere Mitarbeitende
- Gefahr der Resignation ohne Anerkennung

Vorfall-Experte/-Expertin
+ hohes Know-how
- erzeugt Sorglosigkeit bei anderen

Verständnisvoller Tröster/ Verständnisvolle Trösterin
+ fördert gute Arbeitsatmosphäre
- trägt nicht zur Erhöhung des Informationssicherheitsniveaus bei

IT-Notfallsirene
+ hohes Interesse an Sicherheitsthemen und Gesetzen
- drohende Unbeliebtheit durch Regelkonformität

Volldelegierer/in
+ zeigt durch naive Offenheit Sicherheitslücken
- provoziert durch Sorglosigkeit

Empfehlungen für KMU

- Intensiverer Einsatz von Sensibilisierungsmaßnahmen mit diskursivem Ansatz (Vorteil einer überschaubaren Unternehmensgröße nutzen)
- Wahl von Maßnahmen mit gezieltem KMU-Bezug (Abstand von kostspieligen generischen Awareness-Produkten)
- Finden des eigenen Antriebs und Motivation zur Sensibilisierung (nicht nur auf Wunsch von Kunden/Externen)
- Starkes Gemeinschaftsgefühl darf nicht den Wegfall von Konsequenzen/Sorglosigkeit beim Umgang mit Informationssicherheit bedeuten
- Relevanz von Informationssicherheit muss für ALLE Mitarbeitenden ersichtlich werden
- Führungskräfte müssen bestärkt werden, gegenseitiger Respekt und Vertrauen sind essentiell
- Keine Awareness ohne Regeln

Awareness Labor KMU (ALARM)
Informationssicherheit

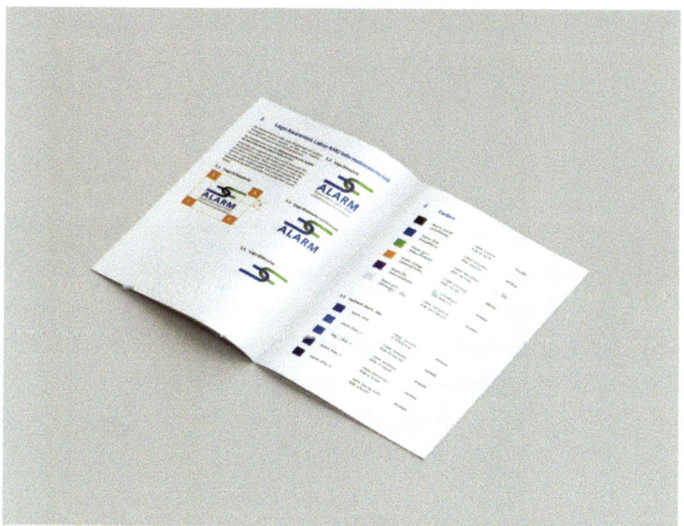
ALARM
ALARM
ALARM

WIE TEUER SIND
VERSCHLÜSSELTE
DATEN?
ALARM
JANUAR

VIDEO ABSPIELEN

Security

Security Awareness –
Jugendliche mit analogen und digitalen Mitteln des Kommunikationsdesigns für Datensicherheit sensibilisieren.

7 Abbildungsverzeichnis

8 Tabellenverzeichnis

Die in der Projektdokumentation genutzten Fotolia-Grafiken wurden von der TH Wildau gekauft.

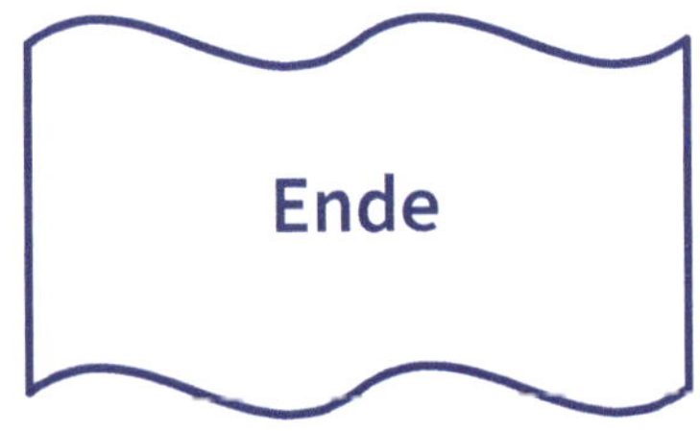